本书为 2013 年度山东省社科规划项目成果

项目批准号为：13CWXJ24

The Multidimensional Study on the
Sentence Patterns of Choice in Modern Chinese

现代汉语取舍句式的
多维研究

王天佑◎著

中国社会科学出版社

图书在版编目(CIP)数据

现代汉语取舍句式的多维研究 / 王天佑著 . —北京：中国社会科学出版社，
2016.1
ISBN 978 – 7 – 5161 – 8187 – 4

Ⅰ. ①现…　Ⅱ. ①王…　Ⅲ. ①现代汉语 – 句法 – 研究　Ⅳ. ①H146.3

中国版本图书馆 CIP 数据核字(2016)第 101991 号

出 版 人	赵剑英
责任编辑	任　明
特约编辑	李晓丽
责任校对	周　昊
责任印制	何　艳

出　　版	中国社会科学出版社
社　　址	北京鼓楼西大街甲 158 号
邮　　编	100720
网　　址	http：//www.csspw.cn
发 行 部	010 – 84083685
门 市 部	010 – 84029450
经　　销	新华书店及其他书店

印刷装订	北京市兴怀印刷厂
版　　次	2016 年 1 月第 1 版
印　　次	2016 年 1 月第 1 次印刷

开　　本	710 × 1000　1/16
印　　张	17.25
插　　页	2
字　　数	296 千字
定　　价	58.00 元

凡购买中国社会科学出版社图书，如有质量问题请与本社营销中心联系调换
电话：010 – 84083683

序

王天佑的新作——《现代汉语取舍句式的多维研究》即将出版，对汉语语法研究来说是件有意义的事情。

在汉语语法学界，取舍句式一直备受关注，并取得了不少有价值的研究成果。关于取舍句式的定位，大多数学者将其纳入选择复句的范围内加以考察，不过也有少数学者将其单列成一类独立的句式加以研究。总体而论，本书作者显然是将取舍句式单列出来加以分析的，书中内容在多个方面显示出自己鲜明的特色。

"范畴"研究一直是最近几十年的研究热点，本书作者以范畴理论为背景，首次较为系统地阐述并建构了汉语取舍范畴系统，在分析几大类取舍句式的基础上，对汉语取舍范畴系统作了较为充分的考察和论证。按照范畴理论，汉语取舍句式有典型成员如"与其"句式、"宁可"句式等，有非典型成员如"非得"句式、"死活"句式等。汉语取舍范畴的表达形式究竟有多少？我们至今尚未认识清楚。因此，从范畴的视角去研究汉语取舍句式，必将会有更多的取舍句式被发掘出来，这些句式的发现也会反过来促使我们对汉语取舍范畴作进一步的思考和研究。

关于"与其"句式和"宁可"句式的研究本书着墨最多。学术界有关此两类句式的研究成果较多，但本书却另辟蹊径，对这两类句式作了全新的研究。其一，作者运用词汇化理论，分析了"与其"和"宁可"的词汇化过程及其动因。由于"与其"词汇化完成的时间较早，在先秦汉语中"与其"已普遍用作连词，其词汇化的过程已基本完成，因此对"与其"词汇化的探讨是比较困难的。作者对"与其"的词汇化进行了精密的推测和论证，为我们研究同类词的词汇化问题提供了全新的视角。相对"与其"来说，"宁可"词汇化的历史较晚，研究难度要小些。其二，作者从历时的角度对"与其"句式和"宁可"句式的演变进行了详细考察。"与其"和"宁可"在不同的历史时期其组配的对象有一定的差异，以上两大句式在历史的发展过程中进行了一系列的调整与演变。其三，作者从主观性和"行、知、言"三域等方面对以上两大句式的表达进行了探讨。书中指出，取舍主体人称的不同选择会对两类句式在主观性和"行、知、言"三域的表达造成影响。其四，作者从篇章语用的角度，分析并指出，"与其"句式主要用于表"因果"的语境中，而"宁可"句式除主要用于表"因果"的语境之外，还较多用于表"转折"的语境之中。此外，作者对"与其"句式的主观化、"宁可 q"句式、"宁可 q，也要 a"句式所作的探讨也别有新意，具有较高的参考价值。

本书对"不 p，而 q"句式、"不在于 p，而在于 q"句式、"p，还不如 q"句式和"p，倒不如 q"句式的探讨也颇有启发性。黄伯荣、廖序东（2007）虽指出以上句式也能表达取舍关系，但并未详加论述。本书从范畴的角度，将以上句式也纳入汉语取舍句式系统当中，并从句法、语义和语用环境等角度对其进行了考察。这些句式被归入取舍句式系统当中的意义在于，进一步指明汉语取舍句式作为汉语取舍范畴的表达形式，应是一个完整的系统，其成员并不限于大家公认的"与其"句式、"宁可"句式等少数几类。

范畴有典型成员和非典型成员之分。作者显然是受到张谊生（2000）思想的影响，认为副词"非得""死活""偏偏"等也能表达取舍关系，即这些副词参与标记的句子也属于取舍句式。不过，"非得""死活""偏偏"等标记的取舍句式与"与其"句式、"宁可"句式不同。副词"非得"等标记的取舍句只标引出"选定项"，而"舍弃项"一般已包含在一定的语境之中，不加显现。因此，相对"与其"句式、"宁可"句式而言，作者将"非得"等标记的取舍句称为"准取舍句式"。

除以上创新外，作者对书中的几大类取舍句式进行了历时与共时的比较，得出了一系列关于汉语取舍句式系统的规律性认识，这些认识也具有较强的理论和实践意义。当然，本书在广度和深度上还有进一步拓展和挖掘的空间，有一些问题还有待进一步分析和论证。学术的发展本来就是一个"否定之否定"的过程，希望作者再接再厉！

写作本书之前，王天佑已是副教授和硕导。据我所知，他从事取舍句的研究大概已有十年左右的时间。在此期间，他笔耕不辍，发表了数十篇相关的论文，2007 年出版了专著——《汉语取舍范畴的认知研究》，2012

年完成了博士论文——《汉语取舍范畴研究》，2013 年申报成功山东省社科规划项目——"现代汉语取舍句式的多维研究"。可以说，作者在汉语取舍句的研究上已付出了很多的心血，至于取得的成绩只能让公众去评判了。作为导师，我看到王天佑的这本《现代汉语取舍句式的多维研究》即将出版，感到由衷的高兴，因为我不光看到作者在不断努力，更重要的是看到了作者在不断成长和进步——这本书比之其博士论文显然有了不少进步。

总之，愿作者今后在汉语语法学的研究上取得更加丰硕的成果，在科研和教学中取得更加可喜的成绩！是为序。

张文国

2015 年 11 月于泉城

摘　要

　　本书基于范畴理论，初步构建了汉语的取舍范畴系统。范畴有典型成员和非典型成员之分，作为取舍范畴的表达形式，汉语取舍句式也有典型和非典型的区别。本书对汉语取舍范畴的典型成员——"与其"句式和"宁可"句式进行了考察，对该范畴的非典型成员——"非得"等标记的句式进行了探讨。另外，还对"不 p，而 q"等其他取舍句式和各类取舍句式间的异同进行了讨论。在以上讨论的基础上，大致勾勒出现代汉语取舍句式系统的整体面貌。

　　除"绪论"和"结论"两个部分外，全书共分六章。"绪论"部分主要说明本书的选题价值、研究现状、研究思路和语料来源。

　　第一章"取舍范畴的确立"探讨了汉语取舍范畴的认知基础、语义结构、表达形式以及该范畴的划界等问题。汉语取舍范畴的形成基于人类的一般认知，该范畴的语义结构包括"常量"和"变量"两部分，"常量"包含"取舍主体"和"取舍项（p，q）"两个要素，"变量"则只指"取舍方式"。作为表达形式，汉语取舍句式分为有标形式和无标形式两类，有标形式又分为典型和非典型两种类型。典型的有标取舍句式以"与其"句式和"宁可"句式为代表；非典型的取舍句式以"非得"等标记的取舍句式为代表；此外还有"不 p，而 q"等其他取舍句式。汉语取舍范畴与邻近的比较范畴、选择范畴等存在纠葛，此外，汉语取舍范畴的内部成员与邻近范畴之间也难以厘清界限。

　　第二章"'与其'句式"在回顾已有研究的基础上，讨论了"与其"的词汇化、"与其"句式的历时演变、"与其 p，不如 q"句式的主观化、语义表达和语用环境等问题。（一）"与其"的词汇化。连词"与其"是跨层结构词汇化而来的。"与"原本为动词，它所支配的对象是主谓结构的"其＋VP"，"其"与"VP"处于同一层次；后来"与"虚化为介词，但它介引的对象仍是主谓结构的"其 + VP","其"与"VP"仍处于一个层次；再后来当"与"进一步虚化为连词时，原有的句法结构被打破了，这使原本不在同一层次上的"与"同"其"组合到了一起，连词"与其"最终产生。（二）"与其"句式的历时演变。"与其"句式随着历史的发展，几经调整，逐渐简化，最终"与其（说）p，不如（说）q"成为该句式最主要的表达形式。（三）"与其 p，不如 q"句式的主观化。现代汉语中的"与其说 p，不如说 q"句式是"与其 p，不如 q"句式主观化的结果。在这一主观化的过程中，说话人视角的转变贡献最大，其次是说话人的情感和认识。（四）"与其 p，不如 q"句式的语义表达。取舍主体人称的不同选择对该句式在主观性和"行、知、言"三域中的表达会造成影响。（五）"与其 p，不如 q"句式的语用环境。该类句式主要使用于表因果语义的语言环境之中。

第三章"'宁可'句式"在梳理已有研究的基础上，探讨了"宁可"的词汇化、"宁可 q"句式、"宁可 q，也要 a"句式、"宁可"句式的历时演变、"宁可 q，（也）不 p"句式的语义表达和语用环境等问题。（一）"宁可"的词汇化。副词"宁可"是同义并列短语词汇化而来的。"宁"与"可"同属表主观意愿的词语，二者在意义上有接近之处，这就为二者凝结成词奠定了意义基础。此外，二者的句法位置也颇为一致，即"宁"与"可"一般都位于动词之前（状语）的位置。具备以上两个条件后，在语用频率和韵律构词规则的共同促发下，"宁可"最终凝结为词。（二）"宁可 q"句式。该句式从古至今一直高频使用，有"明示""蕴含"和"隐含"三种类型。（三）"宁可 q，也要 a"句式。该句式是新兴的一种杂糅句式，不属于取舍句式。（四）"宁可"句式的历时演变。"宁可"句式随着历史的发展，几经调整，也逐渐简化，最终"宁可 q，（也）不 p"成为该类句式最主要的表达形式。（五）"宁可 q，（也）不 p"句式的语义表达。取舍主体人称的不同选择对该句式在主观性和"行、知、言"三域中的表达会造成影响。（六）"宁可 q，（也）不 p"句式的语用环境。该句式除主要使用于表因果语义的语言环境之外，还较多地用于表转折语义的语言环境中。

第四章"其他取舍句式"在已有研究的基础上，对"不 p，而 q"句式、"不在于 p，而在于 q"句式、"p，还不如 q"句式和"p，倒不如 q"句式进行了探讨。具体来说，主要从句法表现、历时演变、语义表达和语用环境等多角度对以上四类句式进行了探讨。以上研究旨在说明汉语中表达取舍意义的取舍句式绝不仅限于公认的那几类，汉语取舍句式应有自己独立的系统结构。

第五章"准取舍句式"在已有研究的基础上，指出副词"非得""死活""偏偏"和"只好"等也能标记取舍句式，只不过它们标记的取舍句式相对不太典型，属于非典型的有标取舍句式，也可称其为"准取舍句式"。本章对这些准取舍句式的意义、句式特点、语义表达和语用环境等问题作了探讨。总体来说，（一）句式意义。"非得"类句式的意义可分为三类；"死活""偏偏"等标记的句式，其句式意义可分为两类；"只好"类句式的意义则只有一种情况。（二）句式特点。副词"非得""死活""偏偏"和"只好"等都可标记取舍句式，同时它们所标记的取舍句式只带有"选定项"。（三）语义表达。取舍主体人称的不同选择对以上句式在主观性和"行、知、言"三域中的表达影响情况不同。（四）语用环境。副词"非得1""死活""偏偏"等标记的取舍句式主要用于表"转折"语义的语言环境中，而"非得2""只好"等标记的取舍句式则主要用于表"因果"语义的语言环境中。

第六章"取舍句式比较"从纵向和横向两个维度对各类取舍句式作了比较分析。从纵向的维度看，"与其"句式系统和"宁可"句式系统均趋于简化。从横向的维度看，在语义表达方面，当取舍主体为第一人称时，各取舍句式在主观性和"行、知、言"三域中的表达体现出一定的差异，与之相反，当取舍主体为第二、三人称时，各取舍句式的表达具有较强的一致性；在语用环境方面，"因果"和"转折"关系分别代表取舍句式语用环境的两极，若一种取舍句的取舍合理度高，那么它更容易在表"因果"关系的语境中出现，反之则更容易在表"转折"关系的语境中出现；在句式构造方面，"宁可q"句式以及副词"非得""死活""偏偏"和"只好"等标记的取舍句式属于"意合型"的取舍句式。

"结论"部分概括全书的主要观点，并指出书中的局限和今后有待拓展的课题。

Abstract

Based on the category theory, this book has built initially the category system of option in Chinese. There are typical and atypical members with regard to a category, so are the sentence patterns of option in Chinese as the forms about the category of option, which can be classified as typical and atypical ones. Based on building the category system of option in Chinese, this book has explored typical members about the category of option in Chinese, namely the sentence patterns marked by *yuqi* (与其) and the sentence patterns marked by *ningke* (宁可), and also has discussed the atypical members about the category of option, such as the sentence patterns marked by *feidei* (非得), etc. besides, also has compared and analyzed the various sentence patterns of option. Based on the above discussion, we can build the systerm about the sentence patterns of option in Chinese.

This book consists of six chapters in addition to the introduction and the closing remarks. "Introduction" introduces mainly the value about the subject of this book, the situation of the research, the thinking ways of the research, and the source of the corpus.

Chapterone "Definition about the Category of Option" explores the cognitive basis, semantic structure, expressive forms and the delimitation of the scope about the category of option in Chinese. The formation about the category of option is based on the general cognition of mankind, The semantic structure of which includes two parts, namely, the "constants", which contain two elements "option – agent" and the two elements of option (p, q), and the "variables", which only denote the ways of option. As a form of expression, the sentence patterns of option can be divided into two types, namely the marked ones and the non – marked ones, and the marked ones can be further divided into the typical and atypical ones. The typical marked sentence patterns of option are deputed by the sentence patterns marked by *yuqi* and the sentence patterns marked by *ningke*; the atypical ones are deputed by the sentence patterns marked by *feidei*, etc. There are disputes between the category of option and its adjacent categories, such as comparative category and the category of choice, etc. Moreover, there are vague borders among interior members about the category of option and their adjacent categories.

Chapter two "The Sentence Patterns of Option Marked by *yuqi*" discusses the lexicalization of *yuqi*, the diachronic development of the sentence patterns marked by *yuqi* and the subjectivisation, semantic expression and pragmatic environment of the sentence patterns marked by "*yuqi* p, *buru*q" on the basis of recalling the existing research. (1) With the respect to diachronic development, as a conjunction, *yuqi* is the result of lexicalization about the cross – layer structure. *yu*（与）was initially a verb, which governed the subject – predict structure（*qi* + *VP*）, in which *qi*（其）and *VP* belonged to a same stratum; afterwards, *yu* was emptified into a preposition, nevertheless, it governed the subject – predict structure（*qi* + *VP*）, *qi* and *VP* belonged to a same stratum; afterwards still, when *yu* was emptified into a conjunction, the initial structure was broken, which made *yu* and *qi* combined altogether although not belonging to the same level previously, and *yuqi* as conjunction emerged eventually. (2) With the historical development, after several adjustments, the sentence patterns marked by *yuqi* was simplified gradually, at last, developed its most important form of expression, namely the sentence patterns marked by *yuqi*……*buru*（不如）. (3) The sentence patterns marked by "*yuqi* p, *buru*q" experienced a longer – term subjective process, the most important reason is the perspective of speaker, followed by the speaker's affect and epistemic modality. (4) In the respect of semantic expression, the change of option – agent has certain influences on the expression of the subjectivity and the three main domains of acting, knowing and uttering of these sentence patterns marked by *yuqi*. (5) With respect to pragmatic environment, these sentence patterns are mainly used in the pragmatic environment of expressing causal relationship.

Chapter three "The Sentence Patterns of Option Marked by *ningke*" discusses the lexicalization of *ningke*, the sentence patterns of *ningke q*, the sentence patterns of "*ningke q*, *yeyao* (也要) *a*", the diachronic development of the sentence patterns of *ningke* and the semantic expression and pragmatic environment about these sentence patterns of "*ningke q*, *yebu* (也不) *p*" on the basis of sorting out the existing research. (1) With respect to diachronic development, as a adverb, *ningke* is the result of lexicalization about the synonymous phrases, *ning* and *ke* (可) both belong to the words which denote the subjective wills, so the two words possess the foundation of meaning about the two words into a word. Moreover, the syntactic positions of two words are also very unanimous, because *ning* and *ke* usually take place in frond of verbs. When the above mentioned conditions satisfied, promoted commonly by pragmatic frequency and prosody rules, *ningke* was crystallized into a word. (2) The sentence patterns of *ningke q* has used before long, there are three types in these sentence patterns. (3) The sentence patterns marked by "*ningke q*, *yeyao a*" is not the sentence patterns of option. (4) With the historical development, after several adjustments, the sentence patterns of option marked by *ningke* was simplified gradually, at last, developed its most important form of expression, namely the sentence patterns marked by "*ningke q*, *yebu p*". (5) In the respect of semantic expression, the change of persons of option – agent has certain influences on the expression of the subjectivity and the three main domains of acting, knowing and uttering of these sentence patterns. (6) In the respect of pragmatic environment, the sentence patterns marked by "*ningke q*, *yebu p*" is used mainly in the pragmatic environment of causal relationship, in addition, can also being used largely in the pragmatic environment of transitional relationship.

Chapter four "the other Sentence Patterns of option" discusses the Sentence Patterns marked by "*bu* (不) *p*, *er* (而) *q*" "*buzaiyu* (不在于) *p*, *erzaiyu* (而在于) *q*" "*p*, *haiburu* (还不如) *q*" and "*p*, *daoburu* (倒不如) *q*". We discusses the syntactic performance, the semantic and pragmatic perspectives on the environment about these Sentence Patterns of option. These studies are intended to illustrate the significance about our study must not be limited the several Sentence Patterns of option, the Sentence Patterns of option should have its own independent system in chinese.

Chapter five "The Sentence Patterns of Quasi – option" points out, on the basis of the existing research, that the adverbs, such as *feidei* (非得), *sihuo* (死活), *pianpian* (偏偏), *zhihao* (只好) and so on, can mark the sentence patterns of option, but these sentence patterns are not very typical comparatively, belonging to the atypical marked sentences of option, being also called "the sentence patterns of quasi – option". In this chapter, we discuss the meaning, characteristics, semantic expression and pragmatic environment of the sentence patterns of quasi – option. Overall, (1) The meaning of the sentence patterns marked by *feidei* can be classified as the three kinds, that of the sentence patterns marked by *sihuo* and *pianpian* be able to be classified as two kinds, that of the sentence patterns marked by *zhihao* have only one kind. (2) In the characteristics of these sentence patterns, the adverbs such as *feidei*, *sihuo*, *pianpian* and *zhihao* are all able to mark the sentence patterns of option, and these sentence patterns only possess selected elements. (3) In respect of semantic expression, the difference of person of option – agent has certain influences on the expressions of subjectivity and three domains of acting, knowing, and uttering of the above mentioned sentence patterns. (4) In respect of pragmatic environment, the sentence patterns of option marked by such adverbs as *feidei* (非得 1), *sihuo* and *pianpian* are used mainly in the pragmatic environment of transitional relationship, while that marked by such adverbs as *feidei* (非得 2) and *zhihao* are used mainly in the pragmatic environment of causal relationship.

Chapter six "The Comparison about the Sentence Patterns of Option" analyzes the various sentence patterns of option comparatively from two dimensions: the vertical and horizontal. Seen from the vertical dimension, the system about the sentence patterns of option marked by *yuqi* and that of *ningke* are simplified gradually. Seen from the horizontal dimension, in the respect of semantic expression, when the option – agent is the first person, there are some differences in the subjectivity and the three main domains of acting, knowing and uttering between the various sentence patterns of option, in counter to which, when the option – agent is the second or third person, there is a considerable agreement in expression between the various sentence patterns of option. In the respect of pragmatic environment, "causal" and "transition" relationships stand for the two poles of the pragmatic environment about the sentence patterns of option, if the reasonable degree of option about the sentence pattern is high, it tends to e-merge in the context of expressing causal relationship; on the contrary, it tends to appear in the context of expressing transitional relationship. In the respect of sentence structure, the sentence patterns marked by *ningke p*, *feidei*, *sihuo*, *pianpian* and *zhihao* belong to the sentence patterns of option which possess the characteristics of parataxis.

"Closing remarks" summarize the main viewpoints of this book, and point out some limitations and issues to be further researched about this book.

目　录

绪　论

一　选题价值

一般认为，语法研究的路向大致有两种：一种是从外到内的研究，即从形式到意义的研究；另一种是从内到外的研究，即从意义到形式的研究。从普通语言学的角度讲，形态丰富的语言一般适合从外到内的研究方法，而像汉语这样形态不发达的语言更适合从内到外的研究方法。很多语言学家早就意识到了这一点，如王力提出的"意合法"的思想，吕叔湘在《中国文法要略》中以语义为纲构建语法体系等。特别是近几十年来，从语义范畴入手研究汉语已经成为潮流，这些都说明从语义范畴的角度入手研究汉语语法符合汉语自身的特点。

汉语取舍范畴作为汉语当中用来表达取舍关系的一类范畴，对之进行研究必将具有一定的理论和应用价值。

（一）有助于丰富汉语的范畴系统，推动汉语语法研究的深入发展。大家知道，从吕叔湘先生的《中国文法要略》开始，汉语当中已建立了不少范畴，如时间范畴、方所范畴、量范畴、空间范畴、比较范畴、致使范畴、工具范畴、情态范畴、选择范畴等。取舍范畴作为汉语范畴系统大家庭中的重要一员，与邻近范畴之间有着千丝万缕的联系，但时至今日，还没有人对取舍范畴进行全面的论述和准确的定位，因此确立汉语取舍范畴系统并深入研究此类范畴很有必要。

（二）有助于我们全面地认识与把握汉语取舍句式系统。汉语是一种缺乏严格形态变化的语言，因此，要想真正弄清汉语当中取舍句系统的本来面目，只对表层形式进行研究现在看来是远远不够的。若能从范畴的角度入手，沿着从深层意义到表层形式这样一种由内而外的研究方法去研究汉语取舍句式，那么，就能揭示出很多在语言表层被隐蔽了的语言现象。汉语取舍句是汉语中用来表达取舍关系的句子，这类句式到底有多少种，我们至今还远远没有弄清楚。就目前的研究而论，学术界一般只把"与其"句式、"宁可"句式等少数几类句式作为取舍句式来对待。其实，汉语当中表达取舍的句式远不止这些，那么究竟还有哪些？进一步讲，如何才能构拟出汉语当中的取舍句系统？这些问题都有待我们从范畴的角度作进一步的研究。

（三）有助于我们全面地认识与把握汉语复句系统。汉语取舍句中的不少句式本身就是复句，比如作为取舍句式的"与其"句式和"宁可"句式本来就是复句系统中的重要成员，它们在很多语法书中被当作选择复句中的小类来看待，有少数语法著作则将"与其"句式和"宁可"句式单列为一类（取舍复句）、并将这两类句式与选择复句相并列，但不管怎样，上述两类句式都属于复句的范畴。因此，研究这些句式无疑对选择复句乃至整个复句系统的研究有所帮助。

（四）有助于中文信息处理、对外汉语教学和母语教学等。就当前中文信息处理技术而言，句处理问题的关键性非常凸显。汉语取舍句式作为汉语当中的一类重要句子格式，也是句处理过程中所必须要解决的一个个案，因此，对取舍句式进行深入的研究，弄清其形式与意义之间的匹配关系，为计算机提供详细的语法知识也是一项紧迫的任务。就对外汉语教学而言，汉语取舍句式（如"与其"句式和"宁可"句式）一直是外国学生学习汉语的一个重点和难点，因此从对外汉语教学的角度去深入研究汉语取舍句式也是一个具有广阔应用前景的研究领域。就母语教学而论，教给中国学生（母语为汉语）较为详细的有关取舍句式的语法知识能提高他们学习此类句式的效率和自觉性。

二　研究现状

在汉语语法研究史上，"取舍范畴"的研究主要反映在"与其"句式和"宁可"句式的研究之上。① 总体上来看，"与其"句式和"宁可"句式的研究大致经历了以下几个阶段。

（一）孕育萌芽阶段。元代以降，卢以纬、袁仁林、刘淇、王引之、马建忠以及杨树达等学者在研究虚词"与""与其"和"宁"时，对

---

① 在本书中，"与其"句式指由"与其"参与标记的取舍句式，"宁可"句式指由"宁可、宁愿、宁肯、宁"标记的取舍句式，下文同。

"与其"句式和"宁可"句式进行了列举，不过仅限于列举，并未从句式的角度加以研究。① 如元代卢以纬在《助语辞》中对"与其"和"宁"所作的探讨。卢氏认为，与其，盖比较之辞，而意之所主不在此。如《论语》"与其奢也"之类。卢氏认为，宁，《说文》："愿辞也"，亦是相较而愿之之辞，如《鲁论》"宁俭""宁戚"之类。此外，卢氏还认为"宁"还有"安"字义、"岂"字义和"独"字义。清代以降，袁仁林在《虚字说》中认为，"与其"与"宁""不如"搭配使用，并对此类句式作了列举；"与"为动词，是"嘉与"或"许可"的意思，而"宁"本即"安宁"字，有正用和反用之别。刘淇在《助字辨略》中认为，"与其"与"宁""岂若"搭配使用，并对此类句式作了列举；"与"为"如"的假借字，"与其"通"如其"，"宁"为愿词。王引之的《经传释词》秉承了前代刘淇的观点。马建忠在《马氏文通》中认为，"与"为连字，同时马氏对"与其"句式进行了列举。马氏指出，"与"一般与"宁""岂""孰若"等字相组配。杨树达在《词诠》中指出，"与"为连词，而"宁"为助动词，同时，《词诠》还对"与""宁"所关涉的句式进行了列举。总之，以上两大类取舍句式的研究附属于虚词研究，上述学者在探讨虚词的过程中只是对相关句式进行了简单的列举，由于受到主客观条件的局限，所以当时学者们还未能从句法学的高度对此两类句式进行概括总结。

　　（二）初步分析阶段。20 世纪 50 年代之前的几十年，一些重要的语法论著对"与其"句式和"宁可"句式的性质作了简单归类，但此两类句式的研究仍未展开。如黎锦熙在《新著国语文法》中认为，"与其……宁可"句式和"与其……不如"句式为"比较句"中的"审决"类。黎氏认为，"比较句"属于"主从复句"，而"选择句"属于"等立复句"，但他又认为，"审决"很少是一对复句，常是共一主语的"复述语"，可不分主从，属于选择句。可见，黎氏实际上主张将"与其……宁可"句式和"与其……不如"句式归入"选择句"。② 吕叔湘在《中国文法要略》中认为，"与其"句式和"宁可"句式属于"异同·高下"关系中

----

　　① 　参见卢以纬（1985），袁仁林著、解惠全注（1989），刘淇（1983），王引之（1985），马建忠（1983）和杨树达（2006）。

　　② 　参见黎锦熙（1992）。此外，黎锦熙、刘世儒（1962）在《汉语语法教材》中干脆把"与其……宁可"句式和"与其……不如"句式归入选择复句中的"决选式"。

表"得失"的句子。吕氏指出，比较两件事情的利害得失，不仅是认识的问题，实与行动有关。所用句法和判别两物高下的句子也颇有异同。可分成用"宁"和用"不如"的两类，两类都可以加用"与其"。此外，吕氏对"宁"类句式和"不如"类句式的小类进行了划分。高名凯在《汉语语法论》中，讨论"主从复句"中的"条件"关系时提到了"与其……不如""如其……宁可"和"要是……宁可"句式，在此高氏实际上将"与其"句式和"宁可"句式视为表假设的条件复句。①

（三）全面研究阶段。20 世纪 50 年代以后，"与其"句式和"宁可"句式的研究全面展开。具体体现在如下几个方面：

第一，一些辞书对"与其"句式和"宁可"句式进行了探讨。大致说来，在古汉语方面，《古代汉语虚词》（华南师院，1982）、《古代汉语虚词通释》（何乐士等，1985）、《文言复式虚词》（楚永安，1986）、《古代汉语虚词类解》（陈霞村，1992）、《古代汉语虚词词典》（中国社科院古汉语研究室，2002）和《古代汉语虚词词典》（何乐士，2006）等对"与其""宁"的词性进行了分析。在现代汉语方面，《现代汉语八百词》（吕叔湘，1980）、《现代汉语虚词例释》（北京大学，1996）、《现代汉语词典》（商务，2005）以及一些不同版本的《现代汉语虚词词典》，如景士俊（1980）、侯学超（1998）、王自强（1998）、张斌（2005）、朱景松（2007）等也对"与其""宁可"的词性作了分析。从结论上看，上述辞书对"与其"词性的认定主要有两种观点：一是连词说；二是关联词语说。对"宁可"词性的认定主要有三种观点：一是副词说；二是连词说；三是关联词语说。此外，《现代汉语八百词》（吕叔湘，1980）还对"与其"句式和"宁可"句式的语法意义和相关句式的比较进行了分析。

第二，一些汉语教科书对"与其"句式和"宁可"句式作了讨论。具体有张志公主持编写的《汉语知识》曾对"与其"句式和"宁可"句式的性质进行了简单归类。② 黎锦熙、刘世儒（1962）在《汉语语法教材》中对以上两句式的类属划分、句式的语法意义以及句式间的异同进行了较为详细的分析。此外，钱乃荣（1990）、邢福义（1991）、北京大学中文系（1993）、胡裕树（1995）、邵敬敏（2001）、张斌（2002）、黄

---

① 参见吕叔湘（1982）、高名凯（1986）。

② 参见张志公（1980）。

伯荣和廖序东（2007）等所主编的《现代汉语》教材都对此两类句式作了探讨。以上教科书对"与其"句式和"宁可"句式的研究和定位对学术界的认识产生了很大的影响。

第三，一些汉语语法论著对"与其"句式和"宁可"句式进行了研究。大致来说，在古汉语方面，《中国古代语法·造句编》（周法高，1961）、《汉语文言语法》（李新魁，1983）、《古代汉语语法》（马忠，1983）、《古汉语语法及其发展》（杨伯峻、何乐士，2001）、《中国语历史文法》（太田辰夫，2003）、《古代汉语语法学》（李佐丰，2004）、《文言语法》（史存直，2005）等对"与其"和"宁"的词性、"与其"句式和"宁可"句式的类属及语法意义进行了分析。在现代汉语方面，《汉语口语语法》（赵元任，1979）以及《汉语水平考试研究》（刘英林，1989）、《现代汉语副词研究》（张谊生，2000）、《连词与相关问题》（周刚，2002）等对"与其""宁可"的词性进行了探讨。《实用汉语语法》（华宏仪，1980）、《现代汉语转折词语研究》（郭志良，1999）等对"与其""宁可"的词性、"与其"句式和"宁可"句式的类属划分作了分析。《实用现代汉语语法》（刘月华，1983）、《实用汉语语法》（房玉清，1992）等对"与其"和"宁可"的词性、"与其"句式和"宁可"句式的类属、语法意义及句式间的比较作了探讨。

第四，一些专门研究复句的语法论著将"与其"句式和"宁可"句式纳入整个复句的框架当中进行较为深入的研究。这方面的代表作有《复句与关系词语》（邢福义，1985）、《汉语复句研究》（邢福义，2001）、《现代汉语复句新解》（王维贤等，1994）、《现代汉语复句句式研究》（徐阳春，2002）、《现代汉语选择范畴研究》（周有斌，2002）等。上述语法专著的研究涉及了"与其"和"宁可"的词性、取舍两项（p，q）、"与其"句式和"宁可"句式的类属划分、语法意义及相关句式间的比较等问题，并对之进行了较为细致的分析。

第五，一些汉语语法论文对"与其"句式和"宁可"句式作了细致的分析。孙云（1983）对"宁可"句式与邻近句式作了区别。何宛屏（2001）对"宁可"句式的语法意义、取舍两项（p，q）等问题进行了讨论。王彦杰（2002）对"宁可"句式的类属、语法意义及相关句式间的比较作了详细的探析。王灿龙（2003）对"宁可"的词性、"宁可"句式的类属、语法意义及相关句式间的比较作了详细的探讨。沈家煊

（2003）对"与其"句式的语法意义进行了分析。高顺全（2004）对
"与其"的词性、取舍两项（p，q）、"与其"句式的类属、语法意义及
相关句式间的比较进行了详细的论述。高书贵（2005）对"宁可"句式
中的取舍两项（p，q）的性质作了详细分析。王小彬（2005）对取舍两
项（p，q）、"与其"句式和"宁可"句式的类属、语法意义及两句式间
的比较作了详细的探究。杨江（2006）讨论了"与其"句式的类属、取
舍两项（p，q）、该句式的语法意义及相关句式间的比较等问题。张宝胜
（2007）详细分析了"宁可"句式的类属、语法意义等问题。李会荣
（2008）对"与其"的词性、取舍两项（p，q）、"与其"句式的类属、
语法意义及相关句式间的比较进行了详细的研究。此外，李会荣（2009）
也涉及了相关句式间的比较问题。宋晖（2009）对"与其 p，宁可 q"句
式进行了详细的剖析。此外，宋晖（2006）还对"与其"句式与 P 句式
进行了区分。

　　以上论文的研究表明，近年来学术界对取舍句式的研究逐步深入和细
致。此外，取舍句式的研究范围也在不断扩大，已逐渐形成了多角度、全
方位的研究态势。具体来说，在"与其"句式方面，高顺全（2004）从
对外汉语教学和历时的角度分析了"与其"句式；姚双云（2008）从中
文信息处理的角度对"与其"句式作了研究；周刚（2002）、杨江
（2006）从历时的角度对"与其"句式作了探讨等。在"宁可"句式方
面，高书贵（1989）、杨玉玲（2000）、崔岑岑（2008）从对外汉语教学
的角度探讨了"宁可"句式；姚双云（2008）从中文信息处理的角度讨
论了"宁可"句式；王灿龙（2003）、李会荣（2009）从历时的角度研究
了"宁可"句式；王维贤等（1994）、周刚（2002）、王小彬（2005）、
张宝胜（2007）从逻辑语义的角度分析了"宁可"句式；陈薄一（2008）
从语义结构模式的角度对"宁可"句式进行了研究；王彦杰（2002）从
语篇功能的角度对"宁可"句式进行了分析等。

　　三　研究思路

　　（一）研究范围。总体而论，汉语取舍范畴的表达形式可分为两大类
型：一是无标记的取舍句式；二是有标记的取舍句式。由于我们对以上两
类取舍句式的认识还极其有限，因此本书只研究有标记取舍句式中的
"与其"句式、"宁可"句式、"不 p，而 q"等其他取舍句式和"非得"

等标记的准取舍句式。之所以把研究控制在这几大类句式的范围之内，目的是为了更能集中讨论问题，便于把问题引向深入。

（二）研究方法。一是事实描写与理论解释相结合。在结合当代认知语言学理论、构式语法理论、主观化理论和词汇化理论等的基础上，对几类取舍句式的历时演变、语义表达、语用环境等问题进行了分析。二是共时与历时研究相统一。除对每类取舍句式进行历时和共时的考察外，还对几类取舍句式之间的异同进行比较分析。三是定量分析与定性分析有机结合。在对每类取舍句式的语用情况进行大量调查统计的基础上，对调查所得数据尽可能作出科学合理的定性分析和研究。

（三）研究步骤。首先，本书对"与其"句式、"宁可"句式、"不p，而q"等其他取舍句式和"非得"等标记的准取舍句式作历时和共时考察，并对标记词"与其"和"宁可"的词汇化问题进行探讨。其次，在借鉴认知语言学理论、构式语法理论和主观化理论等的基础上，对几类取舍句式的主观化、语义表达、语用环境等问题进行分析。最后，总结并归纳几类取舍句式在结构演变、语义表达、语用环境和句式构造等方面的规律，并对这些取舍句式进行纵向和横向的比较分析。

四　语料来源

本书语料主要有如下三个来源：

（一）北京大学中国语言学研究中心现代汉语和古代汉语语料库（CCL）。

（二）北京爱如生数字化技术研究中心研制的《中国基本古籍库》。

（三）陕西师范大学历史文化学院研制的《汉籍全文检索系统》（第四版）。

第一章

取舍范畴的确立

第一节　取舍范畴的认知基础

认知语言学的范畴化理论告诉我们，人类在认识世界的过程中，对事物的性质、特点、状态、变化及事物与事物、事件与事件之间的关系逐渐产生了自己的认识，并对之进行划分和归类，最后使原本杂乱无章的世界变得井然有序，这种认知过程实际上就是范畴化的过程，范畴化的结果形成了各种各样的认知范畴，如"时间范畴""方所范畴""数量范畴""比较范畴""选择范畴""因果范畴"等。认知范畴投射到语言层面就会形成相应的语言范畴。具体来说，认知范畴先投射到语言的语义层，形成相应的语义结构，语义结构无法自立于语言，最后语义结构再投射到语言的形式层（表层），到此，认知范畴投射语言的过程才算结束，语言范畴也才算真正建立起来了。可见，认知范畴和语言范畴是密不可分的，认知范畴是一种经验范畴，是语言范畴形成的基础，语言范畴是认知范畴在语言中的体现。

单就语言范畴而言，它实际上由两个次范畴组成，一个是反映语言之外客观自然世界的范畴。如，人类在认知世界的过程中经常发现一种用来盛开水、圆柱状、能手提并且造型不大的器具，通过一段时间的分辨和比较后，就归纳出了这类器具的共同属性，在头脑中就会形成一个新的范畴"暖水瓶"。这个"暖水瓶"在语言中形成词语并被广泛使用，进而被词典所收录，词典中的"暖水瓶"一词就成为一个反映自然事物的语言范畴。另一个是反映语言自身的范畴。如，语言中的语音范畴、词汇范畴、语法范畴、词类范畴等。这些范畴都是人们对语言自身认知、范畴化的结果。不过，在反映语言自身的范畴中，有一部分属于孤立范畴，这部分范畴的特点是离散的和独立的，如词类范畴、数量范畴、性质范畴等。另外一部分则属于关系范畴，这部分范畴是对语言中元素与元素之间关系进行范畴化的结果，如比较范畴、转折范畴、递进范畴、并列范畴等。

对于取舍范畴来说，"取舍"是人们日常生活中经常面对的一种认知世界的方式，可以毫不夸张地说，人们时时刻刻在进行着取舍，并且根本无法回避它。取舍作为日常的一种认知方式在人们的头脑中逐渐形成一个认知范畴，这个认知范畴投射到语言层面之后就会形成语言中旨在表达取舍关系的范畴，即语言中的取舍范畴。作为语言层面的取舍范畴，我们说，它属于一种关系范畴，因为取舍在语言中主要表达的是选定项和舍弃项之间的一种抉择关系。

大家知道，认知语言学有两种范畴化的理论，一种是基于原型的范畴化理论；另一种是基于图式的范畴化理论。两种理论既有联系又有区别，同时它们对取舍范畴都有一定的解释力。具体来讲，若从原型范畴理论看，汉语取舍范畴是一种原型范畴。作为汉语取舍范畴的表达形式有些比较典型，属于典型成员，如"与其"句式和"宁可"句式，这两类句式的取舍特征明显，取舍关系的表达较为显性化，因而它们容易被大家定性为取舍句式。此外，在汉语取舍范畴的表达形式中有些特征并不太明显，取舍关系的表达较为隐蔽，人们往往不易察觉到这种取舍关系的存在，这些表达式可姑且看作取舍范畴的非典型成员，如"非得""死活""偏偏"等副词标记的句式。[①] 若从图式范畴理论来看，汉语取舍范畴还是一种图式范畴。关于图式范畴的种类，Lakoff（1987）认为，有以下几种：容器图式、部分—整体图式、连接图式、中心—边缘图式、始源—路径—目的地图式和其他图式。[②] 按照以上分类，汉语取舍范畴应该属于连接图式。我们知道，取舍句式中的两个选项——"选定项"和"舍弃项"相对而存在，一方缺席就不能构成对比关系，当然最终句式所表达的取舍义也就无从谈起。在取舍句中，选定项和舍弃项之间的这种对比关系其实就是一种连接图式。

另外，汉语取舍范畴的形成还遵循了认知隐喻中的一个原则，即从具体到抽象的隐喻原则。"取舍"本来是人们生活中一种具体的认知世界的

---

①　张谊生（2000）认为，"宁、非、偏、宁可、宁肯、宁愿、偏偏、偏生、死活、非得"等都可表达意愿态，意愿态是指比较了两种情况之后而有所选择的意向性情态。本书进一步认识到这些副词标记的句式其实大多数就是取舍句式，详细情况参见后面的章节。

②　参见王寅（2007）。

方式，如面对两个物体，人们若要从中选出一个来，必然会涉及取舍的问题，像此类"取舍"就是日常生活中很具体的一种行为活动。认知隐喻推理的一个基本程序是，在认知世界的过程中，人们往往会由具体的认知域向抽象的具有相似性的认知域推理，这是人类认识世界的一大有力武器，人类正是利用了隐喻这个有力的武器，对世界的认识才会那么深刻和丰富。对于汉语取舍范畴来说，语言中大量的取舍表达形式实际上并不能真正反映出客观现实中的取舍行为，它们所反映的取舍关系都经过了认知隐喻的加工。如，"这本书与其说是老三国，不如说是老三篇"，就这个句子而言，它表达的取舍意义并不是日常生活中对两个物体进行取舍的一种具体行为，不过，由于它在表达的句式义上与客观世界中的取舍行为有相似之处，所以二者之间产生了隐喻推理，也就是说，人们根据二者的相似性，把取舍义从具体的认知域推理到了抽象的认知域，这就是汉语中大量取舍句产生的一个很重要的方式。

总之，汉语取舍范畴是人类在认知世界的过程中所形成的关于取舍的认知范畴投射到语言层面后的一种结果。汉语取舍范畴属于关系范畴，它既是一种原型范畴，又具有连接图式的特征。另外，汉语取舍范畴的形成还遵循了从具体到抽象的隐喻原则。

第二节　取舍范畴的语义结构

前文已提到，表取舍的认知范畴首先投射到语言中的语义层，形成相应的旨在表达取舍的语义结构。汉语取舍范畴的语义结构包括取舍行为或意愿的实施者，即"取舍主体"，包括被取舍的两个选项（p，q），还包括取舍主体在实施取舍时所采取的取舍方式。前两个要素是语义结构中的"常量"，所谓常量在数学意义上指数值不变的量，在取舍范畴中指不变的构成要素。后一个要素则是语义结构中的"变量"，所谓变量在数学意义上指数值不确定的量，在取舍范畴中指经常变化的构成要素。

要素之一：取舍主体。作为取舍行为或意愿的实施者——取舍主体，首先必须属于有生事物，因为有生命的事物才有可能实施某种行为或意愿。相反无生命的事物就不可能实施这样的行为或意愿。如一支笔，它没有生命，因此它不可能去实施某种行为或意愿。此外，单独具有生命的事物，若不具有主观能动性，同样无法实施某种行为或意愿。如一棵茁壮成长的小树，它虽有生命，但缺乏主观能动性，它不可能改变周围生长的环境，只能顺应周围的环境寻求自身的生长。因此，像小树这样的有生事物也无法充当取舍主体。

可见，作为取舍主体必须具备两大语义要素——生命和主观能动性，即，取舍主体：［＋生命］∧［＋主观能动性］（"∧"表"和"的意思）。

要素之二：取舍项（p，q）。[①] 首先，作为取舍项在数量上只能有两项，当然这里的数量是指属性意义上的数量，并不指数学意义上的数量。如"他宁可去西藏，也不愿去上海和南京"。在这个句子中，选定项为"西藏"，在数学意义上它的数量为一；舍弃项为"上海"和"南京"，在数学意义上它的数量为二。但若从属性意义的角度看，作为舍弃项的"上海"和"南京"，在属性上都属于舍弃项，因此只能将其归为一项。其次，取舍项"p"和"q"必须同属于一个意义范畴，属于不同意义范畴的两个选项不具有可比性，也不可能作为取舍项。如"春光明媚"和"春苗茁壮"属于不同的意义范畴，因此不能作为取舍项，如我们从不说"与其春光明媚，不如春苗茁壮"，或"宁可春光明媚，也不春苗茁壮"。[②]

要素之三：取舍方式。按照人们的认知常识，人们在对周围世界万物进行取舍时，一般有两种取舍的方式，即理性的取舍方式和感性的取舍方式。理性的取舍方式经过了人们的理性分析和推导，所作出的取舍更加符合取舍主体的自身利益，同时由于这种方式较为理性，一般也较为接近公众的普遍认知。相反，感性的取舍方式是人们出于某种语用目的，而作出的较为武断的抉择，此类取舍没有经过人们的理性分析和推导，所作出的取舍也不一定符合取舍主体的自身利益，同时由于这种方式较为感性，一般比较远离公众的普遍认知。

第三节　取舍范畴的表达形式

我们知道，表取舍的认知范畴投射到语言中的语义层后，形成了相应

---

① 除前人时贤的研究成果保持原状外，本书凡是取舍句式的"选定项"统一用"q"表示，"舍弃项"统一用"p"表示，下文同。

② 参见邢福义《汉语复句研究》，商务印书馆 2001 年版，第 135 页。

的语义结构，而语义结构无法自立于语言，它还得进一步投射到语言的表层，才能真正将语言中的取舍范畴建立起来。上面我们讨论了取舍范畴的语义结构，下面再看看该语义结构在语言的表层是如何实现的。

一　取舍主体的表达形式

前面已有介绍，取舍主体必须是有生命而且有主观能动性的事物，而"人"是最有主观能动性的有生命的高等动物，因此"人"最有资格充当取舍主体。实际语料也显示，在取舍范畴的表达形式（取舍句式）中，取舍主体的充当者一般为"人"。

对于"与其"句式和"宁可"句式来说，当"人"作为取舍主体时，一般有两种人称表现，即第一人称和第三人称，而很少使用第二人称。如①：

(1) 我认为，与其在一股道上跑到底，还不如从实际出发，及时"转轨"，重新调整目标，继续奋斗。

(2) 当然我没有认识那是"破烂"，否则我宁可怠工也不竭尽我的力量去实现这个计划。

(3) 持这一观点的学者认为，与其说是翁同龢等人的抗战主张影响了光绪帝，还不如说是光绪帝的主战态度影响了他们。

(4) 黑人托比宁可一次次被抓回来，遭受毒打，不惜冒着被吊死的危险，也不接受白人奴隶主给他的英文名字，坚持用非洲母语称呼自己。

以上四例，例 (1)、(2) 的取舍主体为第一人称"我"，而例 (3)、(4) 的取舍主体为第三人称，即"持这一观点的学者""黑人托比"。此外，取舍主体为第二人称的情况很少，我们发现只有少数的用例。如：

(5) 你觉得这件事的发生很突然，与其让他们来搅和，还不如就此罢休了事……

---

① 除个别情况外，本书现代汉语语料均来自北京大学中国语言学研究中心 CCL 语料库，文中例句后不再标明具体出处，这里一并加以说明。

（6）你知道出版文集要花钱，要花很大一笔钱，于是你宁可将它变成遗愿，也不肯让省委为难。

二　取舍项（p，q）的表达形式

由于取舍项（p，q）在属性意义上只能为两项，因此汉语取舍范畴的表达形式（取舍句式）往往使用一套相互组配的关联词语同时引出选定项和舍弃项。如：

（7）与其花巨资治污染，不如继续扩大再生产，再造他们新的辉煌——这也许才是他们的真实思想。

（8）许多义务扣税单位，宁可从自己身上割肉来代缴税款，也不肯代扣个人一分钱。

例（7）、（8）分别使用了配套的关系词语"与其……不如"和"宁可……也不"，把选定项和舍弃项一并标记出来。

此外，在汉语取舍范畴的表达形式（取舍句式）中，由于舍弃项已经包含在一定的语境之中，因此有的取舍句式只通过单个标记词语将选定项标记出来。如：

（9）虽然路途较远，一般人都会选择班车，可他还是宁可骑车去工厂。

（10）我不明白，干嘛非得采用"骂"的方法呢？同样的道理，温和地说就不行吗？

（11）那天带宝宝出去散步，散到一半，宝宝脑筋短路了，藏在树丛里死活不出来，宝宝爸爸很不顾脸皮地趴在草丛里长一声短一声地叫。

（12）孩子进好一点的寄宿学校，打听了天津市内好些私立学校的情况，却偏偏不去打听岳阳道小学的住宿情况。

例（9）—（12），"宁可""非得""死活"和"偏偏"作为标记词语，都以独用的方式将选定项标出。从这些句子的深层语义来看，它们实际上都属于表取舍的句式，只不过，舍弃项已经包含在一定的语境中了①，所以此类句式只标记出选定项。

需要指出，从属性意义上看，选定项和舍弃项是相互对立的两方，但从句法形式的角度来说，有时它们在句法形式上的肯定和否定并不影响其作为取舍项的身份地位。如：

（13）与其凑合着与她过，还不如不过，这样对双方其实是一件很好的事情。

（14）喜欢以行政命令代替科技人员的择业愿望，以权压人、以势服人，进得来出不去，宁可不用，也不能为他人所用。

例（13）、（14），"不过"和"不用"虽然为否定形式，但均为所在取舍句的选定项。有人认为像例（13）、（14）这样的句子不是取舍句，根据是该句的选定项为否定形式。这种认识错误在于把语义和句法两个不同层面的问题混为一谈。

三　取舍方式的表达形式

所谓取舍方式，是指取舍主体在取舍事物时体现出来的具体的认知方式。一般而论，取舍方式主要分理性的取舍方式和感性的取舍方式两种。在语言的表层，这两种方式都有相应的表达形式。如：

（15）恭敬不如从命，与其态度谦恭有礼，不如遵从人家的意见。

（16）这就是为什么一些房地产商宁可捂着，让账上的赤字年年增长，也不愿面对现实的真实想法。

例（15）中的标记词语"不如"，很明显能显示出该句式的对比性。而例（16），虽然标记词语"宁可"显示出忍让的主观情绪，但这种忍让也是出于不得已，也是经过对比分析之后所作出的较为理性的选择。

---

① 这些"舍弃项"一般结合上下文语境或人们共知的语境可以将其找回（recover），具体情况参见第五章相关内容。

可见，"与其"句式和"宁可"句式属于汉语取舍句式中理性的表达形式，同时"与其……不如"和"宁可……也不"可看成是理性取舍句式的两种标记形式。

再来看汉语取舍句式中感性的表达形式。如：

（17）嘿嘿，这么聊没法儿记，这儿一句，那儿一句，<u>非得</u>具体按着什么先提什么呀，说什么……

（18）哈利喜被救后，<u>死活</u>要乌稀里到萨尔浒城去，说要好好报答他。

（19）本来文章中正常出现几次关键词，而你<u>偏偏</u>要增加很多，造成用户阅读有难度……

例（17）—（19）包含三种取舍句式："非得"句式、"死活"句式和"偏偏"句式。就此三类取舍句式的表达而言，取舍主体在对取舍项进行抉择时，完全出于自己的主观臆断，有的甚至有故意反驳他人取舍意愿的倾向，如例（19）。因此，这三类取舍句式属于感性的表达形式，同时副词"非得""死活"和"偏偏"可看成是感性取舍句式的一种标记词语。

四　结论

以上我们讨论了取舍范畴各组成部分的具体表达形式，其实作为取舍范畴的表达形式（取舍句式）究竟有多少种，目前尚不能回答。就现阶段的研究而论，学术界公认的取舍句式主要有两类，即"与其"句式和"宁可"句式。然而，从范畴的角度说，难道汉语当中表达取舍范畴的形式手段仅此两类句式？答案自然是否定的。我们知道汉语是一种缺乏严格意义形态变化的语言，更有甚者认为汉语是一种意合型语言。既然如此，我们仅仅通过形式层面的考察去探究汉语取舍范畴的表达形式是远远不够的。正确的做法是，要从语义入手，沿着从意义到形式的思路去研究，只有这样才能发掘出很多被表面形式隐蔽了的取舍句式，汉语取舍句式系统也才有可能真正建立起来。

顺着从意义到形式的研究思路，我们发现，汉语取舍范畴的表达形式（取舍句式）可分为两大类型：一类是无标记的取舍句式，简称无标取舍句式。如：

（20）他想去新疆，不想去北京了。

（21）他不愿去上海，最后去西藏了。

例（20）、（21），从深层语义看表达的实际上是一种取舍行为，具体而言，这种取舍行为是取舍主体根据自身的取舍标准对两个选项比较之后，得出在某种情况下"新疆"优于"北京"和"西藏"优于"上海"的主观认识，并最终取优弃劣，因此这两个句子属于取舍句式。由于人们对这些句子习焉不察，再加上这些句子没有专门显示取舍关系的标记形式，所以人们把它们所表达的取舍意义给忽略了。另外，上述无标取舍句式常常在谓语动词前加表意愿的助动词，如例（20）、（21）中的"想"和"愿"等。

另一类是有标记的取舍句式，简称有标取舍句式。如：

（22）英国人坚持赔款和割香港或加通商口岸，琦善以为与其割地，不如加开通商口岸。

（23）由于联邦党人宁可把票投给腐败无能的政客伯尔，也不愿选择在他们看来支持法国大革命的"危险的激进派"。

例（22）、（23），"与其……不如"和"宁可……也不"已成为大家公认的取舍标记形式，而且这两类标记属于取舍句式的"专职标记形式"。所谓"专职标记形式"是指这两种标记形式是专门用来标记取舍句式的。换句话说，只要我们看见这两种标记形式，就可认定它们所标记的句子为取舍句式。

此外，在一般情况下，有些副词所标记的句式也可表达取舍意义，该类句式也可看作取舍句式。如：

（24）我打断他的话说，那你当年干嘛不选择医药学而非得去制冰？

（25）十岁时祖父请来一个教书先生教她读书，念了两年她死活不读了。

（26）但此人很不安分，<u>偏偏</u>要干窃取、刺探国家金融、经济秘密的非法勾当，造成了严重后果。

例（24）、（25）、（26），副词"非得""死活"和"偏偏"所标记的句子均表达的是取舍主体根据自己的主观意愿所作出的某种抉择。

不过，在少数情况下，像"非得""死活"和"偏偏"等副词所标记的句子并不能表达取舍意义，该类句子也无法定性为取舍句式。[①] 如：

（27）我推测，这件事<u>非得</u>大伙知道不可。

（28）沈阳市查获了一起假茅台案，到贵阳取证，人生地不熟又没人配合，<u>死活</u>找不到证人，空空而归。

（29）真可惜，目前出现的某些自称为中国画创新之作，<u>偏偏</u>缺乏这种富于独特个性的重要因素。

例（27）表达的是对未来某种结果的推断，故不能表达取舍意义；而例（28）、（29）则表达的是一种结果意义，同时这种结果义并不以人的主观意志为转移，因此该类句子也不能表达取舍意义。

总之，副词"非得""死活"和"偏偏"等虽在少数情况下不能标记取舍句式，但在绝大多数情况下它们主要用来标记取舍句式，因此可以将这类副词认定为"准取舍标记词"。[②]

按照原型范畴理论，范畴内部有典型成员和非典型成员之分。就有标取舍句式的内部而言，有些取舍句式为典型成员，如"与其"句式和"宁可"句式。这是因为，这两类取舍句式有专职的取舍标记词语——"与其"和"宁可"，同时这两类句式中的"选定项"和"舍弃项"都同时显现在句式中。而对于像副词"非得""死活"和"偏偏"等所标记的取舍句式来说，由于副词"非得""死活"和"偏偏"不是专职的取舍标记词，而且此类句式本身只标出选定项，所以该类句式为取舍句式中

---

① 详细情况可参考第五章中的相关论述。

② 属于"准取舍标记词"的副词必须符合一个条件，即在一般情况下所标记的句子必须为取舍句式。如果只是在少数情况下才能标记取舍句式的话，就不能归入"准取舍标记词"的范围。另外，之所以称之为"准取舍标记词"，主要是为了与"与其""宁可"等专职取舍标记词相区分。

的非典型成员。

上面讨论了典型的有标取舍句式（"与其"句式、"宁可"句式）和副词"非得"等标记的非典型的有标取舍句式。① 至于有标取舍句式到底还有哪些？这还是一个有待进一步研究的课题。比如有的语法教材把"不……而""不在于……而在于""还不如"和"倒不如"等标记的句式归为已定选择复句，即取舍句式。② 还有的学者指出"别的且不说……单是……就"和"不必说……也不必说……单是……就"等标记的句式也属于取舍句式。③

到此，我们可以对汉语取舍范畴的表达形式（取舍句式）系统作一次初步的构拟。见图 1 – 1（"……"表示有待发掘的取舍句式）：

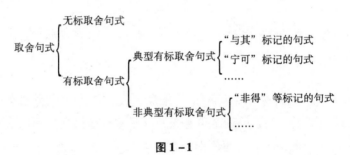

图 1 –1

需要补充，上面我们对汉语取舍句式系统作了一次简单的勾勒，对汉语取舍句式也有了一个总体的认识。不过，还需澄清一些事实。比如有些人把以下句子也误认为取舍句式。如：

（30）大家都不愿意去那里而改去别的地方了，可他愿意去那里。

（31）（老师）：现在大家都坐好，我们马上开会了。（学生）：老师！我走了！

例（30），"他愿意去那里"实际上也表达出了取舍的意义，因为取舍主体在"那里"和"别的地方"之间进行取舍，最终选定了"那里"。所

---

① 这些非典型的有标取舍句式也可称之为"准取舍句式"。
② 参见黄伯荣、廖序东（2007）。
③ 参见张剑（1994）。

以，在例（30）中，"他愿意去那里"的确可以看作取舍句。

不过，需要指出的是，像例（30）中的"他愿意去那里"这样的句子只是在特定的语境中才能表达取舍的意义，若脱离具体的语境，那么它将不再能表达取舍意义。如：

（32）我愿意去北京。
（33）他愿意去上海。

例（32）、（33）作为抽象的句子只是表达了当事人的某种意愿，并未表示出任何取舍的意思。

同理，例（31）中的"我走了"也能表达取舍的意义，因为这里表达的是学生在"开会"和"走"之间的一种抉择。不过，类似"我走了"这样的句子若脱离具体的语境，那么它只是表示行为的一般陈述句，根本不能表达取舍的意义，如"他走了""小王走了"等。

因此，判断一种句式是不是取舍句式，必须在抽象句的条件下，才能辨别其是否为取舍句式。比如前文提到的"与其"句式、"宁可"句式和副词"非得"等标记的句式，这些句式即使脱离具体的语境，它们依然表达的是取舍的关系意义。

通过以上对汉语取舍范畴语义结构和表达形式的讨论，我们认为，"取舍"是取舍主体依据某种取舍方式对取舍两项作出的某种抉择。"取舍"在汉语中有相应的语义结构和表达形式，因此它属于一种"语义—句法"范畴。

第四节　取舍范畴与邻近范畴

前文已谈到，取舍范畴属于原型范畴，它与邻近范畴有时会产生很多纠葛，因此，澄清这些事实对进一步认识取舍范畴将有重要意义。总体而言，取舍范畴与比较范畴、取舍范畴与选择范畴之间最容易产生纠葛。

一　取舍范畴与比较范畴的异同

我们知道，"取舍"是取舍主体依据自身的主观标准对取舍项进行比较后所作出的一种抉择。而"比较"，按照《现代汉语词典》（商务第五版，2005）的解释，是指根据一定标准，在两种或两种以上有某种联系的事物间，辨别高下、异同。依照以上解释，取舍和比较的确有相同之处。相同点主要体现在二者均具有"比较性"，比较范畴具有比较性自不必说，而取舍范畴的比较性则很值得关注。

关于取舍范畴的比较性问题，学术界早就给以极大关注。如黎锦熙在《新著国语文法》中将"与其……宁可"句式和"与其……不如"句式纳入"比较句"中的"审决"类。吕叔湘在《中国文法要略》中指出，"与其"句式和"宁可"句式属于"异同·高下"（比较句）中的"得失句"。杨伯峻、何乐士在《古汉语语法及其发展》中指出，"与其"句式为比较式选择复句。太田辰夫在《中国语历史文法》指出，"与其"句式和"宁可"句式均为表"比较"的句式。史存直在《文言语法》中把"与其"句式和"宁可"句式归入"比较类复句"。①

以上认识的产生说明，取舍范畴与比较范畴之间有着密切的联系。试举例说明如下：

（1）与其去北京打工，不如回乡教书。
（2）与其受辱而生，不如刚正而死。
（3）宁可要北京一张床，也不要家乡一套房。
（4）宁可咬鲜桃一口，也不吃烂梨一筐。

以上例句均含有比较的意思，都可转换为相应的比较句式。如：

（1）→（5）去北京打工不如回乡教书好。
（2）→（6）受辱而生不如刚正而死好。
（3）→（7）要家乡一套房不如要北京一张床好。
（4）→（8）吃烂梨一筐不如咬鲜桃一口好。

虽然以上两组句式在表达比较的方面有一致之处，但细究起来还是有所不同的。主要体现在：

---

① 参见黎锦熙（1992），吕叔湘（1982），杨伯峻、何乐士（2001），太田辰夫（2003），史存直（2005）。

第一，比较句式和取舍句式的形式构件不同。像例（5）—（8）这样的比较句式，在形式上一般由四部分组成，即比较主体①、比较项（p、q）、比较标记词和比较结果。如例（5），比较主体未出现，比较项为"去北京打工"和"回乡教书"，比较标记词为"不如"，比较结果为"好"。此外，比较句式的比较标记词一般是单个的，而且用于句式的中间部位。与比较句式不同，取舍句式的形式一般由三部分组成，即取舍主体、取舍项（p、q）和取舍标记词语。如例（1），取舍主体未出现，取舍项为"去北京打工"和"回乡教书"，取舍标记词语为"与其……不如"。此外，取舍标记词语"与其"和"不如"分别位于选定项和舍弃项的前部，起标记取舍两个选项的作用。

第二，比较句式和取舍句式的语用目的不同。比较句式的语用目的是通过比较，最终区别出优劣，始于比较而终于差异。而取舍句式的语用目的则是通过比较，进而找出差异，最终作出抉择，始于比较而终于抉择。如例（1），取舍主体通过对取舍项——"去北京打工"和"回乡教书"的比较，最终择取了选项"回乡教书"。而例（5），比较主体只是对比较项——"去北京打工"和"回乡教书"进行比较并得出二者的优劣而已，最终并未有任何择取行为。

比较句式和取舍句式的不同可通过表1-1形象地加以展示。

表1-1　　　　　　　　　　比较句式与取舍句式的比较

	显示比较	显示差别	体现结果	作出取舍
比较句式	+	+	+	-
取舍句式	+	+	-	+

注："+"表具有该属性，"-"表不具有该属性。

二　取舍范畴与选择范畴的异同

取舍范畴和选择范畴的区分一直是学术界较有争议的话题。

第一，大多数学者认为，取舍范畴应属于选择范畴，是选择范畴的一个次类。持此观点的学者主要是从这两个范畴的形成过程来看的，因为从过程的角度来看，取舍范畴和选择范畴都包含有一个选择的过程。如黎锦熙、刘世儒（1962），马忠（1983），杨伯峻、何乐士（2001），李佐丰

---

① 比较主体就是对比较项进行比较分析并得出判断的行为主体。

（2004）都将"与其"句式和"宁可"句式划归选择复句。此外，最引人注目的是一般通行的几种《现代汉语》教材也将其归入选择复句中，如邢福义主编的《现代汉语》（1991），北大版《现代汉语》（1993），胡裕树主编的《现代汉语》（1995），张斌主编的《新编现代汉语》（2002）和黄伯荣、廖序东主编的《现代汉语》（2007）等。

第二，有些学者从以上两种范畴的结果上去分析，得出取舍范畴虽有选择的过程，但重在取舍。从取舍这样一种结果来看，既然有了取舍就不存在选择的问题了，因此取舍范畴是与选择范畴相互并列的一类范畴，应该把取舍范畴单独看成一类。如《汉语知识》（张志公，1959）、《实用汉语语法》（华宏仪，1980）、《实用现代汉语语法》（刘月华，1983）等都持此说。

第三，从属性意义的角度来说，取舍句式的选项只能有两项，而选择句式的选项则可有两个或两个以上，这一点也是取舍范畴与选择范畴相区别的一个体现。如：

(9) 我与其学习英语，还不如学习法语。
(10) 我宁可学习法语，也不想学习英语、日语和德语。
(11) 你要么下岗，要么去工厂，要么去学习。
(12) 他或者去了北京，或者去了上海，或者去了广州。

以上四例，例（9）、（10）为取舍句式，例（9）中的取舍项有两项，而例（10）中的取舍项虽然在数量上有四项，即"法语""英语""日语"和"德语"，但从属性意义上看，仍然为两项（选定项和舍弃项），即作为选定项的"法语"和作为舍弃项的"英语""日语"和"德语"。例（11）、（12）的选择项均为三项，它们是平行并列的关系。

总之，从过程的角度来说，取舍范畴与选择范畴有相同之处，但从结果和选项属性义的数量来看，两种范畴之间又具有差异性。

三　取舍范畴内部成员与邻近范畴的纠葛

前面讨论的是取舍范畴在整体上与邻近范畴的区别，其实在取舍范畴的内部有一些成员与邻近范畴之间也存在不少纠葛。如"与其"句式与假设范畴、"与其"句式与推断范畴之间有时界限并不很明确。邢福义

（1985）就曾指出，"与其"句式具有假设性，该类句式表示假设与结论的取舍关系。房玉清（1992）也认为"与其"句式具有假设的特点。当然学者们也注意到，"与其"句式虽具有假设性但并不能完全等同于假设句，"与其"句式与一般的假设句之间还是有差异的。此外，"与其"句式与推断范畴之间也有纠缠，对此邢福义（2001）也有论述。

以上是就"与其"句式来说的，其实"宁可"句式、副词"非得"等标记的取舍句式也与邻近范畴有难以说清的某种联系。如邢福义（2001）认为，"宁可"句式具有让步性、选择性和转折性，也就是说，"宁可"句式与让步句、选择句、转折句之间有时难于一刀切。再如，副词"非得"标记的句式有时与推断句之间也难以区分。如：

（13）别人不行，这种事情非得你出手不可了。
（14）依我看，王家庄非得出事不可了。

例（13），"非得"所标记的句子为取舍句，因为该句所表达的意义是根据客观情势所作出的决断；而例（14），"非得"所标记的句子为推断句，因为该句所表达的意义是对未来结果的一种主观推测。例（13）、（14）都具有一定的推断性，这是二者之间的相同点，但例（13）重在决策的判断，而例（14）重在对结果的预测，因而两者有区别。

另外，"死活""偏偏"和"只好"等标记的取舍句式也与邻近范畴有着千丝万缕的联系。可见，取舍范畴作为一种原型范畴，它与邻近范畴之间的关系比较复杂，研究这些问题对进一步认清取舍范畴的本质属性具有重要的意义。

本章小结

汉语取舍范畴是汉民族经过长期的认知实践在大脑中抽象概括出来的一种表达取舍的认知范畴投射到语言后的结果。汉语取舍范畴有其深层的语义结构，同时语义结构投射到句法表层又形成了相应的表达形式。从此角度说，汉语取舍范畴是一种"语义—句法"范畴。汉语取舍范畴的语义结构包括取舍主体、取舍项（p，q）和取舍方式三部分。语义结构投射到句法表层后所形成的表达形式实际上就是人们常说的"取舍句式"。

汉语取舍句式分为有标和无标两大类，其中有标取舍句式又分为典型和非典型两大类。此外，作为一种原型范畴，汉语取舍范畴与邻近范畴之间有时界限不明，难于一刀切。

第二章

"与其"句式

本章对"与其"句式的已有研究成果进行梳理和总结，在此基础上，我们汲取了当代构式语法理论（construction grammar theory）的某些思想，即 Goldberg（1995）所指出的构式本身也有意义（构式义）的思想，这一思想给予我们很大的启发。我们认为，"与其"句式作为一种固定的句子格式也肯定有自己独特的句式意义，因此，本章试图将"与其"句式看作一个构式，并将其视为一个系统，具体考察它的历时演变、语义表达以及语用环境等问题。

第一节　研究现状

"与其"句式是汉语中表达取舍关系的一种常用句式，这种句式从先秦时期就开始孕育并逐渐成熟。在古代的中国，由于语法学并不是一门专门的学问，因此，从语法学的角度对"与其"句式进行系统研究显然不太现实。不过，元代以来，有些语言学家在研究虚词时涉及了该类句式的问题。近代《马氏文通》的问世标志着我国现代语法学的诞生，从此用现代语法学的视角对该类句式进行研究成为可能。综观已有的研究成果，对"与其"句式的关注是近百年的事，特别是最近几十年，学术界对该类句式的关注度越来越高，成果也越来越丰硕。本节拟从"标记词的研究""取舍项（p，q）的研究""句式属性的归类研究""句式语法意义的研究"和"句式间的比较研究"等方面对"与其"句式的已有研究成果进行梳理。

一　标记词的研究

首先，谈谈"与其"的来源。古代语言学家对"与其"来源的研究有两种代表性的观点。第一，"动词说"。这一观点以清代的袁仁林为代表。袁氏在《虚字说》中认为："'与其'二字，乃合两事相较、先举一边之辞。'与'，盖嘉与也，许可也。与一则遗一，今特剖析其偏许一边者，而意已不重此。"这里袁氏视"与"为动词，是"嘉与"或"许可"的意思。第二，"假借说"。这一观点以清代的刘淇和王引之为代表。刘淇在《助字辨略》中指出："《广雅》云：'与，如也。''与'单用，此'与'字即'与其'省文也。"刘氏实际上认为"与"为连词"如"的假借字，"与其"通"如其"。王引之也持同样的观点，王引之在《经传释词》中认为："'与，如也。'凡上言'与其'，下言'宁'者，放此。凡上言'与其'，下言'不若'者，放此。'与其'皆谓'如其'也。"自近代以来，语法学界对"与其"来源的研究很少。① 郭爱平（2007）认为，"与其"原本为一个"动宾结构"，"与"为动词表实在的词汇意义，而"其"为代词有明确的指代功能。后来，随着语言的发展演变，"与其"处在了状语的位置上，"与"的词性相应地由动词转变成了"介词"，并表一种伴随状态义，"其"仍有具体的指代，这时的"与其"实际上已变成了一个"介宾结构"。伴随着语言的进一步发展，"与其"出现在了句首位置，"与"也由伴随状态义进一步抽象出关联分句的联结义，而"其"无明确的语境照应，指代性淡化，逐步演变为无实在意义的音节助词，直至成为构词语素。到此，"与其"彻底词汇化为连词。

其次，谈谈"与其"的词性。自《马氏文通》以来，学术界对"与其"词性的探讨从未停止过。具体来说，对"与其"的词性处理大致有三种情况。一是将"与其"处理为连词。马建忠在《马氏文通》中认为："'与'与后面'宁'等为'两字连用'的'推拓连字'。"马氏指出："推拓连字者，所以推开上文而展拓他意也。作文切忌平衍，须层层开展，方有波折。推拓连字，要旨用以连续而已。"马氏同时指出："以'与'字作比辞而后应以'宁'字，以及应以'岂'字，或应以'孰若'等字。"这里，马氏所说的"连字"实际上就是现在的连词，因此可以说最早提到"与"的词性是连词的应该是《马氏文通》。杨树达在《词诠》中认为："'与'连词。比较二事时用之，故必与'不如''不若''岂若''宁'等词关联用之。又或作'与其'，义同。"杨树达在此处明确

---

① 参见袁仁林著、解惠全注（1989），刘淇（1983），王引之（1985）。

指出了"与其"的词性为连词，因此，可以说杨氏是较早用现代语法学术语对"与"的词性进行研究的学者。吕叔湘在《中国文法要略》中认为，"与其"在表达"异同·高下"时，往往用在比较两件事情的利害得失方面，"与其"常与"宁"和"不如"等连用。这里吕氏虽未点明"与其"的词性，但吕氏所解释的"与其"的句法功能正好符合"连词"的属性。① 除上述研究之外，在古代汉语方面，马忠（1983）、李新魁（1983）、何乐士等（1985）、陈霞村（1992）、《古代汉语虚词词典》（中国社科院古汉语研究室，2002）以及太田辰夫（2003）等都将"与其""与"当作连词。在现代汉语方面，黎锦熙的《新著国语文法》以及赵元任（1979）、吕叔湘（1980）、景士俊（1980）、刘月华（1983）、刘英林（1989）、胡裕树（1995）、邢福义（2001）、周刚（2002）、张斌（2005）等也将"与其"处理为连词。② 此外，《现代汉语虚词例释》（北京大学，1996）、《现代汉语虚词词典》（侯学超，1998）和《现代汉语词典》（商务印书馆，2005）等也视"与其"为连词。二是笼统地视"与其"为关联词语，持此观点的学者也不少，如华宏仪（1980），王维贤等（1994），黄伯荣、廖序东（2007）等，此外，北京大学主编的《现代汉语》（1993）也如此处理。三是语焉不详，如丁声树等（1961）、周有斌（2002）、高顺全（2004）等。总体而论，汉语语法学界虽对"与其"的词性问题尚存一些分歧，但绝大多数认定其为连词。

最后，谈谈"与其"的组配问题。在从古汉语到现代汉语的发展过程中，同"与其"组配的标记词也发生了一定的变化。在古代汉语方面，同"与其"组配的标记词主要有"宁""无宁""毋宁""不如""不若""岂若""孰若""何不""何如""曷若"和"莫若"等。这些认识主要散见于各种辞书或专著中，如马忠（1983）、李新魁（1983）、何乐士等（1985）、楚永安（1986）、陈霞村（1992）、杨伯峻、何乐士（2001）、太田辰夫（2003）、何乐士（2006）等，此外，中国社科院古汉语研究室（2002）所编的《古代汉语虚词词典》和华南师范学院中文系（1982）编辑的《古代汉语虚词》等也对以上问题作了介绍。在现代汉语方面，同"与其"组配的标记词有"不如、无宁、毋宁、还是、宁可、宁愿、宁

---

① 参见马建忠（1983）、杨树达（2006）、吕叔湘（1982）。
② 参见黎锦熙《新著国语文法》，商务印书馆 1992 年版。

肯"等，但"与其"主要与"不如"组配，另外，"与其"后经常带
"说"字，构成"与其说"并与"不如说、毋宁说"等搭配。这些观点
主要散见于不同版本的《现代汉语虚词词典》中，如景士俊（1980）、侯
学超（1998）、王自强（1998）、张斌（2005）、朱景松（2007）等。

二　取舍项（p，q）的研究

整体而言，学术界对"与其"句式中取舍两项的研究采用描写和归
纳的方法，沿着从局部到整体的思路，从微观描写到最后进行整体归纳。
邢福义（2001）认为，作为取舍项的"p""q"是由动词结构或"如此、
这样"之类代词充当。对于"p"和"q"，可从两个方面加以考察：一是
作为相比较而存在的两个选择项，"p"和"q"具有一定的对称性；二是
"p"和"q"都可以加上反映说话人的态度或看法的评说成分。邢先生还
指出，"p"和"q"的优劣一般主要取决于说话人的主观认识，但有时还
取决于人们对事物的共同认识以及事物间的逻辑语义关系。周有斌
（2002）在考察大量语料的基础上认为，确定"p""q"优劣的标准有两
个，即选择主体的标准和公众的标准，但周文试图采用统一的标准，即用
公众的标准来探讨"p""q"的语义情况。周文认为，若按照公众的标准
来看，"p""q"的语义关系有四种类型，即"p""q"两好；"p"坏
"q"好；"p"好"q"坏；"p""q"两坏。高顺全（2004）认为，"p"
和"q"都不是说话人认为最满意的选项，或者"p"和"q"都属于不
太理想的选项，但是在"p"和"q"之外又一时找不出更合适的选项，
因此，只能在"p"和"q"之间比较抉择，并最终选定"q"。王小彬
（2005）从预设的角度对取舍项进行了分析，该文认为，"p"和"q"是
交际双方都预先知晓的，分歧主要表现在"p"和"q"的优劣上。说话
人认为对方已经认定"p"比"q"好，所以才理直气壮地阐明自己的观
点——不是"p"比"q"好，而是"q"比"p"更好。杨江（2006）从
主观性动态标准和客观性静态标准两个角度对"p""q"的语义类型作了
探讨。杨文认为，若从客观性静态标准来看，"p"和"q"的语义类型可
能有六种情况，即"p利、q利"；"p害、q害"；"p利、害，q利、
害"；"p非利、非害，q非利、非害"；"p害、q利"；"p利、q害"。若
从主观性动态标准来分析，只有一种情况，即"q"优于"p"。李会荣
（2008）认为，对于"p"和"q"的优劣问题，如果从言说主体的角度

来看，或者"p 不如 q"，或者"q 比 p 好"。"p"或"q"到底选择谁，将由选择主体来定，如果选择主体与表达主体、比较主体相重叠，那么"q"为优选项；如果不一致，则会出现不同的选择结果。不过，最终的选择结果只能由具体的语境来定。

总之，从以往的研究来看，先通过对句式特征的整体把握，然后再从局部入手分析取舍项的成果还很少。

三 句式属性的归类研究

总体而论，学术界对"与其"句式的归属主要有七种观点，一是选择句。黎锦熙在《新著国语文法》中认为，"与其"句式属于"主从复句"中"比较句"的一个小类——"审决"。① 不过黎氏认为，审决很少是一对复句，常常共用一个主语，不分主从，属于选择句。可见，黎氏还是把"与其"句式看作选择句的一个小类。后来，黎锦熙、刘世儒（1962）在《汉语语法教材》中将"与其"句式归入选择复句中的"决选式"。马忠（1983）在《古代汉语语法》中将此类句式处理为"抉择复句"。钱乃荣（1990）认为，"与其"句式为有定的选择复句。杨伯峻、何乐士（2001）在《古汉语语法及其发展》中认为，"与其"句式为比较式选择复句。李佐丰（2004）所著《古代汉语语法学》则指出，"与其"句式为有倾向性的选择复句。一般的现代汉语教材，也都将"与其"句式视为选择复句的一个小类，即"先舍后取"类的选择复句，如胡裕树（1995），邵敬敏（2001），张斌（2002），黄伯荣、廖序东（2007）等。此外，将"与其"句式划归选择句的还有周有斌（2002）、王小彬（2005）、李会荣（2008）等。总之，以上各家都将"与其"句式视为"选择句"，只不过在具体的观点上又有所细微差异。二是比较句。太田辰夫（2003）在《中国语历史文法》中认为，"与其"句式为表"比较"的句式。高顺全（2004）也将"与其"句式看为一种"比较句"。史存直（2005）在《文言语法》中把"与其"句式处理为主从复句中的"比较类复句"。三是平行句。持此观点的学者很少。只有周法高（1961）在《中国古代语法·造句编》中将"与其"句式处理为"平行句"。四是假设句。持此观点的以邢福义为代表。邢福义（1985）认为，"与其"句式

---

① 参见黎锦熙（1992）。

是一种性质比较特殊的假设句式，表示假设与结论两件事情的取舍关系，有经过权衡决定取舍的意思。房玉清（1992）也认为"与其"句式属于比较特殊的假设复句。五是优选句。王维贤等（1994）认为，"与其"句式属于"优选句"，属于"舍弃前分句，优取后分句"的优选句。不过，他指出优选句其实也是一种特殊的选择句。邢福义（2001）认为，"与其"句式是一类择优推断句式。沈家煊（2003）吸收了邢福义的观点，也认为，"与其"句式是一种"择优句"。以上关于"优选句"的看法虽有差异，但有一点是共同的，即他们都认为"与其"句式具有"择优性"。六是取舍句。《汉语知识》（张志公，1980）将"与其"句式划归到"取舍句"当中，同时将"取舍句"与一般的选择句相并列。华宏仪（1980）、刘月华（1983）、王忠良（1991）也将"与其"句式看作"取舍句"中的一类，同时他们也认为取舍句是与选择句相并列的一类复句。此外，持此观点的还有杨江（2006）等。七是得失句。持此说的只有吕叔湘一人，吕氏在《中国文法要略》中认为，"与其"句式在表达上直陈事情的得失，属于"得失句"的一种。① 总之，就以上的研究来看，学术界对"与其"句式属性的归类仍然存在较大分歧。

四　句式语法意义的研究

　　概括而言，学术界对"与其"句式语法意义的看法主要有三种：一是比较性选择。持此观点的学者最早可追溯到元代。元代卢以纬在《助语辞》中认为，"与其，盖比较之辞，而意之所主不在此……"这是对"与其"句式比较早的研究。到了清代，袁仁林秉承了元代卢以纬的观点，袁氏在《虚字说》中认为："'与其'二字，乃合两事相较、先举一边之辞。'与'，盖嘉与也，许可也。与一则遗一，今特剖析其偏许一边者，而意已不重此。"袁氏的这段话指出了"与其"句式具有"比较性"，同时该句式的语义重心在后一分句上面，这一认识与元代卢以纬的看法基本一致，已接近了今人的认识。卢、袁二氏的这种"比较观"被黎锦熙和吕叔湘两位所继承。黎锦熙在《新著国语文法》中把"与其"句式看作差比中的"审决"，意思是"就差比的两端，再从主观的意见上加以审查、决断"。吕叔湘在《中国文法要略》中则把"与其 p，不如 q"格式

---

① 参见吕叔湘（1982）。

归为比较得失句中的一种。可见,黎、吕二氏都认为"与其"句式表达"比较"的意义。新中国成立以后,黎锦熙在与刘世儒合著的《汉语语法教材》中认为,"与其"句式是选择中的决选式——"两事并列,经过主观的'审'查而'决'定取舍,选择其一"。这里黎、刘二氏实际上认为"与其"句式的语法意义为"比较性选择",吕叔湘所主编的《现代汉语八百词》实际上也持比较性选择的观点。[①] 除以上学者外,学术界持比较性选择观点的学者还有不少,如杨伯峻、何乐士(2001),周刚(2002),太田辰夫(2003),高顺全(2004),史存直(2005)等。二是先舍后取性选择。先舍后取的观点比较流行,一般的语法著作及较为通行的现代汉语教材都持此说,如胡裕树(1995),邵敬敏(2001),张斌(2002),黄伯荣、廖序东(2007)等。三是择优推断性选择。持此观点的学者以邢福义为代表,邢福义(2001)针对"与其"句式的语法意义,提出了"择优推断性"的观点,意思是"与其"句式的语法意义具有双重性——"择优性 + 推断性"。与"择优推断性"相接近的是"优选"的观点,王维贤等(1994)、沈家煊(2003)都认为"与其"句式具有择优性。

以上三种观点,代表了学术界已有的主流观点。令人可喜的是,近年来又涌现出不少关于"与其"句式语法意义的研究成果,这些成果大多视角独特,给人以耳目一新的感觉。如周刚(2002)从预设的角度探讨了"与其"句式的语法意义,该文指出,"与其 p,不如 q"句式的语法意义是,在取舍项"p"和"q"中,二者必选其一,可能有人认为"p"胜过"q",而说话人则认为"q"胜过"p"。周有斌(2002)认为,"与其 p,不如 q"句式的语法意义并非比较性选择或择优推断性。该文指出,这两种说法都未能准确概括出该格式的意义。具体来说,比较性选择的观点忽略了对"与其"性质的概括,择优推断性的观点则忽视了"不如"的比较性。文章进一步指出,"与其 p,不如 q"句式的语法意义应是贬"p"扬"q",通过比较,确定选择。高顺全(2004)则认为,"与其 p,不如 q"句式表示的语法意义是在"p"和"q"两者之间进行一种勉强的选择。而在"p"和"q"之间存在着一种上位意义"r",在说话人看来,"r"是不尽如人意或者说不是最合适的,但也是不能避免的。

---

① 参见卢以纬(1985),袁仁林著、解惠全注(1989),黎锦熙(1992),吕叔湘(1982,1980),黎锦熙、刘世儒(1962)。

"q"一般符合大众的价值取向。杨江（2006）认为，"与其"句式是一类对比择优取舍句。该文将"与其"句式的语义特点一分为三，即对比性、择优性和取舍性。这种看法似乎比先前的"比较性选择"更加全面，因为"比较性选择"只注意到"与其"句式的比较性和选择性，而杨文对"与其"句式语义的概括，除了强调比较性和选择性之外，还注意到了该句式的择优性和取舍性，因而显得很充分。李会荣（2008）也对"与其"句式的语法意义作了全新的探讨。该文认为，"与其"句式本身并不表示择"q"弃"p"的选择关系。从表达主体的角度来看会有两种情况，即"p"不如"q"或"q"比"p"好。因为"q"最终是否会被选择是由语境来决定的，而无法从这一句式中得出。综观以上研究，可以看出，近些年学者对"与其 p，不如 q"格式意义的研究已突破了"比较说""先舍后取说"和"择优推断说"的框框，开始向纵深推进。

　　除以上研究之外，近年来有少数学者还对"与其 p，宁可 q"句式的语法意义进行了探讨。如王灿龙（2003）在分析大量语料的基础上，认为，"宁可"的语用意义与"与其"的语用要求不相吻合，两者无法衔接到一起。他认为，有些工具书关于"与其 p，宁可 q"句式的描写可能是根据古代"与其 p，宁 q"句式所作的简单类推，后人又对此格式以讹传讹。针对王氏的这一认识，有不少人提出质疑，并对"与其 p，宁可 q"句式的语法意义及合理性作了探讨。如宋晖（2009）认为，"与其 p，宁可 q"句式的存在有其合理性，该句式有其特殊的语法意义，具体表现为：第一，在形式表征上，"p"中多含贬损义成分，"p"和"q"具有类同与差异，"宁可"前面能出现第一人称共用主语；第二，在逻辑意义上，该句式涵括了"推断中止"与"承前忍让"的双重意义；第三，在语用动机上，该句式体现了说话人重在强化"宁可 q"对"与其 p"的转移与避免。李会荣（2009）则认为，"与其 p，宁可 q"句式的形成是由于表达的需要，将"与其 p，不如 q"句式和"宁可 p，也不 q"句式杂糅之后而形成的，该句式表达的是当事人不仅对"p"和"q"进行了比较，而且在比较之后选择了"q"这一语义内涵。宋晖（2009）、李会荣（2009）的研究不但指出了"与其 p，宁可 q"句式独特的语法意义和表达效果，同时还说明了该句式存在的合理性。

五　句式间的比较研究

　　关于句式间的比较是指"与其"句式内部不同小类之间的比较和

"与其"句式与其他相关句式的比较。主要体现在以下几个方面：

其一，在"与其 p，不如 q"句式与"与其 p，宁可 q"句式的比较方面，学者们作了一定的探讨。刘月华（1983）从是否包含意愿上的成分入手，对"与其 p，不如 q"句式与"与其 p，宁可 q"句式进行了区分。该文认为，"与其 p，不如 q"主要表示一种看法，该句式不包含意愿上的成分，只是单纯得出取舍结果而已。而"与其 p，宁可 q"则包含意愿上的成分。何宛屏（2001）认为，"与其 p，宁可 q"与"与其 p，不如 q"是两种不同的句式，但"与其 p，宁可 q"与"宁可 p，也不 q"比较接近，一般情况下能替换使用。周有斌（2002）指出，"与其 p，宁可 q"是"与其"句式的一个类型，但它并不完全等同于"与其 p，不如 q"，这两个句式既有共同点，也有不同点。共同点是两者都表示选择已定。不同点主要是选择的性质不同、转换的结果不同和两种句式中"与其"的后接成分不同。李会荣（2009）认为，"与其 p，不如 q"句式只体现出比较的特点，但没有体现出选择性，而"与其 p，宁可 q"既体现出了比较的特点还体现出了选择性。宋晖（2009）在承认"与其 p，不如 q"句式的意义为"推断性和择优性"的基础上，认为，"不如"换作"宁可"，将使推断很难继续下去，只能戛然而止。同时"宁可"还具有承前忍让的语用意义。此外，宋文认为，"与其 p，宁可 q"兼具"与其"句式和"宁可"句式的特点，与"与其 p，不如 q"句式既有联系又有区别。

其二，在"与其 p，不如 q"句式与"宁可 p，也不 q"句式的比较方面，学者们也作了不少努力。黎锦熙与刘世儒算是较早对其研究的学者。他们在《汉语语法教材》中认为，"宁可"句式为"决选式"之中的"已决对举"类；而"与其"句式则属于"决选式"之中的"先审后决"类。这种分类实际上体现出对两类句式比较的思想。[①] 房玉清（1992）认为，"与其"句式属于比较特殊的假设复句，而"宁可"句式则属于让步性的转折复句。王维贤等（1994）认为，"宁可"句式和"与其"句式都属于"优选句"，它们均表示一种选择关系。此外这两种句式还有一些不同：就语气来说，"与其"句式没有"宁可"句式那样决绝。就预设的选言命题来讲，"宁可"句式的取舍项是二者必择其一，而且常

---

① 参见黎锦熙、刘世儒（1962）。

常表现为对立和矛盾；"与其"句式的取舍项并不一定是尖锐对立而且必须二者择一的。邢福义（2001）认为，"与其"句式属于择优推断句式，而"宁可"句式属于让步关系复句格式。此外，邢氏进一步指出，"宁可"句式不能取代"与其"句式，原因是"宁可"句式只表示忍让，而"与其"句式则表示所说的事情是优选。周刚（2002）从预设的角度对"与其 p，不如 q"句式与"宁可 p，也不 q"句式进行了区分，该文指出，正是预设的不同才导致这两类句式在表达上具有了差异性。周有斌（2002）指出，"与其 p，不如 q"句式与"宁可 p，也不 q"句式均表已定选择，除此之外，二者还有以下共同点：第一，此两种句式表示的主观性都比较强烈；第二，此两种句式均有多种变式。另外，此两种句式还有以下不同点：第一，整个句式的语法意义不同；第二，"与其 p，不如 q"句式是一个带有比较性成分的选择句，而"宁可 p，也不 q"句式则是一个完全意愿性的选择句；第三，在以上两种句式中，"选定项"前所连接的词语不同。王灿龙（2003）从语用的角度区分了"宁可"句式和"与其"句式。该文认为，标记词"宁可"引出的选定项并不是真正的选取项，真正的选项是后面分句的部分。在"宁可"句式中，前一分句起反衬的作用，目的是引起当事人对后面分句的关注。而"与其"句式的选定项则是当事人提议要选择的内容，而且在语义上选定项比舍弃项更进一步，一般是人们想要努力付诸实施的。高顺全（2004）指出，"与其 p，不如 q"句式与"宁可 p，也不 q"句式的相同点是语用意义相同，在不如意色彩明显的环境之下可以互换使用，但这两种句式在语气上有所不同，具体来说，"宁可 p，也不 q"句式的口语色彩浓，而"与其 p，不如 q"句式的书面语色彩浓。王小彬（2005）认为，"与其 p，不如 q"句式与"宁可 p，也不 q"句式之间区别明显。具体讲，"宁可"句式主要强调对"q"的否定，而"与其"句式主要注重对"p"和"q"的优劣进行比较。因此，作为选择复句的小类，"宁可"句式应当属于否定性的选择句，"与其"句式应当属于比较性的选择句。杨江（2006）对"与其 p，不如 q"句式与"宁可 p，也不 q"句式进行了区分，具体表现为：第一，"与其"句式注重对比和择优，而"宁可"句式注重求异和对立；第二，"与其"句式的主观性弱，而"宁可"句式的主观性强；第三，"与其"句式的感情色彩弱，而"宁可"句式的感情色彩强。除以上研究之外，对"宁可"句式和"与其"句式作出比较分析的还有李会荣

（2009）、宋晖（2009）等。

其三，在"与其 p，不如 q"句式与其他句式的比较方面，学术界也作了不少尝试。邢福义（2001）将"与其 p，不如 q"句式分别与一般的选择句式和一般的假设句式进行了比较，邢文认为，一般的选择句式不表示推断关系，也不表示有所优选。而一般的假设句式只表示假设关系，"与其"句式则既表示对事物的掂量又表示对事物的舍弃。宋晖（2006）对"p 式句"和"与其 p，不如 q"句式进行了比较。该文成功运用邢福义提出的"小三角"理论，从语表形式、语里意义和语用价值三个方面对"p 式句"进行了探讨，并找出了"p 式句"和"与其 p，不如 q"句式的区别点。

此外，近年来学术界出现了多角度研究"与其"句式的态势，如有的学者从对外汉语教学的角度探讨"与其"句式，如高顺全（2004）、崔岑岑（2008）等。高文认为，"与其"句式从对外汉语教学的角度来看，应该从三个方面去对待，即从意义的角度看该句式应该看作比较句；从结构的角度看该句式应该看作复句；从语体的角度看该句式应该视为书面语体。崔文则从语言习得的角度入手，通过问卷调查的方式，针对留学生对"与其"句式的使用情况作了具体的偏误分析，提出了该句式的习得顺序和教学分级的建议等。有的学者从中文信息处理的角度对"与其"句式作了研究，如姚双云（2008）以中文信息处理为视角，从关系标记搭配的角度对"与其"及其搭配对象进行了简要的分析。有的学者还从历时的角度对"与其"句式作了探讨，如周刚（2002）、高顺全（2004）、杨江（2006）等。周文分上古、中古、近代和现代几个阶段，对"与其"句式系统的演变作了历时分析。高文分先秦汉语、近代汉语和现代汉语几个阶段对"与其"句式进行了历时考察。杨文则对"与其 p，不如 q"句式和"与其 p，宁可 q"句式进行了历时考察，并指出"与其 p，宁可 q"句式是在"与其 p，宁 q"句式的基础上孕育起来的，明清以后才正式产生。

纵观已有研究，我们认为，虽然学术界对"与其"句式已作了较为细致的研究，但仍然存在诸多不足。具体表现在：

（一）已有研究大多停留在描写的层面，而在解释的方面相对较为薄弱，描写与解释还未能有效结合。

（二）已有研究大多从共时的层面去探讨问题，而在共时研究与历时研究的结合方面做得还不很充分。

（三）已有研究大多属于静态层面，缺乏动态层面的研究，如结合具体交际语境对"与其"句式进行动态的研究等。

（四）已有研究大多从汉语自身去探讨"与其"句式，而在不同语言的对比研究方面，即在运用类型学视角去研究"与其"句式的方面，成果较少。

（五）已有研究大都从单一的角度去研究问题，关于"与其"句式全方位、多角度、立体的研究成果较少。

第二节　"与其"的词汇化

现代汉语中的"与其"为连词，用来关联取舍复句。《现代汉语词典》（商务，2005）指出，"'与其'，连词，比较两件事的利害得失而决定取舍的时候，'与其'用在放弃的一面（后面常用'毋宁、不如'呼应）"。本节将集中讨论"与其"的词汇化过程和动因，重点揭示其动因。

要想弄清楚"与其"的词汇化问题，就必须把它的来源搞清楚。学术界对"与其"来源的探讨有两种代表性的观点：一是"动词说"。持此观点的主要是清代的袁仁林。袁氏在《虚字说》中认为，"与"为动词，是"嘉与"或"许可"的意思。二是"假借说"。持此观点的主要有清代的刘淇和王引之。在他们各自所著的《助字辨略》和《经传释词》中，刘、王二氏均认为，"与"是连词"如"的假借字，"与其"通"如其"。[①]

我们认为，"假借说"并不是最理想的解决方案。在上古汉语中，"与"和"若""如"古音相近，虽可通用但用意不同。如：

（1）与吾得革车千乘，不如闻行人烛过之一言也。（《韩非子·难二》）

（2）如以予人财者，不如无夺时；如以予人食者，不如毋夺其事。（《管子·侈靡》）

（3）夫三子者曰："若绝君好，宁归死焉。"（《左传·宣公十七年》）

---

①　参见袁仁林著、解惠全注（1989），刘淇（1983），王引之（1985）。

例（1）、（2），"与""如"均与"不如"组配；例（3），"若"与"宁"组配。总体上看，以上三例均表达出了一定的取舍意义，但在细微之处有所差异。例（1），"与"和"不如"组配，取舍关系的表达基于"比较"之上；例（2）、（3），"如""若"分别与"不如""宁"组配，取舍关系的表达基于"假设"之上。周法高（1961）曾认为，"与"和"如"有时虽可相代，然用意不一定相同。可见，例（1）与例（2）、（3）所表达的句式意义是有差异的，"假借说"对此差异难以解释。

不过，"动词说"却能较好解释"与其"的来源问题。解惠全（1989）针对袁仁林的"动词说"，举《论语·述而》中的句子加以解释。[①] 如：

（4）子曰："与其进也，不与其退也，唯何甚？人洁己以进，与其洁也，不保其往也。"

解氏认为，例（4）"与其"组合中的"与"均为动词，均表"嘉许"义，"其"都为代词。据此他认为，连词"与其"或许是由动词"与"和代词"其"凝结而成的。

一 "与其"词汇化的过程

我们基本赞同上述解氏的观点，"与其"中的"与"确实原本为动词，"与其"的词汇化也是在此基础上进行的。如：

（4'）互乡难与言，童子见，门人惑。子曰："与其进也，不与其退也，唯何甚？人洁己以进，与其洁也，不保其往也。"（《论语·述而》）

（5）至于群生斟酌用之，万物皆盛而不与其宁。（《韩非子·扬权》）

在例（4'）中，"与其进"和"与其退"中的"与"为动词，表"赞同"的意思；"其"为代词，指代"童子"；"进"与"退"为动词。"其

---

① 参见袁仁林著、解惠全注（1989）。

进"和"其退"为主谓结构，它们均充当动词"与"的宾语，"与其进"和"与其退"成为动宾结构。由于"其进"和"其退"充当了句子成分（作了动词"与"的宾语），因此"其进"和"其退"都取消了独立性，"其"只能被分析为"主语+之"的结构（本例中指"童子+之"）。同理，例（5）中的"与"也为动词，在本例中表"随同"的意义；"其"也为代词，在本例中指代"万物+之"；"宁"为动词。该例中的"与其宁"也为动宾结构，即主谓结构"其宁"作了动词"与"的宾语。再如：

　　（6）范献子谓魏献子曰："与其<u>戍周</u>，<u>不如城之</u>。天子实云，虽有后事，晋勿与知可也。"（《左传·昭公三十二年》）
　　（7）林放问礼之本。子曰："大哉问！礼，<u>与其</u>奢也，<u>宁</u>俭。丧，<u>与其</u>易也，<u>宁</u>戚。"（《论语·八佾》）

例（6）、（7）中，由于"与其"组合中的"其"指代功能有一定弱化、指代不很明确，故"与其"组合可能有两种解释。其一，"与其"属于"跨层结构"。"其"有明确的指代，指代"主语+之"的结构，同时"其"与它后面的动词短语（"VP"）构成主谓结构；"与"为介词，无实义，表伴随义，它介引主谓结构"其+VP"，"与+（其+VP）"组成介宾结构，在句中作状语。如例（6），"其"指代"魏献子+之"，同时"其"与它后面的"戍周"（"VP"）一起构成主谓结构。"与"为介词，用来介引主谓结构"其戍周"，"与其戍周"构成了介宾结构。在句子"与其戍周，不如城之"中，介宾结构"与其戍周"充当了整个句子的状语，"不如城之"是整个句子的主干，"不如"为谓语，"城之"在这个句子里作了"不如"的宾语。同理，例（7）中的"与"也为介词，无实义，表伴随义，"其"指代"礼（丧）+之"，"其奢（易）"为主谓结构，"与其奢（易）"为介宾结构。在句子"与其奢（易）也，宁俭（戚）"中，"与其奢（易）"作了整个句子的状语，句子的主干为"宁俭（戚）"，"俭（戚）"为谓语。其二，"与其"已属于"连词"。在此情况之下，"与"只具有关联两分句的功能，而"其"已无明确的指代。如例（6）、（7），"与其"作为连词与"不如""宁"组配，用来标记取舍复句关系。

　　由上可知，在"与其"词汇化为连词的过程中，"与"曾经历过"介词”这个中间阶段，这也就是“与其”在例（6）、（7）中之所以能同时被分析为“跨层结构”和“连词”的原因。此外，随着“与其”词汇化的进一步发展，“其”的指代功能将会变得越来越弱化，直到无明确的指代。如：

（8）若不幸而过，宁僭无滥。与其失善，宁其利淫。（《左传·襄公二十六年》）

（9）二位公子道："这个更是姑丈高见。俗语说得好：'与其出一个斲削元气的进士，不如出一个培养阴骘的通儒。'这个是得紧。"（《儒林外史》八回）

例（8）、（9）中，"其"的指代功能发生了进一步弱化、已没有明确的指代，"与"也发生了进一步的虚化、在语义上具有了一定的关联功能，"与其"在此两例中已凝结成一个连词。同时，"与其"与"宁""不如"组配使用，共同标记取舍复句关系。

可见，在连词"与其"词汇化的过程中，例（4'）、（5）所展示的情况为词汇化的初始阶段，例（6）、（7）为中间阶段，例（8）、（9）则为最后阶段。不同阶段的"与其"在词汇化程度的高低上呈现如下序列，即：

例（4'）、（5）＜例（6）、（7）＜例（8）、（9）（"＜"读为"词化度低于"）

就词内成分而言，首先，对于连词"与"而言，它实际上遵循了这样一个虚化路径，即"动词→介词→连词"。《说文·勺部》指出："与，赐予也，一勺为与。"①"与"的意义最初由"赐予"引申为"赞同"或"随同"，后来进一步引申出表"伴随状态"的意义，最后引申为分句间具有关联作用的逻辑义，这种引申方式体现了一般的隐喻原则，即由具体到抽象的原则。同时，"与"的虚化也符合一般语法化中的主观性表现。②其次，对于"其"来说，伴随着"与其"词汇化的进程，它的指代功能逐渐弱化

---

① 参见许慎著、臧克和等校（2002）。

② Traugott（1995）指出，语法化中的主观性表现在相互联系的多个方面，即由命题功能转变为言谈功能；由客观意义转变为主观意义；由非认识情态转变为认识情态；由非句子主语转变为句子主语；由句子主语转变为言者主语；由自由形式转变为黏着形式。

甚至散失，最终虚化成为无实在意义的后附性词内成分。

就词汇化的过程而论，"与其"的词汇化经历了一个很复杂的再分析（reanalysis）的过程，"与其"其实是由一个跨层结构词汇化而来。"与"原本为动词，它所支配的对象是主谓结构的"其+VP"，"其"与"VP"处于同一层次；后来"与"虚化为介词，但它介引的对象仍是主谓结构的"其+VP"，"其"与"VP"仍处于一个层次；再后来当"与"进一步虚化为连词时，原有的句法结构被打破了，这使原本不在同一层次上的"与"同"其"组合到了一起，连词"与其"最终产生。连词"与其"这种结构再分析的过程可图示为：

与 +（其 + VP）→（与 + 其）→与其

二 "与其"词汇化的动因

前文表明，连词"与其"的词汇化历经两个过程，即"与 +（其 + VP）"结构由"动宾结构"发展为"介宾结构"的过程和连词"与其"从介宾结构"与 +（其 + VP）"中产生的过程。我们发现，促发这两个过程得以实现的主要动因有"与"的虚化、"其"指代功能的弱化以及韵律、语用频率等因素。

首先，谈谈"与"的虚化。在"与 +（其 + VP）"结构从"动宾"发展为"介宾"的过程中，"与"经历了一个由动词到介词的虚化过程，句法位置的改变促发了这一虚化过程的实现。解惠全（1987）指出，主语、谓语、宾语、定语的位置一般不能发生虚化，而状语和补语的位置最容易发生虚化。"与"原本为动词，处于谓语中心的位置，是句子的核心所在，因此难以虚化。不过，当"与"处在状语位置后，它不再是句子的核心，因此虚化对它来说将在所难免。石毓智（1995）也曾论述过此问题，他指出："受时间一维性的制约，如果同一个句子中包含多个发生在同一时间位置的动词，只有一个可以具有与指示时间信息有关的句法特征。这个动词称作主要动词，其余的为次要动词。结果那些引进与动作行为密切相关事物的动词用作次要动词的频率极高，最后退化掉了一般动词的与指示时间信息有关的句法特征，从动词分化出来而成为一个独立的词类—介词。"可见，"与 +（其 + VP）"结构原先处于谓语中心的位置，是句子表意的核心，"与"表达实在的动词意义，"与 +（其 + VP）"结构为"动宾"关系，如例（4'）、（5）；当"与 +（其 + VP）"结构处于状语位置后，"与"逐渐失去了与指示时间信息有关的句法特点，最终虚化为表"伴随方式"意义的介词，"与 + （其 + VP）"结构为"介宾"关系，如例（6）、（7）。不过，上述句法位置的改变，只是导致了"与"的词性变化，而对于"其"而言，它仍然保持代词的词性功能，具有明确的指代。

在"与其"从介宾结构"与 + （其 + VP）"中产生的过程中，句法位置的改变同样对"与"的虚化产生了重要影响。我们发现，在古代汉语中，"与"通常使用于"与 + 其 + VP"的句式之中，该句式的特点是前面主语出现了省略，在此称之为"零主语句式"。如：

（10）安于曰："与其害于民，宁我独死，请以我说。"赵孟不可。（《左传·定公十三年》）

（11）罪疑惟轻，功疑惟重；与其杀不辜，宁失不经；好生之德，洽于民心，兹用不犯于有司。（《尚书·大禹谟》）

还有一小部分的"与"用于"主语 + 与 + 其 + VP"的句式之中。如：

（12）秦王之计曰："魏不与我约，必攻我。我与其处而待之见攻，不如先伐之。"（《战国策·秦五》）

另外，像"与 + 其 + 主语 + VP"的句式，在古汉语的语料调查中尚未发现。我们对先秦至清代的 14 部文献进行了考察，"与"所出现的句法位置统计如表 2 - 1 所示：

表 2 - 1 　　　　　　　　**古代文献中"与"的句法位置统计**

句　型　＼　文　献	左传	庄子	论语	战国策	史记	汉书	说苑	三国志	柳宗元集	新五代史	苏轼文集	近思录	红楼梦	镜花缘
¢ 主语 + 与 + 其 + VP	5	2	3	1	3	2	2	1	2	1	10	1	1	3
主语 + 与 + 其 + VP	0	0	3	1	0	0	0	0	0	0	0	0	1	0
与 + 其 + 主语 + VP	0	0	0	0	0	0	0	0	0	0	0	0	0	0

注："¢ 主语"表示零主语。

表 2 - 1 说明，"与"通常显现于零主语句的句首位置，它后面的"其 + VP"虽被取消了独立性（"其"指代"主语 + 之"），但此结构毕竟是一个完整的主谓结构体，因此，在"与 +（其 + VP）"句式中，"与"实际上处于两个分句的关联部位。董秀芳（2002）认为："由于在古代汉语中主语常因在前文出现过而被省略，这样动词前的句法位置从表层形式上看有时就是分句句首的位置，而这正是句子层次上连词出现的典型位置。"解惠全（1987）认为，有些实词虚化是在两个句子成分之间或复句的两个分句之间实现的。可见，由于"与"通常所出现的零主语句的句首位置符合董、解二氏所提到的位置，因此它发生虚化是理所当然的事情。具体地讲，"与 +（其 + VP）"句式所关联的取舍关系义原本是由两个分句所负载的一种句间关联义，不过，由于"与"事实上处了分句的句首位置，因此分句间的这种取舍关联义就逐渐附着于"与"和它所关联的别的"关联词语"之上，在语用频率的作用下，"与"也就逐渐具有了这种关联义，它的词性也由介词变为了连词。从功能的角度看，"与"原先是介词具有介引"其 + VP"的功能，虚化为连词后，它具有了关联"其 + VP"分句和另一分句的功能。总之，零主语句的句首位置为"与"由介词虚化为连词创造了重要的外部环境。

董秀芳（2002）还认为："句子间连词出现的典型位置是句首。"按此观点，在"与其"句式中，只有"其"后可以出现主语"与其"才算真正词汇化为连词。表 2 - 1 统计显示，在古汉语中，"与其"几乎没有处于主语之前的用例，现代汉语的情况又是什么样子呢？为弄清此问题，我们考察了北京大学中国语言学研究中心现代汉语语料库，考察发现，在现代汉语中，"与其"处于零主语句句首位置的情况仍然占主流，处于主语和谓语之间的情况次之，而"与其"处于主语之前的情况很少。从此考察的结果中，至少可得出以下两点：

第一，古今汉语的事实说明，连词"与其"之中的"其"尚残留一定的指代功能，这就是"与其"之后较难出现主语的原因。具体讲，在"与 + 其 + VP"的句式中，由于"其"还残留一定的指代功能，"其 + VP"还有能被分析为主谓结构的可能，因此，为避免主语出现重复，"其"后一般不能再有主语出现。

第二，在现代汉语中，极少数"与其"之后可以出现主语的情况表明，在连词"与其"内部，作为词内成分的"其"，有些虚化得较为彻底，指代功能非常弱化，已变成为一个类似词缀的后附性成分。如：

（13）面对这种局面，桥本来一个<u>与其</u>你提不信任案，<u>不如</u>我先解散国会，或许能闯出个新局面。

（14）<u>与其</u>自己死后让她们听天由命，<u>还不如</u>趁现在自己还有一口气安排好她们。

例（13）、（14）中的"你"和"自己"分别作为主语，位于所在句子"与其"的后面。

由上可知，"与其"在古今汉语中的句法分布并无明显的变化，虽然现代汉语中的"与其"有少数可以出现在主语之前，但数量很少，对"与其"词汇化不会产生全局性的影响。可见，零主语句的句首位置才是"与其"词汇化的关键，正是"与其"大量使用于零主语句的句首位置才使其最终词汇化为连词。

其次，谈谈"其"指代功能的弱化。前文已谈到，"其"其实指代一个结构，即"主语+之"。由于"之"只是一个结构性的语法成分，所以影响"其"指代弱化的关键是"主语+之"结构中的"主语"。我们知道，代词"其"与"主语+之"结构中的"主语"同指，因此，"其"指代的弱化实际上指的是"其"指称的弱化。提及代词的指称涉及一个关键概念——可及性（accessibility）。许余龙（2002）指出："可及性是一个认知心理语言学概念，是指人们在语篇产生和理解过程中，从大脑记忆系统中提取某个语言或记忆单位的便捷或难易程度。指称词语表达的可及性是名词短语表达的一种篇章语义属性，是说话者在需要指称某一实体时，通过采用某个指称词语，向听话者所表达的这个指称对象在语篇表征中的可及程度。而听话者则可以根据指称词语表达的指称对象的可及性，在自己大脑储存的语篇表征中找出那个指称对象，从而语篇回指得以确认。"Ariel（1990）则指出，代词属于高可及性标示语。按照以上理论，代词"其"作为高可及性标示语，它所指称的人或事物很容易被大脑识别，因此，"其"的指代功能较强，一般不易弱化。然而，在"与其"词汇化的过程中，"其"却发生了弱化，同时"其"还降格成为"与其"的词内成分。这究竟是什么原因造成的？根据 Ariel 的研究，语篇实体在大脑记忆系统里的可及性，主要是由四个因素决定的。这四个因素中有两个能用来解释"其"指称弱化的问题。这两个因素为：一是显著性，即作为先行语的指称词语在句子和语篇中的显著性；二是间隔距离，即先行语与回指语在语篇中的间隔距离。具体情况表现为：

一是作为"其"的先行语在句子和语篇中的显著性不高。这种情况实际上指，在具体的句子和语篇中，"其"作为回指语与它的先行语之间的"回指"关系难以确认。由于这个原因，随着此种用法的增多，"其"的可及性将会降低，它的指称功能也相应弱化。如：

（15）子曰："奢则不孙，俭则固。**与其**不孙也，**宁**固。"（《论语·述而》）

（16）王孙贾问曰："**与其**媚于奥，**宁**媚于灶，何谓也?"子曰："不然! 获罪于天，无所祷也。"（《论语·八佾》）

（17）泉涸，鱼相与处于陆，相呴以湿，相濡以沫，不如相忘于江湖。**与其**誉尧而非桀也，**不如**两忘而化其道。夫大块载我以形，劳我以生，佚我以老，息我以死，故善吾生者，乃所以善吾死也。（《庄子·内篇·大宗师》）

（18）老莱子曰："夫不忍一世之伤而骜万世之患，抑固窭邪，亡其略弗及邪? 惠以欢为骜，终身之丑，中民之行进焉耳，相引以名，相结以隐。**与其**誉尧而非桀，**不如**两忘而闭其所誉。反无非伤也，动无非邪也。圣人蹢躅以兴事，以每成功。奈何哉其载焉终矜尔?"（《庄子·杂篇·外物》）

例（15），作为回指语的"其"，它的先行语可能是前文"奢则不孙"中的"奢"，也可能是指某个人，"其"先行语的确认存在难度，"其"与先行语之间的"回指"关系自然难以确认。其他几例中的"其"与先行语之间的"回指"关系也同样难以确认，分析暂略。

二是作为回指语的"其"与先行语的距离较远，这也造成了"其"的可及性降低，指称功能也相应弱化。如：

（19）①赵使人谓魏王曰："为我杀范痤，吾请献七十里之地。"魏王曰："诺。"②使吏捕之，围而未杀。③痤因上屋骑危，谓使者曰："**与其**以死痤市，**不如**以生痤市。有如痤死，赵不与王地，则王

奈何？故不若与定割地，然后杀座。"魏王曰："善。"（《说苑·善说》）

（20）①易曰："王臣蹇蹇，匪躬之故。"人臣之所以蹇蹇为难，而谏其君者非为身也，将欲以匡君之过，矫君之失也。君有过失者，危亡之萌也；见君之过失而不谏，是轻君之危亡也。夫轻君之危亡者，忠臣不忍为也。三谏而不用则去，不去则身亡；身亡者，仁人之所不为也。②是故谏有五：一曰正谏，二曰降谏，三曰忠谏，四曰戆谏，五曰讽谏。孔子曰："吾其从讽谏乎。"③夫不谏则危君，固谏则危身；<u>与其</u>危君、<u>宁</u>危身；危身而终不用，则谏亦无功矣。智者度君权时，调其缓急而处其宜，上不敢危君，下不以危身，故在国而国不危，在身而身不殆……（《说苑·正谏》）

例（19）、（20），有三个语义层次，回指语"其"处于第三层，而它回指的先行语"魏王""人臣"均处于第一层，回指语与先行语之间相隔一个层次。回指语与先行语之间相隔一定的距离，客观上疏远了二者间的同指关系，这将会导致回指语"其"指称功能发生弱化。

上述"其"指称功能弱化的事实还说明，"与其"词汇化的实现在某种意义上是以牺牲"其"的指称功能为代价的。"与其"词汇化的事实证明，伴随着词汇化的进程，"其"的指称功能逐步弱化，最终"其"虚化为类似词缀的形式附着于"与"，并同"与"最终凝结成为一个取舍标记词。从语言类型学的角度讲，"其"的这种从实词虚化最后变为词内成分的过程，与印欧语向屈折词缀方向发展的语法化路径相似，同时"其"的这种虚化轨迹也基本符合 Hopper & Traugott（1993）所提及的"语法化斜坡"，即实义词 > 语法词 > 附着词 > 屈折词缀 >（零形式）。因此，词内成分"其"的虚化轨迹具有语言的共性。

最后，谈谈韵律和语用频率。就韵律因素而言，冯胜利（1997）指出，韵律词至少是一个音步，而汉语最基本的音步是两个音节。"与其"组合属于双音节结构，这正好符合了汉语韵律构词的要求。冯胜利（2000）还指出，"音步"分为"自然音步"和"非自然音步"。"自然音步"一般为双音节的音步，它的实现不受句法、词汇、语义等方面的限制。同时，"自然音步"的实现方向只能是由左向右，即"右向音步"。"与其"常处于零主语句句首的位置，符合"自然音步"自左向右的实现方向。连词"与其"是一种跨句法的组合,这种组合打破了已有句法的限制,可见,"与其"凝结成词是"自然音步"实现不受句法限制的具体表现。就语用频率而论,连词"与其"词汇化的过程不是一朝一夕就完成了的,这期间经历了一个较长期的历史过程。如"与"的虚化经历了由动词到介词再到连词的漫长演化过程。在"与其"词汇化的进程中,语用频率同样起了至关重要的作用。

第三节　"与其"句式的历时演变

前文已有介绍,早在先秦汉语阶段,"与其"就开始用作连词了。从先秦开始,"与其"所标记的句式系统经历了一个很长的发展演变过程,在这个过程当中,"与其"所组配的关联词语经历了几次大规模的调整,这些调整对现代汉语"与其"句式的最终形成产生了很大的影响。具体来说,"与其"句式系统主要经历了以下五个发展时期,即:先秦、汉魏、唐宋、元明清、现当代。

一　先秦时期

在先秦汉语中,"与其"主要与"宁"和"不如"组配。如:

(1) 其御曰:"殿而在列,其为无勇乎?"罗曰:"与其素厉,宁为无勇。"(《左传·定公十二年》)

(2) 是以带甲万人事君也,无乃即伤君王之所爱乎?与其杀是人也,宁其得此国也,其孰利乎?(《国语·越语上》)

(3) 处浊世而显荣兮,非余心之所乐。与其无义而有名兮,宁穷处而守高。(《楚辞·九辩》)

(4) 赏过则惧及淫人,刑慢则惧及君子。与其不幸而过,宁过而赏淫人,毋过而刑君子。(《吕氏春秋·开春论》)

(5) 宣王曰:"善。"仲尼曰:"与其使民谄下也,宁使民谄上。"(《韩非子·外储说左下》)

(6) 夫是,故民皆勉为善。与其为善于乡也,不如为善于里;与其为善于里也,不如为善于家。(《国语·齐语》)

(7) 与其勤而不入,不如逃之。君得其欲,太子远死,且有令

名为吴太伯，不亦可乎? (《国语·晋语一》)

(8) 且夫宋，中国膏腴之地，邻民之所处也，<u>与其</u>得百里于燕，<u>不如</u>得十里于宋。(《战国策·燕二》)

少数的 "与其" 还与 "无宁" "不若" 和 "岂若" 等组配。如:

(9) 吾谁欺? 欺天乎! 且予<u>与其</u>死于臣之手也，<u>无宁</u>死于二三子之手乎! (《论语·子罕》)

(10) 身故不肖，力不足以适二主。其势不俱适，<u>与其</u>死夫人所者，<u>不若</u>赐死君前。(《韩非子·奸劫弑臣》)

(11) 赏不欲僭，刑不欲滥。赏僭则利及小人，刑滥则害及君子。若不幸而过，宁僭无滥; <u>与其</u>害善，<u>不若</u>利淫。(《荀子·致士》)

(12) 今天下暗，周德衰矣。<u>与其</u>并乎周以漫吾身也，<u>不若</u>避之以洁吾行。(《吕氏春秋·季冬纪》)

(13) 且而<u>与其</u>从辟人之士也，<u>岂若</u>从辟世之士哉? (《论语·微子》)

此外，在先秦汉语中，"与其" 还有一种 "倒装" 的用法，即 "与其" 所引导的分句常常后置。如:[①]

(14) 不如逃之，无使罪至。为吴大伯，不亦可乎? 犹有令名，<u>与其</u>及也。(《左传·闵公元年》)

(15) 人谓叔向曰: "子离于罪，其为不知乎?" 叔向曰: "<u>与其</u>死亡若何?" (《左传·襄公二十一年》)

(16) 孝而安民，子其图之，<u>与其</u>危身以速罪也。(《左传·闵公二年》)

本节共考察了《国语》《尚书》《左传》《吕氏春秋》《战国策》《韩非子》《庄子》《论语》《荀子》和《楚辞》十部文献，"与其" 与其他

---

① 例 (34)、(35)、(36) 均出自何乐士 (2004)。

关联词语的组配情况列表统计如表 2-2 所示：

表 2-2　　　　　　先秦阶段"与其"与其他关联词语组配情况

句式 文献	与其……宁	与其……不如	与其……无宁	与其……不若	与其……岂若
《国语》	1	2	0	0	0
《尚书》	1	0	0	0	0
《左传》	4	1	0	0	0
《吕氏春秋》	1	0	0	1	0
《战国策》	0	2	0	1	0
《韩非子》	1	0	0	1	0
《庄子》	0	2	0	0	0
《论语》	3	0	1	0	1
《荀子》	0	0	0	1	0
《楚辞》	1	0	0	0	0
合计	12	7	1	4	1

由表 2-2 可知，在先秦汉语中，"与其"与"宁"组配的情况最多，有 12 例；其次是"不如"，有 7 例；再次是"不若"，有 4 例；而与"无宁""岂若"组配的情况最少，各为 1 例。在使用频率方面，"与其"的几种组配方式形成以下由高到低的序列：

> 与其……宁 > 与其……不如 > 与其……不若 > 与其……无宁/与其……岂若

除上述情况外，"与其"有时后面省略"其"，而只用"与"同其他关联词语组配。如：

（17）髑对曰："夫髑前为慕势，王前为趋士；<u>与</u>使髑为趋势，<u>不如</u>使王为趋士。"（《战国策·齐四》）

（18）<u>与</u>余以狂疾赏也，<u>不如</u>亡！（《国语·晋语九》）

（19）妇人见之，请于父母，曰'<u>与</u>为人妻<u>宁</u>为夫子妾'者，十数而未止也。（《庄子·内篇·德充符》）

（20）<u>与</u>杀吾父逐吾主母者，<u>宁</u>伴蹶而覆之。《战国策·燕一》

（21）与我处畎亩之中，由是以乐尧、舜之道，吾岂若使是君为尧、舜之君哉？吾岂若使是民为尧、舜之民哉？吾岂若于吾身亲见之哉？（《孟子·万章上》）

例（17）、（18）为"与"同"不如"组配的情况；例（19）、（20）为"与"同"宁"组配的情况；例（21）为"与"同"岂若"组配的情况。

为弥补语料调查之不足，本节全面调查了北京大学中国语言学研究中心 CCL 语料库，结果发现，"与"单独同其他关联词语配合使用的情况在先秦时期使用较多，汉魏时期也有使用，到唐宋以后用法则很少。据此推测，"与"这种用法的减少可能与南北朝之后汉语"双音化"类推的大背景有关。由于"与"为单音节，自然不符合汉语词汇发展双音化的历史潮流，因此最终被"与其"取代不可避免。

二 汉魏时期

本时期，"与其"主要与"宁"和"不如"组配，少数与"不若"等组配使用。如：

（22）与其杀不辜，宁失有罪。今之狱吏，上下相驱，以刻为明，深者获功名……（《汉书·刑法志》）

（23）如或邂逅，亏损非小，与其获罪，琮宁以身受之，不敢徼功以负国也。（《三国志·吴书·全琮》）

（24）与其以奉醳卫，不如以魏醳卫，卫之德魏必终无穷。（《史记·魏世家》）

（25）今又劫之以兵为君将，是助桀为暴也。与其生而无义，固不如烹！（《史记·田单列传》）

（26）窦受太子之诏，今事终矣，与其久生乱世也，不若死而报太子。（《说苑·立节》）

本节共考察了《史记》《汉书》《后汉书》《新书》《说苑》《汉乐府诗集》《世说新语》《洛阳伽蓝记》《搜神记》《三国志》《水经注》和《陶渊明集》12 部文献，"与其"与其他关联词语的组配情况如表 2 - 3 所示：

表 2 - 3　　　　　　　　汉魏阶段"与其"与其他关联词语组配情况

文献 ＼ 句式	与其……宁	与其……不如	与其……不若
《史记》	0	3	0
《汉书》	2	0	0
《后汉书》	0	0	0
《新书》	0	0	0
《说苑》	1	0	1
《汉乐府诗集》	0	0	0
《世说新语》	0	0	0
《洛阳伽蓝记》	0	0	0
《搜神记》	0	0	0
《三国志》	1	0	0
《水经注》	0	0	0
《陶渊明集》	0	0	0
合计	4	3	1

由表 2 - 3 可知，与先秦阶段比较，"与其"仍然主要与"宁""不如"组配，但"与其"与"宁"组配的频率大为减少，同时"与其……宁"与"与其……不如"的使用频率变得十分接近，二者语用频率由先秦时期的 12∶7 变为汉魏时期的 4∶3。

三　唐宋时期

本时期，"与其"主要与"不若""孰若"和"曷若"等组配，少数与"何如"等组配使用。如：

(27) 与其宠禄厥躬，不若尊大其祖。上以报贻谋之德，下以励移孝之诚。(《苏轼文集·外制制敕·门下侍郎韩维三代·祖保枢鲁国公》)

(28) 与其强颜忍耻，干求于众人；不若归命投诚，控告于君父。(《苏轼文集·表状·乞常州居住表》)

(29) 与其非外而是内，不若内外之两忘也；两忘则澄然无事矣；无事则定，定则明，明则尚何应物之为累哉？(《近思录·道体》)

(30) 处乎山林而群麋鹿，虽不足以为中道，然与其食人之禄，俯首而包羞，孰若无愧于心，放身而自得？吾得二人焉，曰郑邀、张

荐明。(《新五代史·一行传》)

（31）与其杀是僮，孰若卖之；与其卖而分，孰若吾得专焉。(《柳宗元集·童区寄传》)

（32）与其轻去轩冕，独善其身；孰若优游庙堂，兼享其乐。益敦此义，勿复有云。(《苏轼文集·内制诏敕·赐宰相吕公著上第二表乞致仕不许断来章批答二首》)

（33）与其自请捍边，已癣疥之疾；曷若尽瘁事国，干心膂之忧。(《苏轼文集·内制诏敕·赐试户部尚书李常乞沿边一州不允诏》)

（34）与其平时耗于不急之用，曷若留贮以待乏绝之供？(《苏轼文集·奏议·谏买浙灯状》)

（35）惠花已领，影灯未尝见，与其见此，何如一阅《三国志》耶？(《苏轼文集·牍卖·与吴君采二首》)

本节共考察了《坛经》《祖堂集》《游仙窟》《金刚经》《柳宗元集》《开元天宝逸事》《唐诗三百首》《太平广记》《新五代史》《宋词三百首》《苏轼文集》《容斋随笔》和《近思录》13 部文献，"与其"与其他关联词语的组配情况如表 2-4 所示：

表 2-4　　　唐宋阶段"与其"与其他关联词语组配情况

句式\文献	与其……不若	与其……孰若	与其……曷若	与其……何如
《坛经》	0	0	0	0
《祖堂集》	0	0	0	0
《游仙窟》	0	0	0	0
《金刚经》	0	0	0	0
《柳宗元集》	0	2	0	0
《开元天宝逸事》	0	0	0	0
《唐诗三百首》	0	0	0	0
《太平广记》	0	0	0	0
《新五代史》	0	1	0	0
《宋词三百首》	0	0	0	0
《苏轼文集》	6	1	3	1
《容斋随笔》	0	0	0	0
《近思录》	1	0	0	0
合计	7	4	3	1

由表 2 - 4 可知，与以往的情况相比，在唐宋时期，"与其"较少与"宁""不如"组配，在本节所考察的 13 部文献中尚未发现这些用例。此外，出现了一些新的组配方式，如"与其……不若""与其……孰若""与其……曷若"和"与其……何如"，同时这些组配方式的使用频率，按由高到低的顺序可排序为：

与其……不若 > 与其……孰若 > 与其……曷若 > 与其……何如

四　元明清时期

本时期，"与其"主要与"莫若"组配，少数同"不如""何不""宁可"等组配使用。如：

（36）<u>与其</u>奔驰辛苦，<u>莫若</u>在家课读，倒觉自在。况命中不能发达，也强求不来的。（《镜花缘》七回）

（37）<u>与其</u>令杨氏出世报仇，又结来生不了之案，<u>莫若</u>令一天魔下界，搅乱唐室，任其自兴自灭，以彰报施。（《镜花缘》三回）

（38）据老夫愚见，<u>与其</u>此时同到海外，<u>莫若</u>日后回来，唐兄再将小姐带回家乡，岂不更便？（《镜花缘》十回）

（39）内中有嗟叹的，也有羡慕的，又有一等半瓶醋的读书人，说是"丧礼<u>与其</u>奢易<u>莫若</u>俭戚"的，一路纷纷议论不一。（《红楼梦》六四回）

（40）子平道："<u>与其</u>如此，<u>何不</u>买个洋灯，岂不省事呢？"（《老残游记》十回）

（41）<u>与其</u>作了官，倘或命运不好，犯了事坏家败产，那时倒不好了。<u>宁可</u>咱们家出一位佛爷，倒是老爷太太的积德，所以才投到咱们家来。（《红楼梦》一二〇回）

本节共考察了《大宋宣和逸事》《武林旧事》《西厢记》《关汉卿杂剧选》《白朴杂剧选》《马致远杂剧选》《郑光祖杂剧选》《三国演义》《金瓶梅》《水浒传》《喻世明言》《初刻拍案惊奇》《红楼梦》《镜花缘》《儒林外史》和《老残游记》16 部文献，"与其"与其他关联词语的组配情况如表 2 - 5 所示：

表 2-5   元明清阶段"与其"与其他关联词语组配情况

句式 文献	与其……莫若	与其……不如	与其……何不	与其……宁可
《大宋宣和逸事》	0	0	0	0
《武林旧事》	0	0	0	0
《西厢记》	0	0	0	0
《关汉卿杂剧选》	0	0	0	0
《白朴杂剧选》	0	0	0	0
《马致远杂剧选》	0	0	0	0
《郑光祖杂剧选》	0	0	0	0
《三国演义》	0	0	0	0
《金瓶梅》	0	0	0	0
《水浒传》	0	0	0	0
《喻世明言》	0	0	0	0
《初刻拍案惊奇》	0	0	0	0
《红楼梦》	1	0	0	1
《镜花缘》	3	0	0	0
《儒林外史》	0	1	0	0
《老残游记》	0	0	1	0
合计	4	1	1	1

由表 2-5 可知,与以往的情况相比,在元明清时期,"与其"仍然很少与"宁"组配,在本节所考察的 16 部文献中尚未发现此用例。此外,出现了一些新的组配方式,如"与其……莫若""与其……何不""与其……宁可"等。另外,"与其"与"不如"组配情况比唐宋时期有所增加,结合现代汉语,我们可以推测这种组配方式正在不断地增加。下面将表中的调查结果按使用频率由高到低排序为:

与其……莫若 > 与其……不如 / 与其……何不 / 与其……宁可

为弥补语料调查之不足,我们调查了北京大学中国语言学研究中心 CCL 语料库,结果发现在明清时期少数"与其"与"何不""宁可""毋宁""无宁""还是"等组配,这种组配方式一直延续到现代汉语阶段。不过,在明清时期,"毋宁""何不""宁可"与"与其"组配的频率比

"还是""无宁"要稍高些，这些组配方式按使用频率的高低大致排序为：

　　　　与其……毋宁／与其……宁可／与其……何不 > 与其……还是／与
其……无宁

五　现当代

进入现当代阶段，汉语发生了翻天覆地的变化，在"与其"的组配方式方面同样经历了一次大的调整。我们对北京大学中国语言学研究中心现代汉语语料库中的相关语料作了统计分析，发现"与其"主要与"不如"组配，这种组配方式具有压倒性优势，同时"不如"前常常带一些具有强调性语气的词语如"真""倒""还"等。如：

　　（42）尤斯吉安托罗在 3 月 31 日的会议上表示，与其在最坏的情况发生后再仓促反应，不如尽早发出信号以取得最好效果。

　　（43）对世界尚处空白的孩子来说，如果单单为了丰富他们的文化艺术教养，与其强使他们学点似懂非懂的西洋音乐，真不如让他们在学点民族传统艺术的同时……

　　（44）人总是要死的，现在不放，最后还是要放下。与其最后舍不得放而不得不放，做个守财鬼，倒不如聪明些当下一切放下，做个超脱生死的道人了。

　　（45）鉴于此，与其不断地在改变规则上下功夫，还不如与中国乒协合作，携手推动……

此外，"与其"与"不如"组配时后面常带表示主观认识义的词语——"说"。如：

　　（46）接下来，他的发言与其说是来"很好的学习"，不如说是来做这项改革的专题报告。

　　（47）在英语中体意义与其说是语法的，不如说是词汇化的……

　　（48）"有点儿"是表小量的，可是在下面带语气助词"了"的句子里，与其说是表示量变，不如说是表示质变……

　　（49）因此，在一定意义上，与其说是买商品，不如说是买牌子。

特别指出,一些"与其说"还与"毋宁说""莫如说"等组配。如:

(50) 不是一条原理而是一场奇观,不是一堂课而是一种渗透。戏剧宣扬的目的<u>与其说</u>是灌入你的头脑,<u>毋宁说</u>是渗入你的感官而激起想象……

(51) 在一个民族的自身发展进程中,最困难的<u>与其说</u>是超越他人,<u>毋宁说</u>是超越自我。

(52) <u>与其说</u>大连万达队欲速而不达,<u>莫如说</u>各队都到了"拼命"的时候。

(53) 战争的审美观照一变而为伦理意识支配下的审美观照,此种情形下,<u>与其说</u>在欣赏战争,<u>莫如说</u>在肯定和赞美道德。

除上述组配方式外,在现代汉语中,少数的"与其"还与"宁可""宁愿""毋宁""无宁""勿宁""还是""莫如""何如""何不"和"为什么"等组配。如:

(54) 罗严塔尔应该是那种<u>与其</u>高喊冤枉,祈求皇帝饶命,<u>宁可</u>选择挺身一战的男子。

(55) <u>与其</u>叫我听一个男人发誓说他爱我,我<u>宁愿</u>听我的狗向着一只乌鸦叫。

(56) 这位将军决定大胆行动,<u>与其</u>征服德军的优势力量,<u>毋宁</u>避开它。

(57) 九一八这类事,<u>与其</u>诉诸国联,诉诸英美,<u>无宁</u>诉诸非洲澳洲那些野蛮人,诉诸高丽、台湾……

(58) <u>与其</u>让民工自发、盲目地到外地打工,<u>勿宁</u>由政府出面将其组织为有秩序……

(59) <u>与其</u>知道得不明不白,<u>还是</u>糊里糊涂受人家欺弄的好。

(60) <u>与其</u>写文章呼吁,<u>莫如</u>自己动手写,为老百姓写部电视剧。

(61) 人们渐次懂得,厚葬的奢靡,实是一种愚昧,<u>与其</u>把钱花在死后修坟，<u>何如</u>用于生前的赡养。

（62）对于今天崇尚个性化的小姐女士们，<u>与其</u>床头贴幅明星照，<u>何不</u>放上自己独具魅力的玉照呢？

（63）我就和宿舍里的几个哥们儿商量：<u>与其</u>加入一个社团，<u>为什么</u>不自己创设一个社团？

特别提示，在现代汉语中，"与其"与"宁肯""宁"组配的情况较少，在本节所调查的语料中仅发现几个用例。如：

（64）<u>与其</u>瞻前顾后，犹豫不决，拿自己的生命孤注一掷，谁不<u>宁肯</u>截掉一只手……

（65）我说句真心话，<u>与其</u>害病，吃药，贴膏药，灌肠，请医生，搞到身体一天不如一天，躺在一张破床上慢悠悠地死去，我<u>宁肯</u>在肚子上挨一炮弹！

（66）我看达夫的使命依然是做个文艺作家，<u>与其</u>为俗吏式的事务所纠缠，<u>宁</u>应随时随地去丰富自己的作家的生命。

综上所述，从"与其"句式系统的历时演变中可以总结出以下几点认识：

第一，关于"与其（说）……不如（说）"句式。众所周知，"与其（说）……不如（说）"句式是现代汉语"与其"句式最主流的形式，但该句式在历时发展过程中起伏较大。具体来说，在先秦、汉魏时期，"与其"主要与"宁""不如"组配，"与其……不如"句式的使用频率仅次于"与其……宁"句式。但从汉魏开始一直到明清时期，由于"不若""孰若""曷若""莫若""莫如"和"何如"等与"与其"组配的迅速增加，使"不如"与"与其"组配的机会大大减少，"与其……不如"句式的使用频率也大幅下降。一直到近代以后，随着"孰若""曷若""岂若""不若""莫若"与"与其"组配的减少，"不如"与"与其"的组配频率又重回高位，同时"不如"和"与其"后面常带有"说"字，至此，"与其（说）……不如（说）"句式最终成为"与其"句式的主要表现形式。

第二，关于"与其……宁"句式。前文已说过，在先秦、汉魏时期

"与其……宁"句式的使用频率最高，但汉魏以后其使用频率迅速下降，该句式逐渐淡出人们使用的视野。下面把本节所调查到的各个时期的"与其"句式总量与"与其……宁"句式总量，统计列表如下：

表 2-6　　　　历代"与其"句式与"与其……宁"句式数量比较

句式＼朝代	先秦	汉魏	唐宋	元明清
"与其……宁"句式	12	4	0	0
"与其"句式	25	8	15	7

表 2-6 清晰地显示，汉魏以后"与其……宁"句式使用频率迅速降低的确是一个历史事实。这一事实主要因为：首先，众所周知汉语在审美上一向追求"对称"与"和谐"，特别是汉魏以后，随着汉语词汇"双音化"趋势的发展，在词汇方面追求"双音化"、在语法方面追求"对称""和谐"逐渐成为潮流。"与其……宁"句式为"双音节（与其）＋单音节（宁）"的结构，这一结构与汉语词汇和语法上的追求不相适应，也不符合汉语发展的历时潮流。于是到汉魏之后，随着"不若""孰若""曷若""何如"与"与其"组配使用的增加，"宁"与"与其"的组配逐渐减少，至此，"与其"所组配的对象基本上由双音词语来充当，"与其"句式的结构模式基本上变成了"双音节（与其）＋双音节（不若、孰若等）"的结构，这种调整符合汉语的审美要求，也顺应了汉语发展的前进方向。其次，"与其……宁"句式之所以逐渐淡出历史舞台，这与"与其""宁"两者语用意义的不同有关。王灿龙（2003）指出，"宁可"的语用功能与"与其"的语用要求不相吻合，两者无法衔接在一起。由于"宁可"的语用功能与"宁"大致相当，因此王氏的观点也可用于解释"与其"与"宁"组配减少的问题。

第三，关于与"与其"组配的双音节词语。前文谈到，在"与其"句式系统的发展过程中，"与其"曾与"不如""不若""无宁""岂若""孰若""曷若""莫若""何如""何不""宁可""毋宁""勿宁""宁愿""宁肯""莫如"和"还是"等双音节词语组配，但在句式系统的调整过程中，一部分双音节词语逐渐退出交际的舞台，如"孰若""曷若""岂若""不若"和"莫若"等，到现代汉语阶段，这些词语使用受到很大限制，一般不再使用。而像"不如""无宁""何如""何不""宁可"

"毋宁""勿宁""宁愿""宁肯""莫如"和"还是"等双音节词语在现代汉语中仍在少量使用，同时它们都可作为"与其"的组配对象。当然，在这些众多的与"与其"组配的双音节词语中，"不如"的使用频率占绝对优势，是其他同类组配对象无法比拟的，"不如"也因此成为"与其"最主要的双音节组配对象。

第四节 "与其 p，不如 q" 句式的主观化

在古代汉语中，连词"与其"曾与"宁""不如""不若""孰若""曷若""莫若""莫如""何如"等组配，共同标记取舍句式。到现代汉语阶段，随着该类句式系统的调整与演变，连词"与其"除在少数情况下与"宁可""宁愿""毋宁""无宁""勿宁""还是""莫如""何如""何不""为什么"等组配外，大多数的"与其"常与"不如"组配一起标记取舍句式①，同时，"与其"和"不如"后面常带"说"字，"与其（说）p，不如（说）q"句式成为"与其"句式的主要表达形式。

沈家煊（2001）指出，"主观性"（subjectivity）是指语言的这样一种特性，即在话语中多多少少总是含有说话人"自我"的表现成分。也就是说，说话人在说出一段话的同时表明自己对这段话的立场、态度和感情，从而在话语中留下自我的印记。"主观化"（subjectivisation）则是指语言为表现这种主观性而采用相应的结构形式或经历相应的演变过程。基于以上认识，研究发现，现代汉语中的"与其说 p，不如说 q"句式是"与其 p，不如 q"句式主观化的结果，这一主观化是一次长期的历时发展过程。本节就这一主观化的过程进行探讨，以期对深入了解"与其（说）p，不如（说）q"句式的来龙去脉有所裨益。

沈家煊（2001）曾谈到，主观性和主观化主要与说话人的视角（perspective）、说话人的情感（affect）和说话人的认识（epistemic modality）相关。"视角"就是说话人对客观情状的观察角度，或是对客观情状加以叙说的出发点。"情感"一词应作宽泛的理解，包括感情、情绪、意向、

---

① 在考察北京大学 CCL 语料库后，我们发现，在表取舍关系的"与其"句式总量中，"与其（说）"与"不如（说）"的组配大致为 70%，"与其"与"宁可"等别的词语组配的比例大致为 30%。

态度等。而"认识"主要跟情态动词和情态副词有关，此外，一些连词也有客观描述和主观认识之别。说话人的"视角""情感""认识"三者之间缺乏明确的界限，不易截然分开。就"与其 p，不如 q"句式主观化的特点来看，说话人视角的调整贡献最大，其次是说话人的情感和认识。

一　"与其 p，不如 q"句式与说话人的视角

就语言表达的视角而言，一般有两种方式：一是说话人视角（speaker - oriented），就是指从说话人的角度去直接表达说话人的立场、态度和情感等主观认识。二是当事人视角（agent - oriented），就是指从句子所关涉的当事人的角度去客观地观照动作或状态发生的情况。①

研究表明，随着古今汉语的发展演变，"与其 p，不如 q"句式的表达视角发生了较大的调整，原先基于"当事人视角"，后来逐渐向基于"说话人视角"的表达转变，最终"说话人视角"的表达占压倒性优势。这一视角的调整，成为助推"与其 p，不如 q"句式主观化的主要动力，同时也是"与其说 p，不如说 q"这种强主观性句式形成的主要动因。

（一）基于"当事人视角"的表达

在古汉语阶段，"与其 p，不如 q"句式在表达方面基本上基于"当事人视角"。具体又可细分为两种类型：一是该句式处于当事人言说的语言环境当中，这种语用模式可表示为："当事人 + 言说动词 + …… + 与其 p，不如 q + ……"；二是该句式处于当事人主观认识的语言环境当中，这种语用模式可表示为："当事人 + 主观认识动词 + …… + 与其 p，不如 q + ……"。

其一，"当事人 + 言说动词 + …… + 与其 p，不如 q + ……"模式

从先秦一直到宋代，"与其 p，不如 q"句式一般处于某人的话语片断之中，其语用模式可表示为："当事人 + 曰 + …… + 与其 p，不如 q + ……"，如：

（1）管仲曰："不可。百姓病，公先与百姓，而藏其兵。与其厚于兵，不如厚于人。齐国之社稷未定，公未始于人而始于兵，外不亲

---

① 此处"说话人视角"和"当事人视角"的定义引自王灿龙《"非 VP 不可"句式中"不可"的隐现——兼谈"非"的虚化》（《中国语文》2008 年第 2 期，第 110 页）。

于诸侯，内不亲于民。"（《管子·匡君大匡》）

（2）建谓昭度曰："相公兴数万之众，讨贼未效，饷运交不相属。近闻迁洛以来，藩镇相噬，朝廷姑息不暇，<u>与其</u>劳师以事蛮方，<u>不如</u>从而赦之，且以兵威靖中原，是国之本也。……"（《旧五代史》卷一三六）

（3）帝曰："果尔，甚善。闻河北小军垒当起夫五千，计合境之丁，仅及此数，一夫至用钱八缗。故欧阳修尝谓开河如放火，不开如失火，<u>与其</u>劳人，<u>不如</u>勿开。"（《宋史》卷九二）

例（1）、（2）和（3）中，"管仲""建"和"帝"为所在句子的"当事人"。"曰"为"说"的意思，表达当事人的某种言说行为。

明代以后，以上语用模式中的言说动词除仍用"曰"外，一个更为常用的言说动词"道"大量涌现，其语用模式可表示为："当事人＋道＋……＋与其p，不如q＋……"；晚清至民国时期，除继续使用"曰""道"外，言说动词"说"开始出现，其语用模式可表示为："当事人＋说＋……＋与其p，不如q＋……"。如：

（4）马如飞又怪周礼道："你这人究竟年纪还轻，不肯处处积德，就如才将这银子，要是我老拙做主，便不同他较量，<u>与其</u>撒在地下化为无用，倒<u>不如</u>交情了他，让他买两升米了。"（《续济公传》一八六回）

（5）岑禄道："可不是么？我们费了多少心血，好容易才将这宝贝弄到手，<u>与其</u>替他们做一回开路神，<u>不如</u>我们自己去受用吧。"（《汉代宫廷艳史》一一〇回）

（6）当举事的一天，瑾太妃坚执不从，她说："<u>与其</u>看清室灭族，<u>不如</u>自己先死，免得无颜去见先帝。"（《清代宫廷艳史》一三一回）

例（4）和（5）中，"马如飞"和"岑禄"为所在句子的"当事人"。"道"为"说"的意思，表达当事人的某种言说行为。例（6）中，"瑾太妃"为所在句子的"当事人"。"说"表达当事人的某种言说行为，与现代汉语中的"说"字无异。

其二，"当事人 + 主观认识动词 + …… + 与其 p，不如 q + ……"
模式

明清以来，"与其 p，不如 q"句式除处于"当事人 + 言说动
词 + …… + 与其 p，不如 q + ……"模式外，还常处于"当事人 + 主观认
识动词 + …… + 与其 p，不如 q + ……"模式当中。如：

（7）<u>小老儿</u>细<u>想</u>与其冻饿而死，倒<u>不如</u>投河一死，万事皆休，
也可落得个干干净净。（《三侠剑》一回）

（8）<u>公子高</u>沉思数日，忽得一策。心<u>想</u>："必须如此如此，<u>与其</u>
伏诛，<u>不如</u>自尽。"（《秦朝野史》十回）

（9）<u>黄文汉</u>向春子说道："舍间的房屋虽不宽敞，然有两间空着
的房间。我的<u>意思</u>，<u>与其</u>去住那贤愚混杂的旅馆，<u>不如</u>委屈些儿，就
在舍下住一晌的便当。"（《留东外史》四三章）

（10）<u>福祥</u>见事不妙，心下一<u>想</u>："<u>与其</u>坐以待毙，<u>不如</u>屈膝投
降，我瞧那刘六麻子，也不过是个土匪出籍。"（《西太后艳史演义》
十八回）

例（7）—（10）中，"小老儿""公子高""黄文汉"和"福祥"为所
在句子的"当事人"。"想""意思"是表达当事人某种主观认识的动词。

从"主观性"的定义看，基于"说话人视角"的表达主观性强烈，
而基于"当事人视角"的表达体现出客观性的特点。另外，由以上用例
可知，在整个古汉语阶段，"与其 p，不如 q"句式基本属于基于"当事
人视角"的表达，因此，在古汉语中，该类句式属于客观性的表达模式，
与主观性几乎无关。

（二）基于"说话人视角"的表达

在现代汉语中，"与其 p，不如 q"句式的表达有少数情况基于"当
事人视角"，而多数情况下，该类句式的表达主要基于"说话人视角"。
据考察，在现代汉语中，"与其 p，不如 q"句式基于"说话人视角"的
表达约占 80% 以上，而基于"当事人视角"的表达则在 20% 以下。[①] 以
下是基于"当事人视角"的例子，如：

---

① 此处的数据统计来源于北京大学 CCL 语料库。

（11）次日凌晨<u>胡秋原</u>醒来后，他<u>认为</u>与其愤怒抗争，<u>不如</u>积蓄力量出狱后去揭露帝国主义及其走狗的暴行，于是他又开始构思他的檄文，过着度日如年的铁窗生活。

（12）<u>她</u>看机关墙壁灰蒙蒙的，便请书法家帮助布置。后来<u>觉得</u><u>与其</u>花钱请人，<u>不如</u>自己动手，就开始练国画。

（13）<u>工厂经理</u>严肃地说："<u>与其</u>让职工整日受苦受累，<u>不如</u>早点改革让他们从中受益。"

例（11）和（12）中，"胡秋原"和"她"为所在句子的"当事人"。"认为""觉得"表达当事人的某种主观认识。例（13）中，"工厂经理"为"当事人"。"说"直接表达当事人的言说行为。

以下是基于"说话人视角"的例子，如：

（14）你我淡漠已三载，看来我不是一个好妻子，可我又无法改变我自己。<u>我想</u>，<u>与其</u>你我相互羁绊，<u>不如</u>各各还其自由。

（15）对于天下三分之二的受苦人，<u>我</u>是这么<u>想</u>的：与其大呼小叫说要去解放他们，让人家苦等，倒<u>不如</u>一声不吭。

（16）<u>我</u>与其跟他去那个没有人烟的地方，还<u>不如</u>到大城市去拼搏去求生……

例（14）—（16），从表达的视角看，都是从说话人的角度去表达的。"与其 p，不如 q"句式的表达主体均为说话人，句中第一人称代词"我"指的是说话人自己。这种基于"说话人视角"的表达模式，由于直接表达说话人的立场、观点和态度等主观认识，因此具有较为强烈的主观性特征。如例（14）表达的是说话人"我"的一种主观认识，即"与其你我相互羁绊，不如各各还其自由"。其他两例可依据例（14）类推分析。

由上可见，"与其 p，不如 q"句式在古今汉语中最为突出的表现是：该句式表达视角发生了根本性改变，即在古汉语阶段，该句式的表达基本上基于"当事人视角"，而到了现代汉语阶段，该句式的表达除少数情况基于"当事人视角"外，多数基于"说话人视角"。

需要指出，随着"与其 p，不如 q"句式主观化进程的不断推进，一种主观性表达更为强烈的句式出现了，即"与其说 p，不如说 q"句式，并大量涌入语言交际社会。据考察，"与其说 p，不如说 q" 句式已成为 "与其" 句式的重要代表，占该类句式总量的 50% 左右。此外，"与其说 p，不如说 q" 句式的表达基本上基于 "说话人视角"，约占 97% 以上，只有极少数基于 "当事人视角"，约占 3%。①

邢福义（2001）指出，"与其说 p，不如说 q" 句式相当于 "与其那么说，不如这么说"，该句式通过 "说" 字的前后复用摆出形成对立的两个说法，它的前项与后项在语义关系上和在组织构造上都有一些不同于基本的 "与其 p，不如 q" 句式的地方。可见，"与其说 p，不如说 q" 句式中的 "说" 字已经不是表 "言说义" 的行为动词 "说"，"说" 的语义已被 "漂白"，并朝话语标记转变，最终成为标记说话人 "说法""看法" 或 "态度" 等的类似后缀的成分。如：

（17）我默默离开教室，我在独自走去时，曹丽放肆的笑声总是追踪着我。刚才的情景与其说让我悲哀，不如说是让我震惊。

（18）但是我觉得，她们不具真名，与其说是为了佛教信仰，不如说是要隐瞒自己家族的姓氏，不使遥远的族人因自己而招腥惹臭。

（19）我现在的分析也未必是准确的。这里写的与其说是一篇评介，倒不如说是一篇漫感吧。

从例（17）—（19）的表达来看，各例表达的视角不但完全置换于说话人的位置，而且具有话语标记功能 "说" 字的添加客观上更加强化了说话人的主观色彩，使该句式成为独具说话人强烈主观性色彩的一种新兴表达模式。

董秀芳（2003）指出，语言演变是在语言使用中发生的，因而说写者在语言演变中的作用相对听读者来说更为显著。语义变化中大量的主观化现象就是一个有力的证据：主观化就是一种围绕说写者的变化，这一变化使意义从表达客观对象变为表达说话者对命题的观点、态度等。"说" 显然是与言语活动的发出者直接相关的，因而与 "说" 有关的表达很多都发生了主观化的语义变化。可见，"与其说 p，不如说 q" 句式的出现并大量应用是 "与其 p，不如 q" 句式主观化的结果，而 "说" 字可以看

---

① 此处的数据统计来源于北京大学 CCL 语料库。

成是这一主观化的重要标记。

由上可见，"与其 p，不如 q"句式在古今汉语中表达视角的转变是助推该类句式主观化进程的主要动力。换句话说，正是由于古今汉语在表达该类句式时说话人的视角发生了转变，才促发这一句式主观化得以顺利推进。

二　"与其 p，不如 q"句式与说话人的情感

前文讨论了"与其 p，不如 q"句式表达视角的转变，这一转变是一次关键性的"主观化"过程。除表达视角外，明清以降，在"与其 p，不如 q"句式中，"不如"前常加"倒""还"等评注性副词①，同时取舍项"p""q"后常加表主观态度的评说成分，这两大因素主要与说话人的情感有关，二者在客观上也助推了"与其 p，不如 q"句式主观化的进程。

（一）"不如"前加"倒""还"等评注性副词

明清以来，在不少文献中，我们经常看到在"与其 p，不如 q"句式中，"不如"前常加"倒""还"等评注性副词。这些副词按照邢福义（2001）的观点，其功能主要是借以加强某种意思或某种语气。如：

（20）飞鹏冷笑道："侄儿的品行，比尤魁、谷大恩，也端正不了许多。与其教亲戚骗了，还不如教朋友骗了，还可气些。"（《绿野仙踪》四一回）

（21）他认为，与其让学生学那些将来工作中并不用的书本知识，倒不如让他们多到社会去实践锻炼。

例（20）和（21）中，"与其 p，不如 q"句式由于在表达上基于当事人视角，因此即使添加了评注性副词"还""倒"，但并不影响整个句式表达客观性的现实，故此类用法不属于我们关注的范围。前文已有介绍，由于现代汉语中基于说话人视角的表达是"与其 p，不如 q"句式的主流，所以我们更为关注的是"不如"前添加"倒""还"等评注性副词后，

_____

① 类似的评注性副词还有"就""真"等。"评注性副词"的提法采用了张谊生（2000）《现代汉语副词研究》中的分类法。

该类句式的主观性是如何强化的。如：

（22）我们看到苏杭一下子转过身来拦住这个丰满的女同学，他当时的脸色与其说是恼怒还不如说是兴奋，他终于获得了一个表现自己勇敢的机会。

（23）我们还没把人民劝明白，已经被捉了去。与其那么牺牲，还不如咱们照着老方法去干。

（24）金枝固执地生了这个没爹的孩儿，与其说是往金一趟眼里揉沙子，倒不如说也给杨妈添了块心病。

邢福义（2001）指出，"不如"前边经常用"还"强调 q 尽管只是低标准的，但还是比 p 要好。"不如"前边还常用"倒"，强调 q 对 p 的逆反否定。副词"倒""还"等属于评注性副词，其功能主要借以加强某种意思或某种语气。此处副词"倒""还"等所体现的功能实际上与说话人的情感密切相关，因为说话人要想表达某种情感往往通过加强某种意思或语气来实现。例（22）—（24）中，"与其 p，不如 q"句式的表达均基于"说话人视角"，副词"倒""还"的添加，使得该句式的主观性得到一定程度的加强，客观上成为助推该句式主观化进程的一种力量。

（二）取舍项"p""q"后加表主观态度的评说成分

明清以降，在"与其 p，不如 q"句式中，取舍项"p""q"后常出现表主观态度的评说成分。邢福义（2001）指出，p 后的评说成分表达"贬义"色彩；而 q 后的评说成分则表达"褒义"的色彩。此外，q 后的评说成分又分为两类：一类直接黏在"q"的后面叫简单断语；一类以分句或句子的身份出现在"q"的后面叫理据语句。如：

（25）那女子见说，痛苦道："修道人最重仁义，小女子也为看重名节，遭此患难，法遇若不相救，小女子左右不过一死。与其死在恶人手里，倒不如死于法师面前好得多了。"（《八仙得道》二一回）

（26）林之洋道："国王既实意送来，想来九公也实意要收的。与其学那俗态，半推半就，耽搁工夫；不如从实收了，倒也爽快。"（《镜花缘》三〇回）

（27）邓榕同志形象地比喻说："这本书有如我的儿女，与其把儿女托付大户人家却<u>未受重视</u>，<u>不如</u>交给小户人家却<u>备受疼爱</u>。"

例（25）和（27）中，"q"后加线的评说成分属于简单断语，例（26）中，"q"后加线的评说成分属于理据语句。在以上三例中，"p"后加线的评说成分表"贬义"色彩，而"q"后加线的评说成分表"褒义"色彩。以上"与其 p，不如 q"句式由于在表达上基于当事人视角，因此即使添加了主观评说成分，但并不影响整个句式表达客观性的现实，故此类用法也不属于我们关注的范围。我们更为关注的是：在基于说话人视角的表达中，"与其 p，不如 q"句式添加主观评说成分后，该类句式的主观性是如何强化的。如：

（28）毫无精神，叫我听了只是心烦，那简直就如同老祖父硬逼我念古书一般。<u>我与其</u>听这营营声，还<u>不如</u>到外边的篱笆上听一片枯叶的歌子<u>更好些</u>。

（29）蓝小山换了一副玳瑁边的赭色眼镜，因为蓝眼镜好像不吉祥似的。别的事，<u>与其说</u>我们不知道，还<u>不如说</u>我们不明白蓝小山的玄妙，<u>较为妥当</u>。

（30）我至此，紧张烦扰的心，益发豁然开朗了。口里非意识地念着昔年读过的"放鹤亭中一杯酒，楚山水鳞鳞"的诗句，<u>与其说</u>是清醒了悟，还<u>不如说</u>是沉醉忘形，<u>更来得恰当些吧</u>。

以上三例均属于基于说话人视角的表达模式，例（28）中，"q"后的评说成分属于简单断语；例（29）、（30）中，"q"后的评说成分属于理据语句。邢福义（2001）指出，p、q 之后的评说成分表达的是说话人的看法或态度。更为重要的是，这些评说成分还能表达"褒贬"色彩，很明显，这里的"褒贬"色彩义表达的就是说话人的某种情感，因此，在例（28）—（30）中，这种评说成分的加入客观上也助推了"与其 p，不如 q"句式主观化的进程。

三 "与其 p，不如 q"句式与说话人的认识

前文已有交待，说话人的认识有时与连词相关，有客观描述和主观认识之别。刘嵚（2008）指出，语言的功能不仅仅是客观地表达命题的思

想，还要表达交际主体的观点、感情和态度。在交际过程中，说话人要达到这一目的，不仅需要借助表达实际意义和客观描述的词语，同时还会添加自己的主观识解，将自己说话的目的和动机同时传达给交际对方。研究发现，"与其 p，不如 q"句式从古代发展到现代，在表达上经历了一个由客观描述到主观认识的渐变过程。如：

(31) 士出语人旦："太子不得立矣。改其制而不患其难，轻其任而不忧其危，君有异心，又焉得立？行之克也，将以害之；若其不克，其因以罪之。虽克与否，无以避罪。与其勤而不入，不如逃之。"(《国语·晋语一》)

(32) 于冰道："我本闲云野鹤，足迹应遍天下，与其住在老弟家，就不如住在我家了。"(《绿野仙踪》九回)

(33) 何武不知孔光之意，他又突然说道："与其另地筑官，多费国币，不如人居北官为便。"(《西汉野史》一七五回)

(34) 我也明白过来，他要是和黑李慢慢地商量，必定要费许多动感情的话，要讲许多弟兄间的情义，即使他不讲，黑李总要讲的。与其这样，还不如吵，省得拖泥带水；他要一刀两断，各自奔前程。

(35) 与其说是因害羞，不如说是因发怒，梦莲的脸一直红到了耳根，她咽了一大口吐沫。

例（31）—（33）中，"与其 p，不如 q"句式的表达均基于"当事人视角"，在表达上都属于客观描述。虽然例（32）和（33）中加入评注性副词"就"和主观评说成分"为便"，但这些词语的加入只与相关的当事人有关，而与说话人的认识、情感等主观态度均无关系。例（34）和（35）中，"与其 p，不如 q"句式的表达均基于"说话人视角"，在表达上均表达说话人的某种主观认识或态度。例（34）中加入评注性副词"还"和主观评说成分"拖泥带水"，使得"与其 p，不如 q"句式所表达的主观性有所增强。特别是，例（35）中，"说"字的加入，使得该类句式的主观性变得更为强烈。

以上"与其 p，不如 q"句式在表达说话人的认识方面，经历了一个由客观描述到主观认识的过程。这一过程正好符合 Traugott（1995）所说的语法化中的主观化的几种表现：即由命题功能变为言谈功能，由客观意义变为主观意义，由非认识情态变为认识情态……可见，"与其 p，不如 q"句式主观化的过程实际上也是其语法化的过程，这一过程的主要表现就是该句式随着历史的发展，主观性逐渐增强，到了现代汉语阶段，该类句式的表达绝大多数基于"说话人视角"，表达较为强烈的主观性，这一点尤其对"与其说 p，不如说 q"句式来说体现得更加明显。

前文说过，说话人的视角、情感和认识很难截然分开。就"与其 p，不如 q"句式来说，说话人视角的调整和说话人的认识其实是一个问题的两个方面。从视角的变换来看，古今汉语中的"与其 p，不如 q"句式总体上经历了由"当事人视角"向"说话人视角"的转换，而从说话人认识的角度看，该类句式在表达上经历了一个由客观描述到主观认识的转变过程。

四　结语

以上研究显示，"与其 p，不如 q"句式从古至今经历了一次较为长期的主观化过程。这一主观化过程的关键决定力量来自于说话人视角的调整，说话人的情感因素是助推这一主观化过程的次要力量，而说话人的认识实际上与说话人视角的调整同属一个问题。

既然说话人视角的调整对"与其 p，不如 q"句式主观化的贡献最大，那么是什么原因导致说话人视角发生转变的呢？研究发现，这主要与古今汉语表达的方式有关。古代文献包括文言和古代白话，说写者在表达时往往客观描述、采用纪实的笔法，如文学作品中主人公常采用第三人称叙述；而现代汉语，包括书面语和口语，说写者在表达时，往往强调与听读者的互动，在互动中追求最佳的表达效果，如文学作品中主人公常采用第一人称"我（我们）"表述，采用这种表达方式可拉近交际双方的心理距离，口语直接面对面交流互动性则更为明显。李秀明（2011）指出，文言（包括古代白话）属于"高语境语言"，表达时以作者为中心，作者言随意遣，以作者的知识背景和语言能力为基准言说，而不是按照读者的接受能力来表达，也无须对读者参与设计话语，也不与读者进行协商。而现代汉语属于"低语境语言"，表达时以读者为中心，作者在表达时充分考虑到读者的知识背景和语言处理能力，使自己的表达尽可能容易被接受，在话语中经常呼吁读者的参与，与读者进行协商。

可见，古今汉语表达上的这一普遍规律无疑制约着"与其 p，不如

q"句式的表达，使该类句式表达视角发生了根本性的转变，也使该类句式主观化得以顺利推进。

第五节 "与其 p，不如 q" 句式的语义表达①

在现代汉语中，"与其 p，不如 q"句式是一种很常见的表达取舍意义的句式。这种句式旨在表达取舍主体关于取舍的某种观点、看法或态度等。② 在某种意义上说，"与其 p，不如 q"句式所表达的语义实际上就是取舍主体的一种主观认识义。如：

（1）在我的心目中，他与其说是一位军事家，不如说是一位政治家更合适。

（2）我们认为，你与其去国外留学，还不如到国内的名牌高校深造。

（3）他认识到，企业要想生存得有长远打算，与其效率优先，不如效益优先。

（4）她知道，他要求她的，她难以做到，而且也不想这样去做，与其自己做个套子把自己套住，还不如现在就不钻。

（5）他们意识到，与其坐着等死，还不如站起来拼搏或许还有生的希望。

例（1）—（5）中的取舍主体分别为"我""我们""他""她"和"他们"。此外，由于以上例句所表达的都为取舍主体的某种主观认识义，所以这些句子均带有标记取舍主体主观认识的词语，分别为画线部分的"说""认为""认识到""知道"和"意识到"。

理论上讲，"与其 p，不如 q"句式的取舍主体应该有三种人称，即第一、二、三人称。但实际语料显示，该类取舍句式的取舍主体一般为第一、三人称，极少使用第二人称。取舍主体的这种人称选择分布说明，说写者在与听读者进行交流时，最常见的表达形式为，要么说写者直接阐述

---

① 这里只探讨属于陈述句的"与其 p，不如 q"句式，其他句类暂不论及。

② 所谓"取舍主体"指对"与其"句式中取舍两项进行比较，并作出取舍判断的主体。

自己的某种取舍观点、看法或态度，要么客观地叙述交际双方之外的第三者的某种取舍观点、看法或态度，而说写者很少直接陈述对方——听读者的某种取舍观点、看法或态度。

我们按语料的检索顺序，对北京大学 CCL 语料库中前 200 个"与其 p，不如 q"句式进行了统计，结果发现，该类句式取舍主体主要为第一人称，其次为第三人称，而第二人称在所考察的 200 个句子中尚未发现。具体情况如表 2-7 所示：

表 2-7　　　　　　"与其 p，不如 q"句式取舍主体人称选择分布

取舍主体	第一人称	第二人称	第三人称	总计
数量	166	0	34	200

研究表明，"与其 p，不如 q"句式的取舍主体一般为第一、三人称，这两种人称的不同选择会对该句式的语义表达造成影响，具体来说，一是会对该句式表达的主观性造成影响；二是会对该句式在"行、知、言"三域中的表达造成影响。①

一　主观性与"与其 p，不如 q"句式的表达

关于"主观性"的含义前面已有介绍。对于"与其 p，不如 q"句式的语义表达而言，取舍主体是选择第一人称还是第三人称会对其主观性的强弱造成较大影响。

（一）取舍主体为第一人称的情况

前文说过，"与其 p，不如 q"句式表达的是取舍主体关于取舍的某种观点、看法或态度等。由于取舍主体为第一人称实际上指的是说话人充当取舍主体的情况，所以此类句式其实是一种基于"说话人视角"（speaker - oriented）的表达方式，结合"主观性"理论，可以看出这种表达直陈说话人的观点、看法或态度等，具有较强的主观性。如：

（6）我以为，与其说寓言是浪漫主义文学，不如说是现实主义文学更为贴切。

（7）不过，笔者以为，与其挨了鞭子才过河，还不如自己主动

---

① 语料调查表明，取舍主体为第二人称的情况极少，故本节暂不对其进行专门讨论。

过河为好。

（8）我认为，与其在一股道上跑到底，还不如从实际出发，及时"转轨"，重新调整目标，继续奋斗。

（9）不过在我看来，与其说这种象征是潜意识意念（idea）的特征，不如说是原始认知的特征。

（10）对我们来说，死海之旅与其说是观光，还不如说是探奇。

例（6）—（9）中的取舍主体为第一人称单数"我""笔者"，例（10）的取舍主体为复数的"我们"。总之，以上"与其 p，不如 q"句式的取舍主体均为说话人自己，因而此类句式的语义表达具有较强的主观性。

沈家煊（2001）曾指出："按照 Langacker，主观化的程度高低跟语言编码形式的多少成反比：主观化程度越高，观察对象越是脱离舞台，在语句中登台呈现的语言形式越少……"按照这个理论，当取舍主体为第一人称时，由于"与其 p，不如 q"句式的语义表达具有较强的主观性，主观化程度较高，因此该类句式在语形上有时会趋于简化，具体表现在说话人（取舍主体）和表示说话人主观认识的词语常常在句中被"删除"。如：

（6）→（6'）与其说寓言是浪漫主义文学，不如说是现实主义文学更为贴切。

（7）→（7'）不过，与其挨了鞭子才过河，还不如自己主动过河为好。

（8）→（8'）与其在一股道上跑到底，还不如从实际出发，及时"转轨"，重新调整目标，继续奋斗。

（9）→（9'）不过与其说这种象征是潜意识意念（idea）的特征，不如说是原始认知的特征。

（10）→（10'）死海之旅与其说是观光，还不如说是探奇。

比较例（6）—（10）和例（6'）—（10'）两组例子，不难发现，例（6'）—（10'）实际上是例（6）—（10）通过删除说话人和表示说话人主观认识的词语之后而实现的，这两组例子表达的基本意思是一致的。

以上"与其 p，不如 q"句式的表达都是从说话人的视角来说的，说话人往往是言说的主语（也称"言者主语"），这种表达也是取舍主体为第一人称的最基本的表达方式，具有无标记性。不过，在特殊情况下，作为取舍主体的说话人有时也成为被叙述的对象（当事人），这时说话人往往作为"句子主语"。这种表达标记性很强，需要在特定的语境中才能使用。如：

（11）那是个战火不断的年代，当时<u>我</u>竟然认为<u>与其</u>苟且偷生，<u>还不如</u>一死了之。

（12）在上中学时，<u>我</u>居然认为<u>与其</u>每天苦读，<u>还不如</u>早些经商挣钱。

以上两例中的取舍主体均为第一人称单数的"我"（说话人），同时，说话人自己成了句子的当事者，作为被叙述的对象，这种表达具有客观陈述性，主观性很弱。同基于"说话人视角"的表达方式相比，这种表达方式属于基于"当事人视角"（agent – oriented）的表达方式。

总之，当取舍主体为第一人称时，"与其 p，不如 q"句式的语义表达一般基于"说话人视角"，具有较强的主观性，但在标记性较强的语境中，该句式的语义表达有时也可基于"当事人视角"，体现出客观性的特点。

（二）取舍主体为第三人称的情况

对于"与其 p，不如 q"句式来说，取舍主体为第三人称的情况也比较普遍。当说话人想要客观地介绍或叙述交际双方之外的第三者的取舍情况时，一般采用此种表达方式。同时，当取舍主体为第三人称时，"与其 p，不如 q"句式的语义表达均基于"当事人视角"。因此，此类句式的语义表达具有客观性的特点。如：

（13）有<u>人</u>认为<u>与其说</u>有残余应力，<u>不如说</u>近期构造应力场还保持和继承着变形期间古构造应力场的基本面貌。

（14）<u>他</u>说："死无葬身之地的祸是大可不必招的，<u>与其</u>掉脑袋，<u>还不如</u>做顺民。"

（15）<u>这位总务部长</u>想，<u>与其</u>自己一一判断，<u>不如</u>直接向社长请示比较保险吧！

（16）侨光人说："与其被动推着走，不如自己迈大步。"

以上诸例均从"当事人"的角度去表达，体现出客观陈述的特点，"当事人"分别为"人""他""这位总务部长"和"侨光人"。

除上述情况外，在取舍主体为第三人称的表达中，有些取舍主体并不是指人的词语，而是一些集体名词。如：

（17）市环保局从长远的效益出发，考虑后认为，与其发展牺牲了生态，倒不如不发展。

（18）一家新闻媒体认为，国有企业与其怨天尤人、封锁堵截，倒不如为科技人员创造良好的工作环境。

（19）一家报纸认为，与其说这座大桥把这两个国家连接起来，不如说是把两国人民的情感连在了一起。

（20）近来的舆论认为，国家与其发展核能，还不如大力发展风能、太阳能等能源，这更符合百姓的长远利益。

在上述四例中，取舍主体依次为"市环保局""一家新闻媒体""一家报纸"和"近来的舆论"。这些取舍主体均属于集体名词，其组成成员均为"人"，按照"神会原则"（empathy principle），这些集体名词都可直接用来指人，如上述集体名词都可用第三人称代词"他们"来指称。[①] 这种现象可用认知语言学的"转喻"机制来解释，即这些集体名词可看作一个"整体"，而其成员"人"可看作"部分"，这里实际上是用整体借代部分的"转喻"用法。另外，上述"与其"句式的语义表达也属于基于当事人视角的客观性表达。

由上可见，对于"与其 p，不如 q"句式而言，当取舍主体为第一人称时，一般情况下该句式的语义表达具有主观性的特点，而在少数特定的语境中具有客观性的特点；当取舍主体为第三人称时，该句式的语义表达则显示出客观性的特点。

二 "行、知、言"三域与"与其 p，不如 q"句式的表达

沈家煊（2003）认为，我们的概念系统中存在三个不同的概念域，

---

① 此处"神会原则"，参见 Kuno、Susumo（1976）。

即行域、知域、言域，这三个概念域之间的区别和联系在语言的许多方面都有反映。沈文还认为，"行"指行为、行状，"知"指知识、认识，"言"指言语、言说。考察发现，取舍主体的人称选择对"与其 p，不如 q"句式在"行、知、言"三域中的语义表达也会造成影响。

（一）取舍主体为第一人称的情况

当取舍主体为第一人称时，"与其 p，不如 q"句式实际上表达的是说话人的某种观点、看法或态度等。这种句式意义其实就是一种主观认识义，在"行、知、言"三域中属于"知域"的范畴。再如：

> （6"）我以为，与其说寓言是浪漫主义文学，不如说是现实主义文学更为贴切。
>
> （7"）不过，笔者以为，与其挨了鞭子才过河，还不如自己主动过河为好。
>
> （8"）我认为，与其在一股道上跑到底，还不如从实际出发，及时"转轨"，重新调整目标，继续奋斗。

在以上三例中，"与其 p，不如 q"句式表达的是说话人（"我""笔者"）的一种主观认识，此类表达基于"说话人视角"，属于"知域"的范畴。

另外，在特殊情况下，当说话人成为被叙述的对象（当事人）时，"与其 p，不如 q"句式的表达基于"当事人视角"，该类句式旨在客观陈述说话人的某种取舍观点、看法或态度，属于"行域"的范畴。再如：

> （11'）那是个战火不断的年代，当时我竟然认为与其苟且偷生，还不如一死了之。
>
> （12'）在上中学时，我居然认为与其每天苦读，还不如早些经商挣钱。

上述两例，说话人（"我"）作为取舍主体成为被叙述的对象（当事人），说话人作为当事人，其取舍观点、看法或态度的表达具有客观性的特点，因而此类句子的表达属于"行域"的范畴。

（二）取舍主体为第三人称的情况

取舍主体为第三人称的"与其 p，不如 q"句式一般基于"当事人视

角",句子表达的是一种客观的取舍态度,属于"行域"的范畴。再如:

（13'）有人认为<u>与其</u>说有残余应力,<u>不如</u>说近期构造应力场还保持和继承着变形期间古构造应力场的基本面貌。

（14'）他说:"死无葬身之地的祸是大可不必招的,<u>与其</u>掉脑袋,<u>还不如</u>做顺民。"

（15'）这位总务部长想,<u>与其</u>自己一一判断,<u>不如</u>直接向社长请示比较保险吧!

以上三例,说话人是在客观陈述取舍主体（"人""他""这位总务部长"）的某种取舍观点、看法或态度,因而属于"行域"的范畴。

综上所述,对于"与其 p,不如 q"句式来说,取舍主体人称的不同选择会对该句式的主观性表达造成影响,同时也会对该句式在"行、知、言"三域中的语义表达造成影响。同时,我们发现,当"与其 p,不如 q"句式的取舍主体为第一人称时,一般情况该句式的表达基于"说话人视角",具有主观性的特点,并且属于"知域"范畴;而在少数情况下该句式的表达基于"当事人视角",具有客观性的特点,并且属于"行域"范畴。当取舍主体为第三人称时,该句式的表达均基于"当事人视角"、具有客观性的特点,并且属于"行域"范畴。以上结论可列表归纳如下:

表 2 - 8 　　　　 "与其 p,不如 q"句式语义表达属性分布

取舍主体	主观性	客观性	行域	知域
第一人称	+（多数）	+（少数）	+（少数）	+（多数）
第三人称	-	+	+	-

注:表中"+"表具有该属性,"-"表不具有该属性。

第六节 "与其 p,不如 q"句式的语用环境

语言是人们交流思想的重要媒介,一个语言片段往往反映一个完整的思维过程,从此角度说,一个相对完整的语篇也应该是连贯的,不论这种连贯有无形式上的标记,因为语篇内部所包含的思想内容总是连贯的。在现代汉语中,"与其 p,不如 q"句式作为表达取舍范畴的一个重要手段,主要表达"取舍主体"在进行取舍时所持的观点、看法或态度等。由于

语篇具有连贯性，所以一旦"与其 p，不如 q"句式进入具体的语篇之中，它必然会与前、后文语段产生语义上的联系，具体表现在，该句式或者与前文语段产生直接的语义联系，或者与后文语段产生直接的语义联系。所谓直接的语义联系是指二者处于同一个语义层次上。如：

（1）①一些清醒的共和党人士看到，在确凿的事实面前，一味抵制调查的结果只能适得其反，只会使人更加怀疑布什政府有意隐瞒真相。‖②与其被动地等着局面失去控制，不如主动出击将主动权控制在自己手中。｜③因此，他们表示支持就情报失误问题展开独立调查。

在例（1）中，"与其 p，不如 q"句式所在的语段②与语段①同处于一个语义层次上，具有直接的语义联系，二者之间为"因果"关系。语段①、②与语段③处在一个语义层次上，也具有直接的语义联系，二者之间也为"因果"关系，并有"因此"作为标记。

另外，在具体的语篇之中，"与其 p，不如 q"句式与前、后文语段之间的这种直接的语义联系有时有形式标记，有时没有形式标记。如例（1），语段②与语段①之间的这种因果联系就是隐性的，无形式上的标记；有形式标记的情况，如例（1）中，语段①、②与语段③之间的因果关系使用了标记词"因此"。再如：

（2）其次，尼罗河流域 10 国均为深陷贫困的"难兄难弟"。在联合国公布的全球 49 个最不发达国家中，刚果、卢旺达等 8 国榜上有名，剩下的埃及和肯尼亚也并不富裕。｜因此，与其纸上谈"水"，不如修堤筑坝，共享其利。

（3）不难看出，世行新标准的良苦用心在于突出自然资源保护、人力资源开发和基础设施建设对于一国经济长期、健康发展的重要性。｜因此，与其说它是对各国目前经济实力的评判，不如说它是对于一国未来发展潜力的评估。

（4）夏米强调，长寿是人类长期追求的目标，｜因此与其说人口老龄化是个问题，还不如说它是一个挑战。这一挑战可以通过延长退休时间、增加移民等手段得到化解。

（5）对一项新政策的出台，人们在理解与执行上总是有一个过程，这不足为怪，然而此次问题是出在物价上，尽管决策者对改革的风险已有足够的心理准备，｜但在物价这个敏感的问题上与其坐视风险临头再去化解它，不如防范于未然，谨慎再谨慎为好。

（6）所以与其修一条宽马路，不如修两条路，三条路。｜但这个规划界已达成共识的道理很少有人讲，公众不知道，决策者也不清楚。我们规划师应该更主动地去沟通，引起全社会对科学规划的重视。

在上述五个例子中，"与其 p，不如 q"句式所在的句子与前、后文语段之间的这种直接的语义联系都有形式标记，如例（2）—（4）中的"因此"；例（5）中的"尽管""但"；例（6）中的"但"。

语料考察表明，像例（2）—（6）这种有形式标记的情况属于少数，实际上，在现实的语言使用当中，"与其 p，不如 q"句式所在的句子与前、后文语段之间的这种直接的语义联系主要靠"意合"。

我们按照检索顺序，对北京大学中国语言学研究中心现代汉语语料库中的前 160 个有"与其 p，不如 q"句式参与的语段进行了考察，结果发现，"与其 p，不如 q"句式与前、后文语段之间直接的语义联系主要为"因果"，其次有少数为"转折""假设""目的"等。下面将对"与其 p，不如 q"句式在语篇中的语用情况及其规律进行分析和说明。

一 "与其 p，不如 q"句式在语篇中的语用情况

（一）表"因果"的语义关系模式

邢福义（1985）认为，因果关系可分为"由因到果"和"由果溯因"两类。所谓"由因到果"是指表原因的在先而表结果的在后；"由果溯因"则是表结果的在先而表原因的在后。在现代汉语中，由于"与其 p，不如 q"句式主要表达"取舍主体"在进行取舍时所持的观点、看法或态度等，所以在因果关系中该句式一般表达由某种"原因"所推出的"结论"。仿照邢福义（1985）对因果关系的分类法，我们把"与其 p，不如 q"句式与其前、后语段之间直接的因果关系分为两类，即"由原因到结论"和"由结论溯原因"两种模式。另外，语料调查显示，"与其 p，不如 q"句式在语篇当中主要显现于"由原因到结论"的模式当中，

为行文方便这里姑且将此类因果关系记作"因果Ⅰ式"。如：

（7）合肥市友好医院院长章全樟称，直播前列腺切除手术，是因为患者一般都是年龄较高，患者家属对于手术的安全性特别关注。①另外，这项手术无须开刀、不出血，手术成功率高，安全系数大，直播时既可以保证病人家属能安心地关注手术全程，也不至于看到血淋淋的场面。｜②医院决定<u>与其</u>让病人家属在手术室外焦急地等待，<u>不如</u>让他们可以直接通过现代的高科技观看到整个手术过程。

（8）①四川省社科院教授胡光伟说："目前，中国还没有为青春期性教育制定正规的教学大纲。如何把握青春期性教育的内容，是让许多老师感到困惑的问题。｜②不少老师和家长都抱着<u>与其</u>多讲，<u>不如</u>少讲或不讲的回避心理，希望孩子无师自通。"

（9）此次穆特鲁再次降回56公斤级誓夺"三连冠"，给原本在该级别上保持霸主地位的吴美锦带来巨大冲击。吴美锦说：①"我来奥运会也不光是为了金牌，更多的是为了体验一种经历。我希望通过奥运会来提高自己的实力，太多的压力不可能创造好成绩。｜②<u>与其</u>整天想着穆特鲁，<u>还不如</u>放下包袱和他拼一拼。"

（10）①伊拉克知识分子萨布里说，尽管美国人躲在幕后，但召开这一会议仍可以被看作美国向全世界发出的一个信号。美国人希望通过这一会议让全世界相信，他们的确在伊拉克推动民主，他们占领伊拉克的目的就是为了在伊拉克推翻专制，实现民主。｜②所以这一会议<u>与其说</u>对伊拉克人很重要，<u>倒不如说</u>对正在被大规模杀伤性武器情报骗局和虐俘丑闻弄得焦头烂额的美国政府很重要。

（11）①另外，欧洲在伊拉克问题上分歧严重，也使德国意识到欧洲统一外交政策的形成还有很漫长的道路要走，｜②因此<u>与其</u>安理会有一个形同虚设的欧洲席位，<u>还不如</u>自己占上这个位子更符合德国的利益。

在例（7）—（11）中，语段①均为表原因的语句，而语段②作为"与其 p，不如 q"句式所在的句子主要表达由原因所推导出的结论。也就是说，在以上各例中，语段①与语段②之间为因果关系。具体来说，在例（7）—（9）中，语段①与语段②之间均为隐性的因果关系；而在例

(10)、(11)中，语段①与语段②之间则为显性的因果关系，有形式标记"所以""因此"。

与"由原因到结论"的模式相对，还有少数情况属于"由结论溯原因"的模式。这种"由结论溯原因"模式的特点是，"与其p，不如q"句式在表达上作为"结论"在先，后接的"原因"主要是对前面"结论"进行补充说明。为行文方便这里姑且将此类因果关系记作"因果Ⅱ式"。如：

(12)当被问到美国总统布什是否应当就根据虚假情报发动伊拉克战争向美国人民作出解释时，①凯认为<u>与其说</u>总统应当向美国人民解释，<u>不如说</u>情报部门首先应当向总统作出解释。｜②他说，伊拉克拥有大规模杀伤性武器的观点在克林顿政府时期就已存在，到了布什政府时期依然如故，这不是一个政治问题，而是一个如何得出与事实不符的结论的问题，是一个国家的情报机构搜集有价值、真实情报的能力问题。

(13)①普京当天在塔吉克斯坦杜尚别参加完一个地区会议后说："我认为发生在伊克拉的恐怖活动<u>与其说</u>是针对美英联军，<u>不如说</u>是针对布什总统个人而来。｜②国际恐怖主义有一个共同目标，那就是阻碍布什赢得连任。他们如果实现了这一目标，将会给国际恐怖主义注入新的动力，使其势力得以扩张。"

(14)①珠海一家独资企业老板说：<u>与其说</u>我在办工厂，<u>还不如说</u>我在办"培训学校"，｜②许多求职者跳到我这里，学到本领后又跳走了，其实我待他们也不薄，可他们总是"这山望着那山高"，真是不可理解。

(15)①我认为，<u>与其</u>现在这种半遮半掩地突破，<u>还不如</u>索性取消定点制，｜②因为这是刺激汽车发展的最快捷办法。

(16)①可以说，俄罗斯与西方最近在乌克兰问题上的口水战达到了高潮。鲍威尔对俄罗斯的攻击<u>与其说</u>是针对拉夫罗夫，<u>还不如说</u>是针对俄罗斯总统普京本人。｜②因为普京两周前在访问葡萄牙的时候就表示，不能接受一些国际观察员对乌克兰大选所持的怀疑态度。普京说，如果欧安组织成为某些人实现自己图谋的工具，那么这个组织的国际权威和声誉将大打折扣。此后，普京又曾多次呼吁西方国家不要干涉乌克兰大选。

在例（12）—（16）中，语段①为"与其 p，不如 q"句式所在的句子，同时语段①与语段②之间为因果关系，语段①表达结论，而语段②补充说明语段①（结论）产生的原因。具体来说，在例（12）—（14）中，语段①与语段②之间为隐性的因果关系；而在例（15）、（16）中，语段①与语段②之间则为显性的因果关系，两例均有形式标记"因为"。

除上述两种模式以外，在"由原因到结论"的模式中还有少数特例，这种模式的特点是，"与其 p，不如 q"句式在因果关系中扮演"原因"的角色，在此原因之后紧接推导出的结论。为行文方便这里姑且将此类因果关系记作"因果Ⅲ式"。如：

（17）①由此看来，目前世界石油市场价格的升降<u>与其说</u>主要是由产量来决定的，<u>还不如说</u>主要是由恐怖袭击和暴力以及其他一些相关因素来决定的，｜②宜淡看单纯提高石油产量对石油价格的抑制作用。

（18）①美国人越来越清楚地认识到，沙拉比<u>与其说</u>是美国解决伊拉克问题的手段之一，<u>还不如说</u>是解决伊拉克问题的阻碍。｜②因此，美国不抛弃沙拉比才不符合逻辑。

（19）①他又说："我们与先进省市相比，山西的落后<u>与其说</u>是经济建设方面的落后，<u>不如说</u>是教育事业落后。｜②我们就是要拿出农民咬住牙，省吃俭用供子女上大学的精神抓好教育。"

在例（17）—（19）中，语段①为"与其 p，不如 q"句式所在的句子，同时语段①与语段②之间为因果关系，语段①表达原因，而语段②则是语段①推导出的结论。具体来说，在例（17）、（19）中，语段①与语段②之间为隐性的因果关系；而在例（18）中，语段①与语段②之间则为显性的因果关系，有形式标记"因此"。

（二）表"转折"的语义关系模式

这种情况是指，在具体的语篇中，"与其 p，不如 q"句式所在的句子或者与前文语段有直接的转折关系，或者与后文语段有直接的转折关系。同时，这种转折关系又分为两种类型：一是让步类的转折关系；二是一般的转折关系。如：

(20) 随着 28 日大选的日益临近，此间观察家指出，①尽管保守党的支持率有所上升，｜②但其得到的<u>与其说</u>是支持票，<u>不如说</u>是对自由党的"怨气票"。一旦选民冷静分析，这几个政党之间的力量对比可能还会发生变化，而选举前各党领袖的辩论无疑是关键性战役。

(21) 北京大学教授张颐武说，"红色经典"包含着一个时期的纯洁的人民记忆，蕴藏着一种高尚的伦理标准，改编要注重对人民记忆的守护。①艺术家虽然有创作的自由，｜②但<u>与其</u>去迎合公众，<u>倒不如</u>运用经典向现实发问，刺激现代的人们思考。

(22) ①相反地，部分会扯后腿的元老干部，虽然也凭着过去的经验和体验作为评估基准，｜②但是<u>与其说</u>他以"使公司获得收益"或"为公司将来的发展"着想，<u>不如说</u>他是为"本身的利益"与"本身的将来"打如意算盘，因此，做起事来比较消极，这正是"少做少错"的心态。

(23) ①虽然这样国家可能减少些税收，｜②但<u>与其</u>大家一窝蜂地赞助名目繁多的大奖赛，<u>不如</u>把一部分钱拿来发展图书馆公益事业的好。

在例（20）—（23）中，语段①与语段②之间所标明的转折关系都具有让步性，同时以上诸例均为显性的转折关系，都有转折标记词语，即"尽管……但""虽然……但""虽然……但是"。这种转折关系的特点是先作让步，再作转折，指出后面转折部分的成立不受前面让步部分的影响。结合以上例子，我们认为，"与其 p，不如 q"作为表达"取舍主体"观点、看法或态度的句式，当进入这种让步类的转折关系中，语言使用者往往有先让步，而后再作转折，进而达到强调"与其 p，不如 q"句式义的语用目的。

再来看"与其 p，不如 q"句式出现在一般的转折关系中的情况。如：

(24) 斯科拉里率葡萄牙队踢了 15 场针对欧锦赛的热身赛，取得 7 胜 6 平 2 负的成绩。热身赛中，葡萄牙队对意大利、西班牙、英格兰等队均无胜绩，而这些队均将亮相欧锦赛决赛阶段比赛。为此，①一些舆论颇有微词。｜②但斯科拉里表示，<u>与其</u>赢在热身赛，<u>不如</u>赢在欧锦赛。葡萄牙队会很好地总结热身赛中的经验与教训，在欧锦赛中更好地发挥自身优势，找准对方软肋，克敌制胜。

（25）①华西集体经济的带头人吴仁宝一家十几口人，如果搞个体经济，一年赚几百万元不算什么，｜②可他说<u>与其</u>自己当个百万富翁，<u>不如</u>与华西人一起兴亿万富翁。

（26）①波士顿公园广场饭店执行副总裁、饭店环保事务部主任宋德斯先生说：“要么现在就做，要么等到将来再做。｜②<u>与其</u>将来步人家的后尘，<u>不如</u>就从现在做起。”

（27）①我留意过这个栏目，办得挺活，｜②<u>与其</u>说是办得活，<u>不如</u>说是写得活。

在上述各例中，例（24）中，语段①与语段②之间具有一般的转折关系，有标记转折的词语“但”。例（25）—（27）均包含转折的关系意义，其中例（25）有标记转折的词语“可”，而例（26）、（27）所包含的关系为隐性的转折关系，这两个例子都可添加显性的转折标记词“不过”。如：

（26）→①波士顿公园广场饭店执行副总裁、饭店环保事务部主任宋德斯先生说：“要么现在就做，要么等到将来再做。｜②（不过）<u>与其</u>将来步人家的后尘，<u>不如</u>就从现在做起。”

（27）→①我留意过这个栏目，办得挺活，｜②（不过）<u>与其</u>说是办得活，<u>不如</u>说是写得活。

另外，与让步类的转折关系相比，一般的转折关系只是表明前后两部分之间具有转折关系，并没有其他附加的语用意图。

（三）其他语义关系模式

在所考察的语料中，我们发现“与其 p，不如 q”句式在语篇中与前、后语段之间直接的语义关系还有“假设”“推断”“目的”等类型，不过数量很少。如：

（28）这说明，古人也早就明白，无论是润身或润屋，都事关个人形象，是不可不注意的。但现在社会上，常常流传某些人吃、喝、"搓麻"的风闻。在这里，我想奉劝他们几句，①如果想改变自己的社会形象，｜②与其挥万金于吃喝和"搓麻"上，倒不如解囊于文化消费或赞助文化发展上，例如，收藏点书画、古玩，习练点戏剧歌舞之类，这于完善自己的人格修养，修炼自己的德行，实在更为有益。

（29）当然，想一通电话就得到珍贵信息，平日就必须先布好信息网。而且，一定要与信息网保持密切的关系。所以，对自己来说可能成为信息来源的人，平日就得寄发贺年卡、问候卡等等，以告知自己的近况，这是一项不可疏忽的工作。①要保持信息网的活动力，｜②与其时时和对方会面，倒不如采用这种书信往返的方式，大多能收到很好的效果。

（30）这一事例也提醒我们，①既然企业兼并的正效应如此多而附带的"阵痛"这般小，｜②那么与其让那些扭亏无望的企业坐吃山空，倒不如促使它们走兼并联合之路，以图共存共荣。

（31）①与其让外国拍卖行拍卖中国古董，不如我们自己到纽约、东京、巴黎、伦敦等大都市设立中国文物商店、拍卖行，适当选择一些文物去参与国际贸易，｜②以改变中国文物界"捧着金饭碗要饭"的窘境，加强文物保护的实力，还可从国外回收一些珍贵文物。

在上述各例中，例（28）、（29）中，语段①与语段②之间为"假设"关系，有标记词"如果""要"。这种假设关系表示由某种假设推出某种结论，同时重在客观地展示事物的发展。前面的假设部分表示"原因"，后面"与其 p，不如 q"句式所在的部分表示由前面原因所推出的"结论"。例（30）表示"推断"关系，有标记词"既然……那么"。这种推断关系表示由某种原因推断得出某种结论。前面用"既然"引出"原因"，后面用"那么"引出"结论（"与其 p，不如 q"句式所在的部分）"。例（31）表示"目的"关系，后面部分有标记词"以"。这种目的关系表示某种结论的得出是出于某种目的。前面"与其 p，不如 q"句式所在的部分表结论，后面"以"所引出的部分表示目的。

二　"与其 p，不如 q"句式在语篇中的语用规律

前面我们把所考察到的结果进行了分类，下面把具体的考察数据以表格的形式统计如下：

表 2 - 9　　　　　　　　"与其 p，不如 q"句式的语用情况

	因　果			转折	假设	目的	推论	总计
	因果Ⅰ式	因果Ⅱ式	因果Ⅲ式					
句　数	115	24	3	13	3	1	1	160
比例（%）	71.88	15	1.88	8.13	1.88	0.63	0.63	100

由表 2 - 9 可知，"与其 p，不如 q"句式在语篇中主要用于表"因果"关系的语义模式之中，其次是"转折"关系，而用于"假设""目的"和"推论"关系之中的情况很少。

首先，"与其 p，不如 q"句式用于"因果"关系中的情况占了绝大多数，这当中究竟蕴含着怎样的规律？第一，对于因果Ⅰ式来说，"与其 p，不如 q"句式在此类因果关系中作为"结论"置于某种"原因"之后，并且这种结论的得出基于前面的原因。整个模式展示了从原因到结论的逻辑顺序。这种"由因到果（结论）"的顺序实际上是因果关系中最为常见的，体现了人们思维的一般性规律。事实上，在一般的因果推论过程中，人们总是倾向于将原因放在前面，而后再由原因推出结论。可见，因果Ⅰ式数量较多有现实的理据。第二，对于因果Ⅱ式来说，出于特殊的语用需求，语言使用者故意将正常的"由因到果（结论）"的逻辑顺序颠倒过来，属于非常规的用法，与一般的思维顺序相背，因此此种情况使用数量不多。第三，对于因果Ⅲ式来说，这种模式最大的特点就是，"与其 p，不如 q"句式表达了"原因"。其实，从辩证思维的角度来说，在因果关系之中，此时的原因可能就是彼时的结论，同样此时的结论也可能就是将来的原因。在因果关系中，"与其 p，不如 q"句式虽然一般作为结论的部分，但并不防碍它在下一个因果关系链条中充当原因的角色，语言的这种环环相扣的模式恰恰体现了人类思维严密的逻辑性。

其次，少数"与其 p，不如 q"句式用于"转折"之中的情况又表明了什么？前面已说过，在这种转折关系的模式中，语言使用者往往有突出强调或对比的语用意图。这种情况说明，虽然"与其 p，不如 q"句式一

般用于因果关系的模式当中，但并不防碍在特定条件下对之进行灵活变通，这也是语言灵活性的体现。

最后，对于"与其 p，不如 q"句式用于"假设""目的"和"推论"关系之中的情况来说，也能找到统一的解释。其实在这几类关系中，"与其 p，不如 q"句式都是以"结论"的角色出现的，这几类关系完全可以归入"因果"关系当中。邢福义（1985）就是把"假设""目的"和"推论"都归入因果关系当中进行讨论的。

可见，从总体上看"与其 p，不如 q"句式主要用在"因果"关系的模式当中，同时，它主要作为"结论"的部分。也就是说，该句式所表达的主要是由某种原因推导出的结论。对"与其 p，不如 q"句式表达"推断"的认识与邢福义（2001）的观点相接近。邢福义（2001）对"与其"句式内部进行分析后认为，"与其"句式是一种"择优推断"句式。虽然邢先生着眼于句式的内部而我们着眼于句式的外部，但得出的结论却有一致性。这再一次说明，"与其 p，不如 q"句式确实具有"推断性"。

本章小结

本章的主要观点有以下几条：

第一，关于"与其"的词汇化。本章认为，"与其"其实是由一个跨层结构词汇化而来。"与"原本为动词，它所支配的对象是主谓结构的"其 + VP"，"其"与"VP"处于同一层次；后来"与"虚化为介词，但它介引的对象仍是主谓结构的"其 + VP"，"其"与"VP"仍处于一个层次；再后来当"与"进一步虚化为连词时，原有的句法结构被打破了，这使原本不在同一层次上的"与"同"其"组合到了一起，连词"与其"最终产生。在"与其"词汇化的过程中，句法位置的改变、"其"指代功能的弱化、韵律构词规则和语用频率等因素是促发其词汇化的主要诱因。

第二，关于"与其"句式的历时演变。大致而言，"与其"句式系统经历了先秦、汉魏、唐宋、元明清和现当代五个阶段。先秦时期，"与其"主要与"宁"组配，其次是"不如"；汉魏时期，"与其"主要与"宁""不如"组配，二者比例大致相当；唐宋时期，"与其"主要与

"不若""孰若""曷若"组配,而很少与"宁""不如"组配;元明清时期,"与其"主要与"莫若"组配,与"宁""不如"组配的情况依然较少;到了现当代阶段,"与其"则主要与"不如"组配,同时"与其"和"不如"之后还常加"说"字,"与其(说)p,不如(说)q"成为最主要的组配模式。

第三,关于"与其 p,不如 q"句式的主观化。"与其 p,不如 q"句式经历了一次较长期的主观化过程。说话人视角的调整对该句式主观化的贡献最大,其次是说话人的情感和认识。说话人的视角由"当事人视角"向"说话人视角"转换,说话人的情感主要通过"不如"前加评注性副词和"p""q"后加评说成分来实现,而说话人的认识是指该句式的表达由客观描述向主观认识转变。

第四,关于"与其 p,不如 q"句式的语义表达。作为一种取舍句式,"与其"句式的取舍主体一般为第一、三人称,第二人称的情况极少。取舍主体人称的不同选择会对"与其"句式的语义表达造成影响,主要体现在"主观性"和"行、知、言"三域两个方面。当取舍主体为第一人称时,一般情况下该句式的语义表达具有主观性的特点,并属于"知域"范畴;而在特殊情况下则具有客观性的特点,这种表达属于"行域"范畴。当取舍主体为第三人称时,该句式所表达的语义具有客观性的特点,并属于"行域"范畴。

第五,关于"与其 p,不如 q"句式的语用环境。"与其 p,不如 q"句式在语篇中主要用于表"因果"关系的语义模式之中,其次是"转折"关系,而用于"假设""目的""推论"关系之中的情况很少。另外,"与其 p,不如 q"句式主要用于"因果"关系模式中的"结论"部分,也就是说,该句式所表达的主要是由某种原因推导出的结论。可见,"与其 p,不如 q"句式确实具有"推断性"。

第三章

"宁可"句式

本章对"宁可"句式的已有研究成果进行梳理和总结，同时受构式语法理论思想的启发，我们认为"宁可"句式作为一种固定的句子格式应有自己独特的句式意义，因此，我们拟将"宁可"句式看作一个构式，并具体考察它的历时演变、语义表达以及语用环境等问题。

第一节　研究现状

所谓"宁可"句式是指由"宁、宁可、宁愿、宁肯"所标记的取舍句式，这里以"宁可"所标记的取舍句式作为代表。综观已有的研究，汉语学界对"宁可"句式的研究萌芽于元代，元代以降，一些学者在研究虚词时涉及了"宁"及其所标记的取舍句式。而真正从句式的角度研究"宁可"句式则是《马氏文通》之后的事了。《马氏文通》以来的一百多年间，学术界对"宁可"句式的关注度越来越高，研究的范围不断扩大，深度不断加深。本节将从"标记词的研究""取舍项（p，q）的研究""句式属性的归类研究""句式语法意义的研究""句式间的比较研究"和"其他角度的研究"等方面对已有研究成果进行梳理。

一　标记词的研究

首先，关于标记词词性的研究。关于"宁可"句式标记词的词性问题最早可追溯到元代。元代之后，一些学者在研究虚词时涉及了"宁"的词性问题，不过由于历史的局限，他们不可能用现代词类的眼光去分析"宁"的词性，因此本阶段关于"宁"词性的论述是很简单和朴素的。如元代卢以纬的《助语辞》和清代刘淇的《助字辨略》均引用《说文》，将"宁"解释为"愿辞"。清代与刘淇持相同观点的还有王引之的《经传释词》。袁仁林则在《虚字说》中认为"宁"本即"安宁"字，不过对"宁"是否为愿辞袁氏没有提及。① 清代以后，学术界对"宁、宁可、宁愿、宁肯"词性的处理主要有五种意见：一是"助动词说"。《马氏文通》以后，近人杨树达在《词诠》中明确指出"宁"为"助动词"，可以说杨氏是较早用现代语法学术语对"宁"的词性进行研究的学者。② 二是"副词说"。在古汉语研究方面，楚永安（1986）的《文言复式虚词》、何乐士（1985）的《古代汉语虚词通释》、中国社会科学院古汉语研究室（2002）编撰的《古代汉语虚词词典》、陈霞村（1992）的《古代汉语虚词类解》等持"副词说"。在现代汉语方面，吕叔湘（1980）主编的《现代汉语八百词》，朱景松（2007）、王自强（1998）、张斌（2005）各自所主编的《现代汉语虚词词典》，此外，张谊生（2000）、王灿龙（2003）等也持"副词说"。三是"连词说"。在古汉语研究方面，华南师范学院中文系（1982）编撰的《古代汉语虚词》、马忠（1983）、李新魁（1983）、太田辰夫（2003）等持"连词说"。在现代汉语方面，黎锦熙在20世纪20年代所著的《新著国语文法》③、刘英林（1989）主编的《汉语水平考试研究》、北京大学中文系（1996）主编的《现代汉语虚词例释》、侯学超（1998）主编的《现代汉语虚词词典》，还有周刚（2002）等也持"连词说"。四是"情态动词说"。持"情态动词说"的主要以郭志良（1999）为代表。五是"关联词语说"。如一些现代汉语教材在对"宁可"的词性进行处理时，采用笼统的做法，没有明确其词性，只简单地称其为"关联词语"，如华宏仪（1980），王维贤等（1994），黄伯荣、廖序东（2007）以及北京大学主编的《现代汉语》（1993）等。

　　其次，关于标记词"宁、宁可、宁愿、宁肯"用法的研究。在标记词"宁"的研究方面，除了一些辞书、工具书和语法教科书对"宁"进行简单的列举研究外，近些年来，周有斌（2002）、宋晖（2009）等就现代汉语中的"宁"的用法进行了探讨。周有斌（2002）指出，"宁"与"宁可"在表义方面基本一致，二者均可形成具有反驳特征的选择句，但二者在使用范围上有所差异，具体表现为两个方面：一是两者对后接词的

① 参见卢以纬（1985），袁仁林著、解惠全注（1989），刘淇（1983），王引之（1985）。
② 参见杨树达（2006）。
③ 参见黎锦熙（1992）。

音节要求不同；二是两者对后接词的词性要求不同。宋晖（2009）对"宁"作了详细讨论，该文认为，"宁"与"宁可"之所以共存是由于二者在广义语用价值上一致，但二者在狭义语用价值上具有独特性。"宁"在新闻标题和标语口号中具有独特的语用价值，"宁"的这种语用价值是"宁可"所不能代替的，因此，二者在现代汉语中和平共处是有其合理性的。在"宁可""宁愿""宁肯"三者的比较研究方面，吕叔湘（1980）所主编的《现代汉语八百词》、周有斌（2002）等均对此作了讨论。《现代汉语八百词》认为，"宁肯""宁愿"表示"用于选择的做法主要取决于人的意愿时。不是这种情况就只能用'宁可'"。这一看法，实际上是指"宁可"的用法不同于"宁愿""宁肯"，但"宁愿"和"宁肯"的用法基本一致。周有斌（2002）在《现代汉语八百词》的基础上，对以上三个标记词的用法进行了简单探讨。该文认为，三者有所分工，"宁愿"和"宁肯"主要表示显性意愿性选择，而"宁可"则主要表示隐性意愿性选择。此外，"宁愿"和"宁肯"在表达意愿这一义项时也有所不同，"愿"所有义项均跟意愿相关，而"肯"除了表意愿之外还有其他义项。

二 取舍项（p，q）的研究

在选定项和舍弃项的研究方面，学者们作了诸多有益的探讨，如何宛屏（2001）、周有斌（2002）、王彦杰（2002）、高书贵（2005）等。何宛屏（2001）指出，选定项和舍弃项在性质上都是不如意的，或者说都是"有害的"。因此，"宁可"句式的语法意义是"两害相权取其轻"。周有斌（2002）在何宛屏的基础上研究认为，在"宁可 p，也不 q"句式中，若按照客观标准，取舍项"p"和"q"的组配有四种情况："p""q"两好；"p""q"两坏；"p"好，"q"坏；"p"坏，"q"好。若按照主观标准，只有一种情况，即"p"好，"q"坏。王彦杰（2002）的研究也是建立在何宛屏的基础之上的，他指出，确定比较项（p，q）的"害"与"利"、"轻"与"重"、"得"与"失"需依据两种不同的利害观，即公众利害观和自我利害观。把公众利害观和自我利害观综合起来考虑，选择主体所选择的"选定项"（p）属于"公众利害观之害、自我利害观之利"，而"舍弃项"（q）属于"公众利害观之利、自我利害观之害"。高书贵（2005）探讨了取舍两项（p，q）的语义结构特点，该文指出，当取舍项（p，q）属于二元对立的词语时，该类取舍项只要进入

"宁可"句式，一般必须变异为四元语义对立的词语。当取舍项（p，q）属于极性语义对立词语和多元语义对立词语时，该类取舍项一旦进入"宁可"句式，那么，一部分会变异为三元语义对立的词语，一部分则会变异为四元语义对立的词语。总体而言，学术界对取舍项（p，q）的研究主要采用的是由局部到整体的研究思路，即先考察取舍项（p，q）可能出现的类型，然后再回到句式本身对其进行验证。

三　句式属性的归类研究

纵观学术界的相关研究成果，对"宁可"句式属性的归类主要有八种观点：一是选择句。在古代汉语方面，将"宁可"句式看为选择句的比较多，如马忠（1983）在《古代汉语语法》中将此类句式处理为"抉择复句"，这里的抉择复句实际上就是选择复句。杨伯峻、何乐士（2001）在《古汉语语法及其发展》中认为，"宁可"句式为取舍式的选择复句。李佐丰（2004）所著《古代汉语语法学》则指出，"宁可"句式为有倾向性的选择复句。在现代汉语方面，较早持此观点的是黎锦熙，黎氏在《新著国语文法》中认为，"宁可"句式属于"主从复句"中"比较句"的一个小类，他同时指出，该句式表"审决"。不过黎氏认为，审决很少是一对复句，常常共用一个主语，不分主从，属于选择句。可见，黎氏还是把"宁可"句式看作选择句的一个小类。[①] 后来，黎锦熙在与刘世儒（1962）合著的《汉语语法教材》中明确地将"宁可"句式归入选择复句中的"决选式"。钱乃荣（1990）认为，"宁可"句式为有定的选择复句。一些现代汉语教材，也将"宁可"句式视为选择复句的一个小类，即"先取后舍"类的选择复句，如胡裕树（1995），邵敬敏（2001），张斌（2002）和黄伯荣、廖序东（2007）等。此外，在现代汉语方面，将"宁可"句式划归选择句的还有周有斌（2002）、王小彬（2005）等。二是比较句。持此观点的学者较少，如史存直（2005）在《文言语法》中把此类句式处理为主从复句中的"比较类复句"。三是平行句。持此观点的仅周法高一人，周氏（1961）在《中国古代语法·造句编》中将"宁可"句式处理为"平行句"。四是让步句。此观点以邢福义为代表。邢福义（1985）认为，"宁可"句式为抉择性的让步句，同时

该句式属于转折类复句，并且具有选择性。邢福义（2001）虽对"宁可"句式作了进一步的研究，但依然坚持先前的看法，即把"宁可"视为让步句，同时指出，该句式除具有让步性外，还具有选择性和转折性。五是优选句。王维贤等（1994）认为，"宁可"句式属于"优选句"，属于"优取前分句，舍弃后分句"的优选句。但他同时指出，优选句也是一种特殊的选择句。可见，优选句隶属于选择句，是选择句的一个类型。六是取舍句。《汉语知识》（张志公，1980）将"宁可"句式划归到"取舍句"当中，同时指出，"取舍句"为一类与选择句相并列的复句。华宏仪（1980）、刘月华（1983）、王忠良（1991）也将"宁可"句式看成"取舍句"中的一类，同时他们也认为取舍句是与选择句相并列的一类复句。七是转折句。房玉清（1992）指出，"宁可"句式为让步性的转折复句，该文注意到了宁可句式所具有的让步性和转折性，不过更加强调其转折性，因而将"宁可"句式视为转折句。郭志良（1999）将"宁可"句式归入到转折句当中，具体讲，"宁可"句式属于"容忍性让步转折复句"。他还进一步指出，"宁可"句式作为一种"容忍性让步转折复句"又可分成"优选性"和"条件性"两类。八是得失句。持此观点的以吕叔湘为代表。吕氏（1982）在《中国文法要略》中指出，"宁可"句式与"与其"句式一样，该句式在表达上直陈事情的得失，属于"得失句"的一种。针对"得失句"的观点，张宝胜（2007）从逻辑语义的角度研究后指出，将"宁可"句式归入"选择句"和"取舍句"是不妥当的，他指出邢福义所提出的"让步句"的观点比较进步，而他更推崇吕叔湘所提出的"得失句"的观点。

四　句式语法意义的研究

学术界对"宁可"句式语法意义的看法主要有三种，一是表比较。元代卢以纬在《助语辞》中，认为"宁，《说文》：愿辞也，亦是相较而愿之之辞……"到了清代，袁仁林在《虚字说》中认为，"宁"本即"安宁"字，有正用和反用之别。正用则有"宁可"一项，乃两事相较，从中拣选，姑托舍彼而转安于此，犹俗语还是如此比较胜。以上卢、袁二氏的观点指出了"宁可"句式的"比较性"，这一认识已接近了今人的认识。卢、袁二氏的这种"比较观"被黎锦熙和吕叔湘两位所接受。吕叔湘在《中国文法要略》中认为，"宁可"句式属于表达"异同·高下"

的"得失句",可以看出吕氏实际上赞成"比较观"。后来,吕叔湘进一步明确了这种"比较"的思想,如《现代汉语八百词》认为,"宁可"句式的语法意义是"表示在比较利害得失之后选取一种做法"。黎锦熙在与刘世儒合著的《汉语语法教材》中则认为,"宁可"句式属于"决选式"中的"已决对举"类,同时该格式的特点是不用审比连词,只用"宁可"表示决心,仍对举两端,形成对举结构。这里《汉语语法教材》所提的"对举"实际上暗含"比较"的意思。① 此外,商务印书馆出版的《现代汉语词典》(2005)对"宁可"的解释也体现出"比较"的思想。二是表让步关系。这方面的认识以邢福义为代表,邢氏在《复句与关系词语》和《汉语复句研究》中曾指出,这类让步句前分句用"宁可"之类,既已表明了有所抉择,又强调了所作的抉择不是乐意为之,而是出于不得已。忍让也是一种让步。先忍让,也就意味着后面将有转折。② 三是表选择已定。此类观点则比较普遍,尤其一些比较通用的现代汉语教材都持此说,如胡裕树(1995),邵敬敏(2001),张斌(2002)和黄伯荣、廖序东(2007)等。

值得关注的是,近二三十年,学术界对"宁可"句式语法意义的探讨进一步深入,如高书贵(1989)认为,"宁可"句式是操语人在决定做一件事时,面对着三种可能性,而其中一项最可取者又不具备现实性的条件下,不得不在另外两项中作出选择时使用。高书贵的这个认识虽然针对"宁可"句式的语用条件,但换一个角度来看也可将其当作语法意义。王维贤等(1994)则从逻辑语义的角度入手探讨了"宁可"句式的语法意义。该文认为,在"宁可 p,(也)不 q"句式中,取舍两项之间是不相容的选择关系,肯定"p",就必然否定"q",肯定"q",就必然否定"p"。在这种预先设定的条件下,"宁可 p,(也)不 q"句式表示选择者优先选择"p",而否定"q"。何宛屏(2001)在对取舍两项进行分析判断的基础上,提出"宁可"句式的语法意义是"两害相权取其轻"。何氏的这一观点引起了学术界的争鸣,如周有斌(2002)在何宛屏的基础上指出,"宁可"句式的语法意义是"主观择爱性"和"反驳求异性",而

---

① 参见卢以纬(1985),袁仁林著、解惠全注(1989),吕叔湘(1982,1980),黎锦熙、刘世儒(1962)。

② 参见邢福义(1985,2001)。

并不是"两害相权取其轻"。王彦杰（2002）也在何宛屏的基础上作了进一步的研究，该文认为，在"宁可"句式中，从公众利害观和自我利害观两个不同的角度看，选择者所遵循的选择原则是截然不同的。具体来说，若从公众利害观的角度来看，选择者所遵循的是"趋害避利"的选择原则；相反，若从自我利害观的角度来看，选择者所遵循的则是"趋利避害"的选择原则。徐阳春（2002）则指出"宁可"句式兼表"选择性"和"让步性"，这一认识与邢福义（2001）的观点基本一致。王灿龙（2003）从情态义入手分析了"宁可"句式的规约含义，这种规约含义实际上就是"宁可"句式的语法意义。该文认为，"宁可"句式的规约含义是，通过对某一命题的预设评价的反常肯定或否定，来强调对另一命题的主观认定。简单地说，就是抑此（本不该抑）扬彼，或扬此（本不该扬）抑彼。张宝胜（2007）从逻辑语义的角度分析了"宁可"句式的语义特征，这种语义特征实际上指的也是"宁可"句式的语法意义。该文分析了正向评价、负向评价、肯定和否定四种要素在"宁可"句式中可能出现的分布情况，总结并概括出了"宁可"句式的语义特征。

五　句式间的比较研究

对于"宁可"句式而言，句式间的比较研究主要有两种情况：一是"宁可"句式与"与其"句式的比较；二是"宁可"句式与其他句式的比较。

首先，在"宁可"句式与"与其"句式的比较方面，学术界对此进行了较为充分的研究，具体情况可参考第二章中的相关论述，这里不再赘述。

其次，在"宁可"句式与其他句式的比较方面，"宁可（愿、肯）p，也不 q"和"宁可（愿、肯）p，也要 q"的比较研究成果最多。关于现代汉语中的"宁可（愿、肯）p，也要 q"句式，大多数学者认为它是"宁可"句式中的一种类型，同时，"宁可（愿、肯）p"与"也要 q"之间为"目的"关系。这方面的代表有吕叔湘（1980）、邢福义（2001）、何宛屏（2001）、张斌（2002）等。对"宁可（愿、肯）p，也不 q"和"宁可（愿、肯）p，也要 q"之间的差异进行论述的首推胡裕树，胡氏（1995）在《现代汉语》中认为，"宁可（愿、肯）p，也要 q"句式是取舍句式，只是表示"p"和"q"两项都要，舍弃的项隐含在句外。需要指出，这里胡氏实际上是拿"宁可（愿、肯）p，也要 q"句式与"宁可（愿、肯）p，也不 q"句式作比，因为在"宁可（愿、肯）p，也不 q"句式中，选定项和舍弃项均包含在句内。与胡裕树观点一致的还有邵敬敏（2001）等。近些年来对上述两类句式的不同进行探讨的还有周有斌（2002）等，周文在详细对比两者特点的基础上，指出了如下不同点：一是在"宁可（愿、肯）p，也不 q"句式和"宁可（愿、肯）p，也要 q"句式中，前后两分句之间的关系不同；二是舍弃项和选定项的关系不同；三是两类格式的紧缩程度不同。

除上述研究之外，孙云（1983）对"宁可"句式与即使句、无论句进行了比较分析。邢福义（2001）则对"宁可"句式与让步句、转折句作了比较分析。徐阳春（2002）将"宁可"句式与"即使"句式进行了比较，指出二者虽有密切的联系，但区别也很明显。

六　其他角度的研究

近些年来，学术界在多角度研究"宁可"句式的方面取得了一定的成绩。如有的学者从对外汉语教学的角度研究该句式，如高书贵（1989）以对外汉语教学为视角，从"宁可"句式的语义深层和该句式内涵的粗略表述两方面入手，探讨了"宁可"句式独特的语用价值，并针对对外汉语教学中如何引入该句式提出了自己的见解。杨玉玲（2000）也从对外汉语教学的角度，探讨了"宁可"句式的语用条件。该文认为，在对外汉语教学的实践当中，老师可以通过设置具体语境的方式，把学生带入真正的交际语境中，这样学生就能比较容易地掌握"宁可"句式的具体用法。崔岑岑（2008）则从语言习得的角度入手，通过问卷调查的方式，针对留学生对"宁可"句式的使用情况作了具体的偏误分析，提出了该句式的习得顺序和教学分级的建议等。有的学者从中文信息处理的角度研究"宁可"句式，如姚双云（2008）从中文信息处理的高度，运用现代统计的方法，对复句关系标记进行了搭配研究，其中就涉及了"宁可"句式的搭配问题。有的学者从历时的角度研究"宁可"句式，如王灿龙（2003）、李会荣（2009）等。王灿龙和李会荣都对"宁可"句式的历时演变作了简单描写，但对演变背后的机制没有作理论上的解释。有的学者从逻辑语义的角度研究"宁可"句式，如王维贤等（1994）从形式逻辑学和预设理论等方面对"宁可"句式的逻辑语义作了较为详细的分析，同时指出了该句式与"与其"句式的异同。周刚（2002）从预设义的角度对"宁可"句式进行了分析。王小彬（2005）对"宁可"句式和"与其"句式的预设情况进行了比较分析，指出了两种句式的异同。张宝胜（2007）则从预设评价、语境心理和综合语义值等方面对"宁可"句式的逻辑语义特征进行了深入剖析。有的学者从语义结构模式的角度研究"宁可"句式，如陈薄一（2008）对"宁可"类语气副词的语义结构模式进行了探讨，该文指出"宁可"类语气副词所处的语义结构模式中共有 ABCD 四个语义单位。还有的学者从语篇功能的角度研究"宁可"句式，如王彦杰（2002）从语义、语用和信息传递三个角度探讨了"宁可"句式在具体语篇中的否定功能。

综上所述，汉语学界对"宁可"句式的研究经历了从单纯的格式列举、到简单的格式归类、再到格式性质的判定、最后到格式的多角度研究的过程。研究的方法从单一的描写向描写与解释并重的方向迈进。研究的视角也由单一角度向多角度转变。

第二节 "宁可"的词汇化

在现代汉语中，"宁可"一般用作副词，主要用来标记取舍句式。作为取舍标记词的"宁可"其实是由"宁"和"可"词汇化而来的。纵观"宁可"的词汇化历程，我们发现，"宁可"的词汇化开始于两汉、魏晋、南北朝时期，不过当时由于"宁可"刚开始出现，所以使用频率较低，以后经过隋唐、两宋，一直到元、明、清时期"宁可"才被普遍使用，"宁可"也从此成为汉语取舍句式的重要标记之一。[①] 既然"宁可"是"宁"和"可"凝结、词汇化而来的，那么在这一词汇化过程中到底蕴含着怎样的机制？

一 "宁"和"可"凝结成词的语义及句法基础

在古汉语中，"宁"原本是一个表主观意愿的词语，《说文》认为：

---

① 关于"宁可"词汇化的具体过程参见本章第五节——"宁可"句式的历时演变，这里不加详述。

"宁，愿词也。"① 人们有了主观的愿望，就会根据一定的意愿去作相应的取舍，于是"宁"就生发出标记"取舍句"的用法。如：

（1）若绝君好，宁归死焉。（《左传·宣公十七年》）

（2）必报仇，吾宁事齐楚。（《国语·晋语三》）

（3）巨伯曰："友人有疾，不忍委之，宁以我身代友人命。"（《世说新语·德行》）

例（1）—（3）中的"宁"相当于现代汉语中的"宁愿""宁可"。以上三例中的"宁"属于独用的情况，"宁"只引出"选定项"，而"舍弃项"一般已经包含在一定的语境之中了。此外，"宁"还常与表否定的词语"不"等以及表疑问的词语"安"等组配使用。如：

（4）臣宁负王，不敢负社稷。（《汉书·霍光传》）

（5）我宁为国家鬼，不为贼将也。（《三国志·魏书·庞悳》）

（6）我宁三日不食，不能一日不猎。（《资治通鉴·唐纪·武德二年》）

（7）宁作江淮之鬼，不为金国之臣。（《齐东野语·李全》）

（8）大丈夫宁为忠鬼，安能作叛臣乎！（《周书·李贤传》）

"可"本来也是一个愿词。《说文》认为："可，肯也。"段玉裁注："可、肯双声。"《说文通训定声》："可、肯、堪，一声之转。《后汉书·皇甫规传》注：'可，犹宜也。'""可"本义为"肯"，有"许可""同意""合宜"等意思。又声转为"堪"，有"能"的意思。② 在句法上，表达主观意愿意义的"可"一般用作助动词，少数用作副词，同时此类"可"一般用于动词之前（状语）的位置。如：

（9）求也为之，比及三年，可使足民。（《论语·先进》）

（10）形固可使如槁木，而心固可使如死灰乎？（《庄子·内篇·

---

① 参见藏克和、王平校订（2002）。

② 参见中国社会科学院语言研究所古汉语研究室（2002）《古代汉语虚词词典》。

齐物论》)

（11）臣头可得，玺不可得也。（《汉书·霍光传》）

（12）黄金可成，而河决可塞，不死之药可得，仙人可致也。（《史记·封禅书》）

以上例子中的"可"为助动词的用法。下面再举"可"用作副词的例子。如：

（13）及平长，可娶妻，富人莫肯与者。（《史记·陈丞相世家》）

（14）冶容不足咏，春游良可叹！（《陆机集·日出东南隅行》）

（15）可痛哭者，此病是也。（《汉书·贾谊传》）

由上可知，"宁"与"可"同属表主观意愿的词语，二者在意义上有接近之处，这就为二者凝结成词奠定了意义基础。此外，二者的句法位置也基本一致，即"宁"与"可"一般都位于动词之前（状语）的位置。相同的句法位置也是"宁可"词汇化的关键，因为只有具备这个条件，"宁"与"可"才有可能在线性顺序上相连。

董秀芳（2002）在"距离相似原则"的基础上指出："两个并列项在语义上相似的并列短语比并列项在意义上相对或相反的一类更容易成词。"就"宁可"的词汇化而言，当"宁"与"可"同处于动词之前（状语）的位置时，二者在客观上构成了同义并列短语，随着语用频率的增高，词汇化的发生不可避免。

二　"宁"和"可"凝结成词的韵律、语频因素

石毓智（2001）指出，5—12世纪是双音化趋势发展的最为关键的时期。冯胜利（2000）认为，汉语中的双音节音步的形成有一个历史过程，它的建立大约在汉代。从上述两位先生对"双音化"发展期的推断，可以看出两汉、魏晋、南北朝的确是"双音化"发展的关键期。从"宁可"词汇化的历程来看，它的词汇化也正好开始于这个时期，这说明"宁可"的词汇化符合时代要求，是大势所趋。当然，"宁可"若要词汇化还需符合一些韵律成词的条件。

第一，冯胜利（1997）认为，汉语韵律词至少是一个音步，同时最基本的音步是两个音节。由于"宁"和"可"组成的短语内部只有两个并列项，因此二者所组成的短语符合韵律成词的形式条件。

第二，冯胜利（2000）认为，"音步"分为"自然音步"与"非自然音步"。同时，"自然音步"的实现方向只能是由左向右，即："右向音步"。由于"宁可"经常处于分句的句首位置，所以符合自然音步"由左向右"的实现方向，"宁可"最终黏合成词顺乎自然。

除以上韵律因素之外，语用频率恐怕也是"宁可"成词的一个关键因素。邹韶华（2001）指出，语用频率效应是指因词语及句式在语用中出现次数的多寡而对语言的意义、结构等产生的不同影响。作为取舍标记词的"宁可"从产生到有限使用再到高频使用，其间经历了一个较长的历史过程，在这一过程中"高频使用"对"宁可"的固化以及该词的词汇地位都产生了很大的影响。

三　"宁"和"可"凝结成词的具体方式

在符合以上诸多词汇化的条件之后，在具体词汇化的方式上，"宁可"的词汇化是以词内成分"可"的"语义磨损"为条件。"可"的"语义磨损"与"可""宁"的语法功能密切相关。从例（1）—（15）中可知，"宁"和"可"均用于动词之前（状语）的位置，二者都对后面的动词起修饰限制的作用，然而，"可"只对后面的动词起修饰限制的作用，在语法功能上具有"单一性"。而"宁"除了修饰限制动词之外，还起关联两个取舍分句的作用，在语法功能上具有"双重性"。如：

（16）明白可明白了，我宁可输了都使得，实在不能跟着你……（《儿女英雄传》三三回）

（17）再偶然一个抓不着，他便高飘远举，宁可老死空山，再不飞回来重受那鹰师的喂养。（《儿女英雄传》十六回）

（18）我安骥宁可负了姑娘作个无义人，绝不敢背了父母作个不孝子！（《儿女英雄传》九回）

例（16）—（18）中的"可"只修饰限制后面的动词，即"输了""老死""负了"；而"宁"除了修饰限制以上动词之外，还起关联取舍分句——"宁可"分句和另一个分句的作用。

在语法功能上，由于"宁"具有"双重性"而"可"只具有"单一性"，所以"宁"比"可"更为重要。在"宁"和"可"融合的过程中，语法功能相对不重要的"可"更易受损并向相对重要的"宁"靠拢，融合的结局是，"可"在语义受到很大磨损的前提下，它最终与"宁"凝结为一体，成为一个取舍标记词。

当然，"宁可"的结合不只以牺牲"可"的语义自足为前提，伴随着"宁可"结合成词的进程，词内成分"可"也逐渐发生了"虚化"。解惠全（1987）认为，状语和补语的位置容易虚化。他还认为，实词的虚化是以句法地位的固定为途径的。在古汉语中，"可"原本主要用作助动词，少数用作副词，在句法功能上除了用于动词之前（状语）的位置外，还能用于别的句法位置。但在"可"与"宁"融合的过程中，由于"可"经常用于动词之前（状语）的位置，所以它的句法位置开始固定化，这就为其虚化奠定了基础，它发生虚化将在所难免。随着语用频率的增高，"可"的虚化程度会越来越高，最后虚化成一个类似词缀的后附性成分。

沈家煊（1994）认为语法格的各种表现形式可以排列成一个等级，语法化程度越高就越倾向采用形尾和零形式：

词汇形式（＞副词）＞介词＞词缀/形尾＞零形式

周刚（2002）认为，从南北朝开始助动词"可"逐渐虚化，到唐五代转变为一个构词成分，作为后缀与"宁"黏合为一个连词。这说明唐五代以后"可"的虚化程度已经较高。

不过，"可"的虚化程度虽然较高，但其虚化过程并未彻底完成。"可"虚化未彻底的一个有力证据是，"可"在"宁可"中仍然残存少量语义。试仔细体会以下一组例子的语义差异。如：

(19) 第一天上班的时候，宁可穿得过于正式，也不要穿得过于随便。

(20) 第一天上班的时候，宁愿穿得过于正式，也不要穿得过于随便。

（21）第一天上班的时候，宁肯穿得过于正式，也不要穿得过于随便。

例（19）—（21）之间的细微差异还是能察觉到的，这说明在"宁可""宁愿""宁肯"三个近义词中，"可""愿""肯"三者的语义并未完全磨损，它们仍残留少许语义。

第三节 "宁可 q"句式

所谓"宁可 q"句式，是指只用标记词"宁可""宁愿""宁肯""宁"引出"选定项"，而"舍弃项"未与"选定项"共现于同一句式的取舍句。在元、明、清之前，该类句式主要的标记词为"宁"，所形成的句式为"宁 q"句式。① 在"宁可"句式的发展史上，"宁可 q"句式从先秦开始到现、当代一直占有相当的比例，成为"宁可"句式中的重要类型。表 3-1 为各个时期"宁可 q"句式在"宁可"句式总量中所占比例的统计表。②

表 3-1　　　　历代"宁可 q"句式与"宁可"句式总量比较

	先秦	两汉、魏晋、南北朝	隋唐、两宋	元明清
"宁可"句式	42	53	61	121
"宁可 q"句式	14	17	43	57
百分比（%）	33.33	32.08	70.49	47.11

注：表中的百分比精确到小数点后两位。

由表 3-1 可知，从先秦开始"宁可 q"句式的使用有逐步增多的趋势，隋唐、两宋时期使用比例高达 70.49%，元明清后虽有所降低，但其仍是"宁可"句式中重要的一个类型。那么，到了现当代情况又是怎样呢？虽然没有进行封闭的统计，但从北京大学中国语言学研究中心现代汉语语料库的大致统计中，我们发现，在现当代汉语中，"宁可 q"句式依然高频使用。如：

---

① 参见本章相关论述及例句。
② 表中数字源于本章第五节中的统计数据。

（1）资金、材料不够，<u>宁可</u>压缩地方上的项目，特别是一般性的加工工业项目。

（2）严格把关，万无一失，<u>宁可</u>把问题困难估计大<u>一些</u>多<u>一些</u>，这样才能争取主动，立于不败之地。

（3）尽管我们十分需要金钱来资助我们的圣战，我们还是<u>宁愿</u>为我们的姐妹和我们的国家报仇。

（4）但是他看到天下乱纷纷，当地的刘表也不是能用人才的人，所以他<u>宁愿</u>隐居在隆中，过着他恬淡的生活。

（5）办学校的干部要精选，凡是适合办学校的干部，<u>宁肯</u>从现有工作岗位上调出来。

（6）对《劳动法》实施中的困难不可低估，<u>宁肯</u>想得难一点，想得早一点。

上文已谈及，"宁可 q"句式的特点是，"宁可""宁愿""宁肯"和"宁"单独引出"选定项"，其"舍弃项"未与"选定项"共现于同一句式之中。那么，"舍弃项"究竟隐藏在何处？考察发现，其实，"舍弃项"是以某种方式包含在一定的语境之中了。具体有以下三种包含方式：

一是"明示"（manifestation），即舍弃项以显性的方式存在于一定的语境之中。此类舍弃项一般明示于"宁可 q"句式之前的语境中，具体有以下三种情况（画线部分为"舍弃项"）：

1. "否定词＋舍弃项"构成的短语或句子被明示于"宁可 q"句式之前的语境中。如：

（7）认真查实每一个震情报告，<u>不惊扰群众的生活</u>，<u>不干扰中央的工作</u>，<u>宁可</u>自己少休息。

（8）陈毅有专车，她也从<u>不坐</u>，<u>宁可</u>腆着大肚子每天挤着公共汽车上下班。

（9）他的确是在生气，气自己没用，至今仍找不出那些伤害娃娃的人，气自己没有当场保护她，气自己让她受到这么多折磨。但他暂且压下心中的那股怒焰，挤出微笑。"娃娃，我送你回房，好不好？""不好！"她拒绝："我<u>不要回去又做恶梦了</u>。我<u>宁可</u>待在这里。"此时此刻，她就像是个任性的孩子。

2. 一些具有否定色彩的词语如"放弃""拒绝"和"反对"等后带舍弃项，然后置于"宁可 q"句式之前的语境中。如：

（10）为了促成中国的统一，张学良放弃了<u>做"东北王"</u>的机会，<u>宁可</u>做国民革命军中第二把手的副司令。

（11）爱国诗人谢枋得，坚决不屈服于元朝的统治，拒绝<u>出任元朝官员</u>，<u>宁可</u>绝食而死。

（12）他们强烈反对<u>接受美国等西方国家的经济援助</u>，<u>宁可</u>承受巨大灾难带来的痛苦。

3. 舍弃项由一些关联词语引出后，紧接着从反面对舍弃项的不合理性作出推论或说明，最后从正面引出"宁可 q"句式。如：

（13）假如<u>太往西</u>，就出不了树林，我<u>宁可</u>偏向南走。

（14）因为<u>吃苹果</u>对我有害，所以我<u>宁可</u>不吃。

（15）孔融的答案是：倘若<u>给父亲</u>是不好的，<u>宁可</u>给别人。

在例（7）—（15）中，舍弃项直接显现于前文语境，舍弃项与选定项之间构成"正反对立"的关系，说写者在肯定选定项的同时，必然会对舍弃项加以否定。基于这个原因，说写者往往将此类舍弃项置于一个特殊的语用环境——"表否定意义的语言框架"之中。如例（7）—（9）中的舍弃项均处于否定副词的后面；例（10）—（12）中的舍弃项都置于表否定意义的词语（"放弃""拒绝""反对"）之后；而例（13）—（15）中的舍弃项则处于一个否定性的推论或说明之中。

二是"蕴含"（entailment），即舍弃项虽未显现，但可以间接从一定的语境中推导出来。如：

（16）<u>只嫌轿子走得不爽</u>，<u>宁可</u>下了轿子自己走。

（17）<u>女人有一种较男人优越的常识</u>，因此在任何意外发生的时候，我总是<u>宁可</u>信赖女人的判断。

（18）为满足农民对化肥、农药的需要，他们千方百计组织货源，<u>宁可</u>高价进、低价出，每年仅化肥一项就向农民让利 10 万元。

（19）从岳父家回来，梅子的心情很好。她咕咕哝哝："你知道我爸多么喜欢你吗？他想你，只是不说……"这显然是不实之词。她故意说父亲而不说母亲——岳母才真是爱护和关心我。我宁可相信梅子所有良好的品性都是从母亲那儿继承的。

在以上四例中，舍弃项虽未显现，但听读者可依据画线部分所提供的信息将其推导出来，即"坐轿子""信赖男人的判断""低价进、高价出"和"相信梅子所有良好的品性都是从父亲那儿继承的"。

对于舍弃项被"蕴含"的"宁可 q"句式来说，由于舍弃项可以通过语境提示语间接推导出来并加以确认，因此，在舍弃项的处理上，说写者往往通过设置语境提示语的方式，"间接"将舍弃项提供给听读者。

三是"隐含"（implication），即舍弃项未加显现，同时舍弃项也不能从语境中间接推导出来，它的存在只能从语句的含义以及整个语境提供的信息中加以"意会"。如：

（20）负责的矿工怕丢失，宁可在矿车上睡一夜，第二天交给供应科。

（21）……不愿意原谅的过去，难怪街上往来的人越来越阴晴不定，怕湿的人都宁可带伞出门。

（22）对于年轻人的爱情，我宁可保持十分的怀疑态度。

在以上三例中，舍弃项很难从语境所提供的信息中加以确认，也就是说舍弃项会出现多种可能。如例（20）中的舍弃项既可理解为"回家睡一夜"，也可理解为"回宿舍睡一夜"，甚至还可理解成"去宾馆睡一夜"等。其他两例也可照此类推。

对于舍弃项被"隐含"的"宁可 q"句式来说，舍弃项无法通过语境提示语推导出来，也不能从语境所提供的信息中加以确认，听读者只能根据语句的含义以及整个语境提供的信息加以意会。因此，对于该类舍弃项的处理，说写者往往通过隐晦的方式，将舍弃项留给听读者去意会。

上文对"宁可 q"句式的基本类型作了简单介绍，那么使用这种句式到底有何语用目的呢？要回答这个问题，需要与"宁可 q，也不 p"句式作比较。我们认为，说写者之所以选择这种"宁可 q"句式有其特殊的语用目的。具体来说，在"宁可 q，也不 p"句式中，"p"和"q"相对而存在，对比性强烈，属于"显性对比焦点"。① 同时，"宁可"总是表示"忍让"，在忍让基础上作出的选择，往往有更强烈的主观目的。对"宁可 q，也不 p"句式而言，对"q"的择取，目的在于强化对"p"的否定。从这个层面上说，"宁可 q，也不 p"句式重在凸显对"p"的否定。试体会以下用例，如：

（23）我宁可选择风险，也不愿断送欧盟的前途。

（24）他给自己立下一"天条"："宁可不出产品，决不让劣质品坑害用户"。

（25）一些理工科专业的学生，宁可改行去搞别的，也不愿从事艰苦的科技工作。

既然对"p"的否定是"宁可 q，也不 p"句式凸显的焦点，那么，对于"宁可 q"句式而言，句子凸显的焦点将会发生怎样的转移？另外，在"宁可 q，也不 p"句式中，取舍两项对比性十分强烈，那么，对于"宁可 q"句式来说，这种对比性在强弱上将会发生怎样的变化？

1. 对于舍弃项被"明示"的"宁可 q"句式，"p"一般明示于前文语境之中，"p"和"q"相对而存在，对比性较强，取舍两项同样属于"显性对比焦点"。但"p"的移动使句子的表达重心发生了转移，即"p"的前移使"q"处于"宁可"句式的末端，成为凸显的焦点，与此同时，对"p"否定的关注开始降低。试体会以下用例，如：

（26）方鸿渐赌术极幼稚，身边带钱又不多，不愿参加，宁可陪张小姐闲谈。

（27）徽州的弹药库千万不要落到他们的手里，必要时，宁肯自己炸掉。

（28）我决不是跟你通电话，我最恨朋友间通电话，宁可写信。

2. 对于舍弃项被"蕴含"的"宁可 q"句式，由于舍弃项被蕴含于

---

① 参见徐烈炯、刘丹青（1998）。

一定的语境当中,因此,"q"和"p"虽相对而存在,但属于"隐性对比焦点"。[1] 由于"p"以隐性的方式存在,因此,"p"与"q"之间的对比性有所减弱。同时,"p"以隐性的方式存在进一步降低了人们对其否定的关注。随着"q"与"p"之间对比性的减弱和对"p"否定关注的进一步降低,处于"宁可"之后的"q"得到进一步的凸显。试体会以下用例,如:

(29)他10岁的儿子为了躲避鼾声,竟<u>宁可</u>跑到旅馆的楼厅外去睡觉。

(30)下半生若找不到这样一位姑娘,<u>宁可</u>厮守独身。

(31)面对着价格惊人的发廊、美容美发厅,好多人<u>宁可</u>选择马路理发摊。

例(29)—(31)中的舍弃项可从具体语境所提供的信息中推导出来,即"在旅馆的房间里睡觉""找个姑娘结婚"和"选择发廊、美容美发厅"。

3. 对于舍弃项被"隐含"的"宁可 q"句式,由于舍弃项被隐含于一定的语境当中,因此,"q"和"p"虽相对而存在,但也属于"隐性对比焦点"。由于舍弃项被隐含且难以确认,因此,"q"与"p"之间的对比性更加弱化。同时,"p"以隐性的方式存在并且难以确认更加降低了人们对其否定的关注。随着"q"与"p"之间对比性的进一步减弱和对"p"否定关注的更进一步降低,处于"宁可"之后的"q"得到更进一步的凸显。试体会以下用例,如:

(32)因为台湾人怕事、自私,只要不杀到他床上去,他<u>宁可</u>闭着眼假寐。

(33)为了她的幸福,我<u>宁可</u>每个星期六受罚。

(34)虽然有诸多的困难摆在眼前,但他<u>宁可</u>下海经商、去办工厂。

---

[1] 参见徐烈炯、刘丹青(1998)。

例（32）—（34）中的舍弃项很难从具体语境所提供的信息中推导出来，只能加以意会。

上述分析可归纳成以下几条规律：

1. 从"p"与"q"对比性的强弱来看，"宁可 q，也不 p"句式最强，舍弃项被"明示"的"宁可 q"句式次之，舍弃项被"蕴含"的"宁可 q"句式再次之，而舍弃项被"隐含"的"宁可 q"句式最弱。

2. 从对"p"否定的关注度来看，"宁可 q，也不 p"句式最强，舍弃项被"明示"的"宁可 q"句式次之，舍弃项被"蕴含"的"宁可 q"句式再次之，而舍弃项被"隐含"的"宁可 q"句式最弱。

3. 从对"q"的凸显程度来看，舍弃项被"隐含"的"宁可 q"句式最强，舍弃项被"蕴含"的"宁可 q"句式次之，舍弃项被"明示"的"宁可 q"句式再次之，而"宁可 q，也不 p"句式最弱。

可见，对于"宁可 q"句式和"宁可 q，也不 p"句式来说，"p"与"q"之间对比性的强弱与对"p"否定的关注度成"正比"，与对"q"的凸显程度成"反比"。

第四节 "宁可 q，也要 a"句式①

关于"宁可 q，也要 a"句式②，何宛屏（2001）认为，"宁可 q，也要 a"句式是现代汉语中新出现的格式，这种说法符合汉语实际。我们对北京大学中国语言学研究中心古汉语语料库作了一次检索，结果只在《红楼梦·九回》中检索到一个用例，即前文中的例子。再如：

(1) 虽说是奋志要强，那工课宁可少些，一则贪多嚼不烂，二则身子也要保重。

在例（1）中，"宁可 q"分句与"也要 a"分句之间隔有别的分句——"一则贪多嚼不烂"。这说明"宁可 q"与"也要 a"之间的结合尚不甚紧

---

① 此句式中的"q"表选定项，"a"表目的项，下文同。

② 这里的"宁可 q，也要 a"句式也适用于"宁愿""宁肯"，故文中举例不避"宁愿""宁肯"。

密，还属初始阶段。可以预测，伴随着语言的发展，"宁可 q"与"也要a"之间的结合会日渐紧密。这个预测也获得了语料的支持，在对北京大学中国语言学研究中心现代汉语语料库进行检索后，我们发现，"宁可 q"与"也要 a"之间已经不再隔有别的分句，检索结果无一例外。可见，"宁可 q，也要 a"句式是一种新兴的格式，它最早应该出现于明清时期，到现代汉语阶段才被普遍使用。

由于"宁可 q，也要 a"句式是现代汉语中才得以广泛使用的新格式，所以一些学者对此格式持不同看法，如吕叔湘（1980）、胡裕树（1995）、何宛屏（2001）、邢福义（2001）、周有斌（2002）等。不过，学术界虽对"宁可 q，也要 a"句式的看法存在分歧，但多数学者认为该句式为取舍句式，同时认为，在"宁可 q，也要 a"句式中，后一分句表示选取这一行为的目的。

我们认为，"宁可 q，也要 a"句式并非取舍句式。从逻辑上看，在"宁可 q，也要 a"句式中，"宁可 q"与"也要 a"之间并非"取舍"关系，而是"目的"关系，就此点来看将该句式定性为取舍句是不妥的。此外，邢福义（2001）和何宛屏（2001）都曾把"宁可 q，也要 a"句式中的"也要 a"分句当作一个双重否定形式来处理。此观点似乎能解释"宁可 q，也要 a"句式作为取舍句式的合理性，然而事实并非如此。如：

（2）为了滋补他，我<u>宁愿</u>自己平时吃饭再节省一些，<u>也要</u>尽量把星期日全天的野餐准备得丰富可口。

（3）她<u>宁肯</u>自己挨饿，<u>也要</u>把公有的几升米匀给贫苦的农友。

按邢氏的看法，例（2）、（3）可作如下同义转换：

（2）→? 为了滋补他，我<u>宁愿</u>自己平时吃饭再节省一些，<u>不能不</u>尽量把星期日全天的野餐准备得丰富可口。

（3）→? 她<u>宁肯</u>自己挨饿，<u>不能不</u>把公有的几升米匀给贫苦的农友。

我们姑且不论转换能否成立，即使转换成立，转换前后句子所表达的意义也是有差异的。Goldberg（1995）认为，"构式"为形式和意义的匹配体，每一个构式都有自己的构式义，按照 Goldberg 的看法，以上句子转换前后应分属两种不同的构式，表达的意义自然有别。因此，将"也要a"分句当作双重否定形式来处理也不太妥当。那么，"宁可 q，也要 a"句式到底如何定性呢？

研究发现，"宁可 q，也要 a"句式其实是由表"择取义"的分句"宁可 q"和表"目的义"的分句"也要 a"整合而成的。这种整合过程大致为"宁可 q"分句和"也要 a"分句在表"目的义"的逻辑语义框架中相互结合，随着语用频率的增高，这种结合最后被固化，并最终被整合为"宁可 q，也要 a"句式。同时，在这个表"目的义"的逻辑语义框架中，"也要 a"为偏句表目的，"宁可 q"为正句指为了达到该目的（a）而选定的一种行为，"宁可 q"有时也可看作"目的（a）"所导致的一种结果。如：

（4）我们要舍得花一点钱，宁可在别的地方省一点，也要为宣传思想工作提供必需的物质保障。

（5）有的地方宁可收购站贴一点，也要确保丝厂不停工，因此不惜代价保资源。

（6）宁可在职工收入福利上压一点，也要把技术改造搞上去。

（7）为了明天的走俏，他宁可不赚钱或少赚钱，也要为一些讲信誉的厂家生产急需的高精度钢材。

（8）宁可蒙受财政上的暂时损失，也要使温州经济发展步入正轨。

（9）他老先生便要挺身而出，宁可被世人骂作卖国贼或投降派，也要恳请一部分读书人静守书斋……

例（4）—（6）中，"宁可 q"分句（画线部分）指为达到某种目的而采取的一种行为，而例（7）—（9）中，"宁可 q"分句（画线部分）指因某种目的而导致的一种结果。

上述"宁可 q"分句与"也要 a"分句之间的关系可图示如下：（"∨"表示"或者"）

$$q（行为）\lor（结果）\xleftarrow{\text{导 致}} a（目的）$$

另外，表"择取义"的分句"宁可 q"不单"嵌套"于表"目的义"的逻辑语义框架中，它还能"嵌套"于别的逻辑语义框架中，只不过当它"嵌套"于别的逻辑语义框架中没有形成固定的句式而已。如：

(10) 我最恨同学朋友间通电话，｜宁可写信。

(11) 不合格的产品，｜宁可倒掉。

(12) 很多顾客宁可多跑路辛苦些，｜也情愿到"三联"来购货。

(13) 要么就讲真话实话，｜要么宁可沉默无语。

(14) 我一定要把这件事情做完，｜宁可挨骂。

在以上五例中，竖线"｜"两侧分句间的逻辑语义关系分别为"因果""假设""转折""选择"和"让步"。可见，表"择取义"的"宁可 q"分句可嵌套于各种逻辑语义的框架中。

那么，为什么表"择取义"的分句"宁可 q"嵌套于表"目的义"的逻辑语义框架中后能形成"宁可 q，也要 a"句式，而它"嵌套"于别的逻辑语义框架之中却没有形成固定的句式呢？

其实，这主要与嵌套的频率有关。在语言发展史上，一种新的语法格式的产生，有一条重要的原因就是使用频率的增高。"宁可 q，也要 a"句式在形成的过程中，"频率原则"起到了至关重要的作用。

我们用随机的方式，在剔除"宁可 q，（也）不 p"句式后，在北京大学中国语言学研究中心现代汉语语料库中，对符合以上各种"宁可 q"嵌套情况的前 150 个句子进行了调查统计，结果如表 3 - 2 所示：

表 3 - 2   "宁可 q"嵌套情况统计

	目的		因果	转折	假设	选择	让步	总计
	也要	其他	42	20	10	2	3	150
句数	64	9						
百分比（%）	48.67		28	13.33	6.67	1.33	2	100

注：百分比精确到小数点后两位。

由表 3 - 2 可知，"宁可 q"嵌套于表"目的义"的逻辑语义框架中的情况最多，在此其中"宁可 q"主要与"也要 a"结合（64 例），此外还有极少数别的情况（9 例）。如：

（15）该出版社表示，为了推动学术的发展，｜<u>宁可牺牲眼前的</u><u>经济效益</u>。

（16）为圆满完成上级交给的各项任务，｜<u>他们宁可多吃点儿</u><u>苦头</u>。

例（15）、（16）中，"宁可 q" 所嵌套的逻辑语义框架为 "为了（为）a，宁可 q"，该框架也表达 "目的" 的逻辑语义关系，只不过这两类句式使用频率不太高，它们还未完全固化。

综上所述，在 "宁可 q" 所能嵌套的不同类型的逻辑语义框架中，由于 "宁可 q" 与 "也要 a" 结合的频率最高，因此这种组配模式逐渐成为一种固定的句式。

第五节　"宁可" 句式的历时演变

古今汉语的事实表明，"宁可""宁愿""宁肯" 和 "宁" 所标记的取舍句虽有细微差异但用法基本一致。考察发现，"宁可" 句式系统的发展，大致经历以下几个时期：第一，先秦时期，在这个阶段 "宁可""宁愿" 和 "宁肯" 尚未产生，标记 "宁可" 句式的任务完全由 "宁" 来承担。第二，两汉、魏晋、南北朝时期，在这个阶段 "宁可" 句式基本上仍由 "宁" 来标记，不过 "宁" 与 "可"、"愿""肯" 开始结合成词并能标记 "宁可" 句。第三，隋唐、两宋时期，在这个阶段 "宁可""宁愿" 和 "宁肯" 的使用频率虽有所提高，但仍远低于 "宁"，标记 "宁可" 句式的任务主要还由 "宁" 来承担。第四，元明清时期，在这个阶段，"宁可" 的使用频率迅速提升，并取代了 "宁" 的优势地位，不过，"宁愿" 和 "宁肯" 的使用仍然十分有限。第五，现当代，在这个阶段 "宁可" 得到了普遍使用，"宁愿" 的使用频率也迅速提升，甚至与 "宁可" 旗鼓相当，"宁肯" 的使用也日趋增多。与此同时，"宁" 的使用频率却大幅下降并被 "宁可""宁愿" 和 "宁肯" 所超越。

一　先秦时期

在先秦汉语中，"宁可" 句式的标记任务完全由 "宁" 来完成，"宁可""宁愿"和"宁肯"还未产生。"宁"常见的用法有四种：

一是"宁"常常与表否定的词语"非""无""不"和"蔑"等组配使用，"宁"引出"选定项"（记作"q"），而"非""无""不"和"蔑"等表否定的词语引出"舍弃项"（记作"p"），这种句式可简化记为："宁 q，（非、无、不、蔑等）p"。如：

(1) 无畏！宁尔也，非敌百姓也。（《孟子·尽心下》）

(2) 臣闻鄙语曰："宁为鸡口，无为牛后。"（《战国策·韩一》）

(3) 臣宁伏受重诛而死，不忍为辱军之将。（《战国策·中山》）

(4) 宁事齐、楚，有亡而已，蔑从晋矣。（《左传·成公十六年》）

二是"宁"常常与表疑问的词语"安""何"和"孰"等组配使用，"宁"引出"选定项"（记作"q"），而"安""何"和"孰"等表疑问的词语引出"舍弃项"（记作"p"），这种句式可简化记为："宁 q，（安、何、孰等）p"。如：

(5) 宁赴湘流，葬於江鱼之腹中。安能以皓皓之白，而蒙世俗之尘埃乎！（《楚辞·渔父》）

(6) 宁隐闵而寿考兮，何变易之可为。（《楚辞·九章》）

(7) 宁幽隐以远祸兮，孰侵辱之可为。（《楚辞·哀时命》）

三是"宁"与"与其"（"与"）一起来组配，"宁"引出"选定项"（记作"q"），而"与其"（"与"）引出"舍弃项"（记作"p"），这种句式可简化记为："（与其、与）p，宁 q"。如：

(8) 妇人见之，请于父母，曰'与为人妻宁为夫子妾'者，十数而未止也。（《庄子·内篇·德充符》）

(9) 奢则不孙，俭则固。与其不孙也，宁固。（《论语·述而》）

(10) 与其无义而有名兮，宁穷处而守高。（《楚辞·九辩》）

四是"宁"单独使用，不与其他词语组配，"宁"引出"选定项"

（记作"q"），而该类取舍句式的"舍弃项"（记作"p"）已经包含在一定的语境之中。这种句式可简化记为："宁 q"。如：

　　　（11）宁浮沅而驰骋兮，下江湘以遭回。（《楚辞·九叹》）
　　　（12）宁与黄鹄比翼乎？将与鸡鹜争食乎？（《楚辞·卜居》）
　　　（13）宁诛锄草茅，以力耕乎？（《楚辞·卜居》）

　　本节共考察了《尚书》《左传》《战国策》《庄子》《论语》《孟子》和《楚辞》七部文献，"宁"的使用情况如表3-3所示：

表3-3　　　　　　　　先秦阶段"宁"与其他词语组配情况

文献 ＼ 句式	宁 q， （非、无、不、蔑）p	宁 q， （安、何、孰）p	（与其、与） p，宁 q	宁 q
《尚书》	1	0	1	0
《左传》	3	0	5	2
《战国策》	3	0	1	0
《庄子》	0	0	1	0
《论语》	0	0	5	0
《孟子》	1	0	0	0
《楚辞》	2	4	1	12
合计	10	4	14	14

　　由表3-3可知，在先秦时期，"（与其、与）p，宁 q"句式、"宁 q"句式、"宁 q，（非、无、不、蔑等）p"句式都是"宁"标取舍句式最常见的形式，而"宁 q，（安、何、孰等）p"句式的使用频率较低。以上几种句式的使用频率按照由高到低的顺序可排列为：

　　　"（与其、与）p，宁 q"句式/"宁 q"句式 >"宁 q，（非、无、不、蔑等）p"句式 >"宁 q，（安、何、孰等）p"句式

二　汉魏时期

　　本阶段，"宁可"句式的标记任务基本上还由"宁"来承担，不过，"宁可""宁愿"和"宁肯"已开始词汇化。"宁"的用法仍然有四种：
　　一是"宁 q，（无、不、毋等）p"句式。本时期，这种句式的使用频率仍然较高。如：

（14）我宁游戏污渎之中自快，无为有国者所羁，终身不仕，以快吾志焉。（《史记·老子韩非列传》）

（15）故曰"宁爵毋刀"，言其能使豪奴自饶而尽其力。（《史记·货殖列传》）

（16）东方为之语曰："宁逢赤眉，不逢太师！太师尚可，更始杀我！"（《汉书·王莽传》）

二是"宁q，（安、何、岂等）p"句式。如：

（17）宁赴常流而葬乎江鱼腹中耳，又安能以皓皓之白而蒙世俗之温蠖乎！（《史记·屈原贾生列传》）

（18）宁使纲漏吞舟，何缘采听风闻，以为察察之政？（《世说新语·规箴》）

（19）宁为大王所怨疾，岂敢忘尊主之威，而令诏敕不行於藩臣邪？（《三国志·吴书·吴主五子》）

三是"（与其、与）p，宁q"句式。本时期，这种句式的使用频率大大降低。如：

（20）与不幸而过，宁过而赏淫人，无过而刑君子……（《说苑·善说》）

（21）如或邂逅，亏损非小，与其获罪，琮宁以身受之，不敢徼功以负国也。（《三国志·吴书·全琮》）

（22）诛赏之慎焉，故与其杀不辜也，宁失於有罪也。（《新书·大政上》）

四是"宁q"句式。本时期，这种句式的使用频率依然较高。如：

（23）屈原曰："世皆醉，我独醒；世皆瘘，我独清。吾独闻之，新浴者必振衣，新沐者必弹冠。又恶能以其冷冷，更世事之嘿嘿者哉？吾宁投渊而死。"（《新序·节士》）

（24）公曰："民死，将谁君乎？宁独死耳。"（《新序·节士》）

（25）凶事上右，随前以举，项衡以下，<u>宁</u>速无迟，背项之状如屋之氐。（《新书》卷六）

本节共考察了《史记》《汉书》《新书》《新序》《说苑》《论衡》《汉乐府诗选》《陶渊明集》《洛阳伽蓝记》《水经注》《世说新语》《搜神记》《三国志》和《西京杂记》14 部文献，"宁"的使用情况如表 3 - 4 所示：

表 3 - 4　　　　　　　　　汉魏阶段"宁"与其他词语组配情况

句式 文献	宁 q，（无、不、毋）p	宁 q，（安、何、岂）p	（与其、与）p，宁 q	宁 q
《史记》	3	1	2	4
《汉书》	3	1	1	2
《新书》	1	0	1	1
《新序》	1	0	0	2
《说苑》	1	0	2	0
《论衡》	0	0	0	1
《汉乐府诗选》	0	0	0	0
《陶渊明集》	1	0	0	0
《洛阳伽蓝记》	3	0	0	0
《水经注》	1	0	0	1
《世说新语》	1	1	0	2
《搜神记》	0	0	0	1
《三国志》	9	1	1	3
《西京杂记》	1	0	0	0
合计	25	4	7	17

由表 3 - 4 可知，在两汉、魏晋、南北朝时期，"宁 q，（无、不、毋等）p"句式和"宁 q"句式是"宁"标取舍句式最常见的形式，而"宁 q，（安、何、岂等）p"句式和"（与其、与）p，宁 q"句式的使用频率则较低。以上几种句式的使用频率按照由高到低的顺序可排列为：

"宁 q，（无、不、毋等）p"句式 > "宁 q"句式 > "（与其、与）p，宁 q"句式 > "宁 q，（安、何、岂等）p"句式

需要指出，从汉代开始，"宁"开始与"可""愿"和"肯"组合成词，

也就说,"宁可""宁愿"和"宁肯"开始成为"宁可"句式的标记词。当然,在这个阶段"宁可""宁愿"和"宁肯"的词汇化才刚刚开始,因此它们的使用频率都很低,在本节所考察的 14 部文献中,仅仅发现一个这样的用例。如:

(26)使君谢罗敷,<u>宁可</u>共载不?(《汉代乐府诗选·陌上桑》)

另外,汉代以后,"宁可""宁愿"和"宁肯"有时看似形同,实为两类不同的表述单位。如:

(27)彼在谅暗之中,而所求若此,<u>宁可</u>与言礼哉!(《三国志·吴书·吴主传》)

(28)帝曰:"百姓思雨,<u>宁可</u>得乎?"(《搜神记》卷一)

(29)吾闻江东沃野万里,民富兵强,可以避害,<u>宁肯</u>相随俱至乐土,以观时变乎?(《三国志·吴书·鲁肃》)

例(27)—(29)中的"宁可"和"宁肯"并不是词,而是由表"难道义"的副词"宁"和助动词"可(肯)"组合而成的短语,它们与作为取舍标记词的"宁可""宁肯"看似形同,其实不同。汉代以后,以上两类"宁可""宁愿"和"宁肯"经常共现于同一文献中,因此读文言时要加以区分,以免混同。

三 唐宋时期

本阶段,"宁可""宁愿"和"宁肯"的使用频率显著增高,但标记该类取舍句的任务仍然主要由"宁"来承担。

首先,对于取舍标记词"宁"来说,它的用法主要有两种:一是"宁 q,(不、未等)p"句式。如:

(30)<u>宁</u>说河不入海,<u>不</u>说如来有二种语;宁说罗汉有三毒,不说如来有二种语。(《祖堂集》卷十一)

(31)古人有言:"<u>宁</u>作心师,<u>不</u>师于心。"(《祖堂集》卷十二)

(32)余<u>宁</u>险滩波以赡佣负,<u>不</u>可利舟楫以安富商。(《太平广

记·神仙》）

（33）僧曰："学人<u>宁</u>待雨霖头，<u>未</u>审师意如何?"（《祖堂集》卷十二）

二是"宁 q"句式。本时期，这种句式的使用频率也很高。如：

（34）无端起知见，著相求菩提，情存一念悟，<u>宁</u>越昔时迷。（《坛经·机缘品》）

（35）频繁上命，徒想报恩。驰骤下寮，不遑<u>宁</u>处。（《游仙窟》）

（36）如护疾而忌医，<u>宁</u>灭其身而无悟也，噫!（《近思录》卷十二）

（37）<u>宁</u>留而同死，将去而独生。（《太平广记·征应》）

（38）乐生曰："我无罪，<u>宁</u>死；若逃亡，是有罪也。"（《太平广记·冤报》）

此外，在本阶段，"（与其、与）p，宁 q"句式和"宁 q，（安、何、岂等）p"句式的使用频率大大降低，在本节所考察的隋唐、两宋时期的语料中还未发现这两类句式。

本节共考察了《唐诗三百首》《坛经》《游仙窟》《祖堂集》《近思录》《太平广记》《容斋随笔》和《新五代史》八部文献，"宁"的使用情况如表 3-5 所示：

表 3-5　　　　　　　唐宋阶段"宁"与其他词语组配情况

句式 文献	宁 q，（不、未）p	宁 q，（安、何、岂）p	（与其、与）p，宁 q	宁 q
《唐诗三百首》	0	0	0	2
《坛经》	0	0	0	2
《游仙窟》	0	0	0	2
《祖堂集》	6	0	0	4
《近思录》	2	0	0	3
《太平广记》	6	0	0	25
《容斋随笔》	1	0	0	0
《新五代史》	0	0	0	2
合计	15	0	0	40

由表 3-5 可知，在隋唐、两宋时期，"宁 q"句式的使用最多，其次为"宁 q，（不、未等）p"句式，而"宁 q，（安、何、岂等）p"句式和"（与其、与）p，宁 q"句式则很少使用。以上几种句式的使用频率按照由高到低的顺序大致可排列为：

"宁 q"句式＞"宁 q，（不、未等）p"句式＞"宁 q，（安、何、岂等）p"句式／"（与其、与）p，宁 q"句式

其次，对于"宁可""宁愿"和"宁肯"的使用而言，本时期这三个标记词的使用频率虽有所提升，但用例仍然很少。在本节所考察的八部文献中，只发现"宁可"所标记的取舍句四例，同时未发现"宁肯"和"宁愿"所标记的取舍句。如：

（39）师对曰："宁可永劫沉沦，终不求诸圣出离。"（《祖堂集》卷四）

（40）三乘十二分教是老僧坐具，祖师玄旨是破草鞋，宁可赤脚不著最好。（《祖堂集》卷七）

（41）师云："宁可清贫长乐，不作浊富多忧。"（《祖堂集》卷十三）

（42）宁可且将朱唇饮酒，谁能逐你黑齿常之。（《太平广记·诙谐》）

四 元明清时期

本阶段的总体特点是，"宁可"的使用频率得到了迅速提升，并取代了"宁"的优势地位，而"宁愿"和"宁肯"的使用却仍然有限。

首先，对于取舍标记词"宁"来说，其用法有三：一是"宁 q，（不、休、莫等）p"句式。如：

（43）玄德曰："吾宁死不忍作负义之事。"（《三国演义》四〇回）

（44）宁逢虎摘三生路，休遇人前两面刀。（《金瓶梅》四六回）

（45）宁为太平犬，莫作乱离人。（《喻世明言》卷十八）

　　二是"宁 q，（岂等）p"句式，此种用法比较少见，在本节所涉及的元明清时期的语料中仅发现两例。如：

　　（46）德大怒曰："吾宁死于刀下，岂降汝耶！"（《三国演义》七四回）

　　（47）公曰："吾宁死，岂肯久留于此！"（《三国演义》二六回）

　　三是"宁 q"句式，此种用法仍较为常见。如：

　　（48）欲焚庙掘坟，又恐拂土人之意。宁死为泉下之鬼，力助吾兄战此强魂。（《喻世明言》卷七）

　　（49）伏望母亲大人，大发慈悲，优容苦志。永谢为云神女，宁追奔月嫦娥。（《喻世明言》卷三七）

　　（50）若如此弟情愿解衣与兄穿了，兄可赍粮去，弟宁死于此。（《喻世明言》卷七）

　　（51）奸欺妄欲言生死，宁知受欺正于此？（《初刻拍案惊奇》卷三九）

　　（52）给人家为奴作婢，黑汗白流，单只挣了这点种子，我宁只是死，叫他去不成！（《醒世姻缘传》九四回）

　　此外，像"（与其、与）p，宁 q"句式，在本节所涉及的元明清时期的语料中未发现有此用例，这说明在本时期该句式的使用频率比较低。

　　本节共考察了《关汉卿杂剧选》《郑光祖杂剧选》《白朴杂剧选》《三国演义》《喻世明言》《初刻拍案惊奇》《水浒传》《金瓶梅》《红楼梦》《醒世姻缘传》《儿女英雄传》和《镜花缘》12 部文献，"宁"的使用情况如表 3 - 6 所示：

表 3 - 6　　　　　　元明清阶段"宁"与其他词语组配情况

句式 文献	宁 q，（不、休、莫）p	宁 q，（岂）p	（与其、与）p，宁 q	宁 q
《关汉卿杂剧选》	0	0	0	1
《郑光祖杂剧选》	1	0	0	0
《白朴杂剧选》	0	0	0	1

句式 文献	宁 q，（不、休、莫）p	宁 q，（岂）p	（与其、与）p，宁 q	宁 q
《三国演义》	12	2	0	2
《喻世明言》	4	0	0	6
《初刻拍案惊奇》	1	0	0	3
《水浒传》	3	0	0	2
《金瓶梅》	0	0	0	1
《红楼梦》	0	0	0	1
《醒世姻缘传》	2	0	0	2
《儿女英雄传》	4	0	0	0
《镜花缘》	1	0	0	0
合计	28	2	0	19

由表 3-6 可知，在元明清时期，"宁 q，（不、休、莫等）p"句式的使用最多，其次为"宁 q"句式，而"宁 q，（岂等）p"句式和"（与其、与）q，宁 p"句式则很少使用。以上几种句式的使用频率按照由高到低的顺序大致可排列为：

"宁 q，（不、休、莫等）p"句式 > "宁 q"句式 > "宁 q，（岂等）p"句式 > "（与其、与）p，宁 q"句式

其次，对于"宁""宁可""宁愿"和"宁肯"的使用情况而言，"宁可"的使用频率迅速提升并超越了"宁"，而"宁愿"和"宁肯"的使用依然有限，在本节所涉及的元明清时期的语料中未发现"宁愿"和"宁肯"的用例。

关于"宁可"的用例，主要有以下几类：

第一，"宁可"常与表否定的词语"不""休""别""不肯""不可"和"不要"等组配，此类句式记作："宁可 q，（不、休等）p"。如：

（53）百姓们当不起官的比较，宁可忍饥饿死，不敢拖欠官粮。（《醒世姻缘传》九〇回）

（54）俺在江湖上走的多，晓得行情，宁可卖了悔，休要悔了卖。（《金瓶梅》八一回）

（55）常言道："宁可折本，休要饥损。"（《金瓶梅》六二回）

（56）宁可多些好，别少了，叫那穷小子笑话……（《红楼梦》五一回）

（57）我是宁可失仪，不肯错步！（《儿女英雄传》八回）

（58）这事宁可信其有，不可信其无，天亮咱们且别开船，到船头看看到底有人来没人来。（《儿女英雄传》二〇回）

（59）你们要不认得，宁可再到店里柜上问问，千万不要误事！（《儿女英雄传》四回）

第二，有少数的"宁可"还与"也不""也要"组配，此类句式记作："宁可 q，（也不、也要）p/a。"① 如：

（60）我宁可终身守寡，也不愿随你这样不义之徒。（《喻世明言》卷二）

（61）我的没救星儿，心疼杀我了！宁可我同你一答儿里死了罢，我也不久活在世上了。（《金瓶梅》五九回）

（62）就到万分极处，井上没有盖子，家中又有麻绳，宁可死了，也不做这不长进的勾当！（《醒世姻缘传》三六回）

（63）虽说是奋志要强，那工课宁可少些，一则贪多嚼不烂，二则身子也要保重。（《红楼梦》九回）

第三，有少数的"宁可"还与"岂""安"等表疑问的词语组配，此类句式记作："宁可 q，（岂、安等）p"。如：

（64）我宁可自己落不是，岂敢带累你呢。（《红楼梦》四五回）

（65）忠心如皎月，浩气卷长江。宁可断头死，安能屈膝降。（《三国演义》六三回）

第四，还有相当数量的"宁可"单独使用，而不与其他词语组配，

---

① "宁可"与"也不"组配的格式记作："宁可 q，也不 p"，而"宁可"与"也要"组配的格式记作："宁可 q，也要 a"。

这类"宁可"只引出"选定项"（"q"），而"舍弃项"（"p"）则被包含在一定的语境之中。此类句式记作："宁可 q"，其使用频率较高。如：

（66）遭遭儿有这起攮刀子的，又不知缠到多早晚。我今日不出去，宁可在屋里唱与娘听罢。（《金瓶梅》三二回）

（67）娘且是说的好，我家里没人，俺姐姐又被人包住了。宁可拿乐器来，唱个与娘听，娘放了奴去罢。（《金瓶梅》四四回）

（68）慌的敬济说道："五娘赐我，宁可吃两小钟儿罢。外边铺子里许多人等着要衣裳。"（《金瓶梅》三三回）

（69）你若再还不肯，宁可我照数赔你罢了。（《醒世姻缘传》十七回）

（70）罢，罢！我这饭吃不成，宁可省下来请个先生来家教他！（《醒世姻缘传》三三回）

（71）你可别要说谎。你真个与我那腊嘴，我宁可不要这银子。（《醒世姻缘传》七○回）

（72）他恐怕又花了，辜负了你的恩，宁可随有随交罢。（《醒世姻缘传》七一回）

（73）休得连累了英雄，不当稳便，宁可把我们却解官请赏。（《水浒传》二回）

另外，在本阶段所调查的 12 部文献中，未发现有"与其（与）"与"宁可"组配的用例，这说明在本时期该句式的使用频率较低。

在以上 12 部元明清文献中，"宁可"的使用情况如表 3－7 所示：

表 3－7　　　　元明清阶段"宁可"与其他词语组配情况

句式 文献	宁可 q，（不、休等）p	宁可 q，（岂等）p	宁可 q，（也不、也要）p/a	宁可 q
《关汉卿杂剧选》	0	0	0	4
《郑光祖杂剧选》	0	0	0	1
《白朴杂剧选》	0	0	0	1
《三国演义》	0	1	0	0
《喻世明言》	0	1	1	2
《初刻拍案惊奇》	3	0	0	0

续表

文献 ＼ 句式	宁可 q，（不、休等）p	宁可 q，（岂等）p	宁可 q，（也不、也要）p/a	宁可 q
《水浒传》	3	0	0	2
《金瓶梅》	6	0	0	11
《红楼梦》	6	1	1	5
《醒世姻缘传》	2	1	2	9
《儿女英雄传》	6	0	0	3
《镜花缘》	0	0	0	0
合计	26	4	4	38

由表 3－7 可知，在元明清时期，"宁可 q"句式的使用最多，其次为"宁可 q，（不、休等）p"句式，而"宁可 q，（岂等）p"句式和"宁可 q，（也不、也要）p/a"句式的使用则相对较少。以上几种句式的使用频率按照由高到低的顺序大致可排列为：

"宁可 q"句式＞"宁可 q，（不、休等）p"句式＞"宁可 q，（岂等）p"句式/"宁可 q，（也不、也要）p/a"句式

五　现当代

到了现当代阶段，"宁可"句式的语用情况发生了更进一步的变化，具体表现在如下几个方面：

第一，"宁可""宁愿""宁肯""宁"的使用频率有了较大调整。前文已有介绍，"宁"从先秦到元明清阶段一直是"宁可"句式最主要的标记词，然而到了现当代阶段，这种情况被打破了，"宁"作为取舍标记词使用频率急剧下降，一般在较为特殊的场合使用①，而"宁可""宁愿""宁肯"的使用频率却得到了显著提升。

我们对北京大学中国语言学研究中心现代汉语语料库做了调查，发现"宁可"出现的频次约为1900条，"宁愿"出现的频次约为2200条，"宁肯"出现的频次约为600条，而"宁"出现的频次约为100条。具体情况

————

① 宋晖（2009）认为："现代汉语中的'宁'常用于新闻标题和标语口号中，具有独特的语用效果。"

见表 3 - 8：

表 3 - 8　　　现当代"宁可""宁愿""宁肯""宁"分布情况表

	宁愿	宁可	宁肯	宁	合计
频次	2200	1900	600	100	4800
百分比（%）	45.83	39.58	12.5	2.08	100

　　由表 3 - 8 可知，近代以后"宁可""宁愿"和"宁肯"的使用频率迅速提升，它们三者的使用频率均超过了"宁"，"宁"的使用大大减少。此外，在"宁可""宁愿"和"宁肯"三者内部，"宁愿"的使用频率接近"宁可"，甚至超过了"宁可"，而"宁肯"的使用频率则明显低于"宁可"和"宁愿"。另外，结合古汉语的情况不难看出，随着历史的发展，"宁可""宁愿""宁肯"和"宁"四者的使用频率一直发生着变化。具体来说，在元明清之前，虽然从两汉开始"宁可""宁愿"和"宁肯"就开始词汇化了，但它们的使用频率远低于"宁"，尤其是"宁愿"和"宁肯"的使用频率更低。到了元明清时期，"宁可"的使用频率迅速提升并超越了"宁"，但此时"宁愿"和"宁肯"的使用频率依然比较低。到现代汉语阶段，"宁可""宁愿""宁肯"三者的使用频率最终都超越了"宁"。"宁可""宁愿""宁肯"和"宁"出现频次的历时对比情况见表 3 - 9：

表 3 - 9　　　　历代"宁可""宁愿""宁肯""宁"分布情况

标记词　　时代	宁	宁肯	宁愿	宁可
先秦	42	0	0	0
两汉、魏晋、南北朝	53	1	0	2
隋唐、两宋	55	0	0	6
元明清	49	0	0	72
现当代	100	600	2200	1900

注：表中数字来自于文中各个时期的调查数据。①

　　第二，"宁可""宁愿""宁肯"和"宁"所组配的对象发生了变化。从前文可知，在历史上，与"宁可""宁愿""宁肯""宁"组配的对象

---

① 表中数据取自不同规模的语料库，故这些数据只能大致反映"宁可""宁愿""宁肯"和"宁"使用频次的对比情况。

比较多，有否定的副词"非""无""不""蔑""毋""未""休"和"莫"等，有疑问词"安""何""孰"和"岂"等，有连词"与其""与"等。而到了现当代阶段，"宁可""宁愿""宁肯"和"宁"的组配对象一般为"也不""决不""不"和"也要"等，其他组配情况很少。如：

（74）许多部门都说缺少技术人员，但由于抱有种种偏见，这些部门往往是宁可缺人，也不吸收技术移民。

（75）面对经济复苏之后不断增加的市场需求，企业宁愿延长工时给现有员工提供额外报酬，也不愿意增加雇员。

（76）作战中，要竭力保护军旗，在任何情况下宁肯牺牲，也不准向敌人降旗。

（77）面对这样的困难，我们宁可硬着头皮苦干，决不能退缩半步。

（78）张局长为人正直，一身正气，惩治腐败，宁可得罪他人，决不手软。

（79）我们宁肯勒紧腰带，决不能在孩子的教育上"精打细算"。

（80）宁可粗茶淡饭度日，不可贪富轻身。

（81）宁可种上年绝收的作物，不想种上年丰收的作物。

（82）朱自清一身重病，宁可饿死，不领美国的"救济粮"。

（83）霍丘县"坚定的马列主义者"立场更加坚定，宁可孤立，也要将"马列主义红旗"打到底。

（84）鹿三从来没有光顾过这个龌龊的窑院，宁可多绕两三里路也要避开窑院前头的慢坡道儿。

（85）组长作出决定，宁可多花些时间和精力，也要把这个项目拿下来。

例（74）—（76）中的组配对象为"也不"；例（77）—（79）中的组配对象为"决不"；例（80）—（82）中的组配对象为"不"；而例（83）—（85）中的组配对象为"也要"。

第三，"宁可 q"句式使用频率依然较高，"宁可 q，也要 a"句式得到普遍推广，而"（与其、与）p，宁可 q"句式的使用频率大幅下降。如：

（86）<u>与其</u>做猪子而满足，<u>宁可</u>做苏格拉底而不满足，才是他的生活准则。

（87）人不为己，天诛地灭，何况我这么做又不是害人，<u>与其</u>痛苦地生活下去，我<u>宁愿</u>选择开开心心地过完下半世。

（88）<u>与其</u>瞻前顾后，犹豫不决，拿自己的生命孤注一掷，谁不<u>宁肯</u>截掉一只手……

据我们推测，"（与其、与）p，宁可q"句式使用频率不高的原因主要有二：一是"宁可"句式本身的发展。众所周知，伴随着语言系统的调整，"宁可"句式获得了大的发展，"宁可"与"（也）不""也要"等双音节组配对象形成了两类较为固定的句式，此外，"宁可"还能独立使用、形成"宁可q"句式，这些句式的大发展客观上减少了"宁可"与"与其"组配的几率。二是"与其"与"宁可"两者在语用意义等深层原因方面存在差异①，这一点也是造成"（与其、与）p，宁可q"句式使用不多的一个重要原因。

由上可见，从"宁可"句式的历时发展中可以总结出以下几点认识：

第一，"宁可"句式系统逐步简化。在"宁可"句式的发展史上，"宁""宁可"曾与众多组配对象一起关联取舍句式，但到了现当代汉语阶段，这种情况被打破了，"也不""决不""不"和"也要"成为"宁可""宁愿""宁肯"和"宁"主要的组配对象，这使"宁可"句式系统整体趋于简化，符合语言经济高效的发展方向。

第二，"宁可""宁愿"和"宁肯"取代"宁"符合语言发展的规律。在汉语发展史上"双音化"是一种大的趋势，"宁可""宁愿"和"宁肯"出现并增多，正是基于"双音化"的大背景而发展起来的，因此，"宁可""宁愿"和"宁肯"取代"宁"符合语言发展的大方向。

第三，新格式要慎重处理。比如"宁可q，也要a"句式，对此很多学者都认为它属于取舍句式，但我们认为它并非取舍句式，而是表择取义的分句"宁可q"嵌套于表目的义的逻辑语义框架之后形成的一种新兴

---

① 参见王灿龙（2003）。

句式。

第六节　"宁可 q，也不 p"句式的语义表达①

在现代汉语中，"宁可 q，也不 p"句式实际上表达的是取舍主体关于取舍的一种主观意愿或行为。如：

（1）我宁可把他枪毙，也不让他擅自离开这里。

（2）你知道出版文集要花钱，要花很大一笔钱，于是你宁可将它变成遗愿，也不肯让省委为难。

（3）他们断然决定，宁可自己蒙受损失，也不让一点点有质量问题的产品流入市场。

（4）许多银行宁可一分钱都收不回来也不愿意企业破产。

（5）国有商场也搞活了，再不像过去那样了，卖不出去的商品宁可堆在仓库里，也不出卖。

例（1）—（5）中的"我""你""他们""许多银行"和"国有商场"均为取舍主体，以上各例表达了这些取舍主体的一种主观意愿或行为。

说到"宁可 q，也不 p"句式的语义表达问题，一般涉及三个概念：一是"说话人"，所谓说话人指的是言语的表达者，在语句中一般体现为第一人称的"我"或"我们"。二是"取舍主体"，所谓取舍主体指的是对取舍句中取舍两项进行比较并作出取舍判断的主体。三是"当事者"，所谓当事者指的是取舍句所表语义的承担者（有指人和非指人两种），如例（1）中的"我"和例（5）中的"卖不出去的商品"。

理论上讲，"宁可 q，也不 p"句式的取舍主体应该有三种人称，即第一、二、三人称。但实际语料显示，该类取舍句式的取舍主体一般为第一、三人称，极少使用第二人称。取舍主体的这种人称选择分布说明，说写者在与听读者进行交流时，最常见的表达形式为，要么说写者直接表明自己的取舍愿望或行为，要么客观地陈述交际双方之外的第三者的某种取

---

① 这里只探讨属于陈述句的"宁可 q，也不 p"句式，其他句类暂不论及；此外"宁可 q，也不 p"句式中的"也"有时加以省略，下文同。

舍意愿或行为，而说写者很少直接陈述对方——听读者的某种取舍意愿或行为。

我们按语料的检索顺序，对北京大学 CCL 语料库中前 200 个"宁可 q，也不 p"句式进行了统计，结果发现，该类句式取舍主体主要为第三人称，其次为第一人称，而第二人称的情况尚未发现。具体情况如表 3 - 10 所示：

表 3 - 10　　　　"宁可 q，也不 p"句式取舍主体人称选择分布

取舍主体	第一人称	第二人称	第三人称	总计
数量	27	0	173	200

对于"宁可 q，也不 p"句式而言，取舍主体人称的不同选择会对该句式的语义表达造成一定的影响，具体来说，一是会对该句式语义表达的主观性造成影响；二是会对该句式在"行、知、言"三域中的语义表达造成影响。

一　主观性与"宁可 q，也不 p"句式的表达

对于"宁可 q，也不 p"句式的语义表达而言，选择第一人称还是第三人称会对该句式主观性的强弱造成一定的影响。[①]

（一）取舍主体为第一人称的情况

首先，在多数情况下，说话人、取舍主体和当事者三者"三位一体"。如：

（6）<u>我宁可</u>回家种地，<u>也不</u>当这个芝麻官了！

（7）看着同伴被打得如此惨烈，<u>我宁可</u>让自己也挨打，<u>也不</u>想再看他们痛苦的样子了，这样多少可以维护一点尊严。

（8）<u>我们宁可</u>被打死，<u>也决不</u>能让他们给吓倒。

（9）<u>我们宁可</u>放弃一场好看的电影，<u>也不</u>愿放弃这个见面的机会。

例（6）、（7）中的说话人、取舍主体和当事者同为第一人称单数的

---

① 由于取舍主体为第二人称的情况很少，因此下文对此暂不作专门讨论。

"我";例 (8)、(9) 中的说话人、取舍主体和当事者同为第一人称复数的"我们"。此外,以上 4 例均表达的是取舍主体(说话人、当事者)的某种取舍意愿或行为,由于说话人同时充当了当事者,所以这是一种典型的基于"当事人视角"(agent - oriented)的表达方式。按照"主观性"理论,该类句式的语义表达具有客观性的特点。

其次,在少数情况下,取舍主体只与说话人重合,但二者与当事者不重合。如:

(10) 我觉得,你宁可继续留在学校教书,也不能到社会上去干那些不太体面的工作。

(11) 我于是也认为,这个老太太宁可孤居故乡,也不能迁居到大城市去受苦受气。

例 (10)、(11) 中的说话人和取舍主体同为第一人称单数"我",而当事者则分别为"你""老太太"。此外,以上两例均表达的是说话人关于取舍的某种主观认识,由于说话人不是"宁可 q,也不 p"句式的当事者,所以这是一种典型的基于"说话人视角"(speaker - oriented)的表达方式。从"主观性"的角度来说,该类句式的语义表达具有较强的主观性。

(二)取舍主体为第三人称的情况

前文已提到,对于"宁可 q,也不 p"句式而言,取舍主体为第一、三人称的情况都比较常见,当说话人想客观陈述他人的取舍情况时,取舍主体一般使用第三人称。属于这种情况的句子,一般取舍主体与当事者重合为一体。如:

(12) 小张审时度势,宁可企业利润降低,也决不把压力转嫁给消费者。

(13) 她们坚贞不屈,宁可病死狱中,也不向敌人妥协。

(14) 一些下岗的,宁可坐在家里等那一点儿生活补贴,也不愿意自谋生路,理由也是:我是"国营"的,国家得管我!

(15) 吉姆一听就很生气,表示宁可不拍,也不能要虚假的照片。

（16）康大海绝对不是那种人。如果是假酒，他宁可倒掉也不会坑害别人。

（17）微子和季札宁可亡国也不破坏"大节"。

以上例子中，"小张""她们""一些下岗的""吉姆""康大海"和"微子和季札"既是句子的当事者，同时也是"宁可 q，也不 p"句式的取舍主体。

从表达视角来说，上述"宁可 q，也不 p"句式的表达均基于"当事人视角"，取舍主体同时作为当事者成为被陈述的对象。该类句式的特点是，说话人在与听话人互动的过程中，说话人将他人的某种取舍意愿或行为客观地陈述出来，可见，此类句式的表达具有客观性的特点。

需要补充，对于取舍主体为第三人称的"宁可 q，也不 p"句式，有时取舍主体并不是指人的词语，而是一些集体名词。如：

（18）很多企业却宁可做"植物人"，也绝不实行"安乐死"。

（19）该厂宁可生意不做，也不让一件不合格的产品流入市场。

（20）我们家宁可要饭吃，也不能让她再受那种罪了。

（21）在主权问题上，我国将不惜任何代价，宁可战斗，决不会退让。

以上四例的取舍主体分别为"很多企业""该厂""我们家"和"我国"。这些"取舍主体"按照"神会原则"都可当作"第三人称"看待[1]，它们实际上都指代的是"某些人"。另外，与例（12）—（17）情况相同，这类"宁可 q，也不 p"句式的表达均基于"当事人视角"，并具有客观性的特点。

可见，对于"宁可 q，也不 p"句式而言，当取舍主体为第一人称时，在多数情况下该句式的语义表达具有客观性的特点，而在少数情况下则具有主观性的特点；当取舍主体为第三人称时，该句式的表达均具有客观性的特点。

---

[1] 参见 Kuno, Susumo（1976）。

二　"行、知、言"三域与"宁可 q，也不 p"句式的表达

（一）取舍主体为第一人称的情况

在多数情况下，说话人与取舍主体、当事者三者重合为一体，"宁可 q，也不 p"句式实际上表达的是取舍主体（说话人、当事者）的某种取舍意愿或行为，此类句式在表达上具有客观陈述性，在"行、知、言"三域中属于"行域"的范畴。再如：

（6'）我宁可回家种地，也不当这个芝麻官了！

（7'）看着同伴被打得如此惨烈，我宁可让自己也挨打，也不想再看他们痛苦的样子了，这样多少可以维护一点尊严。

（8'）我们宁可被打死，也决不能让他们给吓倒。

在少数情况下，取舍主体与当事者重合，但二者与说话人不重合。由于该类句式表达是说话人对相关取舍主体（当事者）取舍态度的某种主观认识，因此，这种表达具有较为强烈的主观性，同时属于"知域"的范畴。再如：

（10'）我觉得，你宁可继续留在学校教书，也不能到社会上去干那些不太体面的工作。

（11'）我于是也认为，这个老太太宁可孤居故乡，也不能迁居到大城市去受苦受气。

（二）取舍主体为第三人称的情况

当取舍主体为第三人称时，不论说话人、取舍主体和当事者三者之间的关系如何，"宁可 q，也不 p"句式总是客观地陈述他人的某种取舍意愿或行为。因此，该类句式在表达上具有客观性的特点，属于"行域"的范畴。再如：

（12'）小张审时度势，宁可企业利润降低，也决不把压力转嫁给消费者。

（13'）她们坚贞不屈，宁可病死狱中，也不向敌人妥协。

（16'）康大海绝对不是那种人。如果是假酒，他<u>宁可</u>倒掉<u>也不</u>会坑害别人。

综上所述，对于"宁可 q，也不 p"句式来说，取舍主体人称的不同选择会对该句式的主观性表达造成影响，同时也会对该句式在"行、知、言"三域中的语义表达造成影响。同时，我们发现，当"宁可 q，也不 p"句式的取舍主体为第一人称时，一般情况该句式的表达基于"当事人视角"，具有客观性的特点，并且属于"行域"范畴；而在少数情况下该句式的表达基于"说话人视角"，具有主观性的特点，并且属于"知域"范畴。当取舍主体为第三人称时，该句式的表达均基于"当事人视角"，具有客观性的特点，并且属于"行域"范畴。

以上结论可列表归纳如下：

表 3–11　　　　　　"宁可 q，也不 p"句式语义表达属性分布

取舍主体	主观性	客观性	行域	知域
第一人称	+（少数）	+（多数）	+（多数）	+（少数）
第三人称	-	+	+	-

注：表中"+"表示具有该属性，"-"表示不具有该属性。

第七节 "宁可 q，也不 p"句式的语用环境

在现代汉语中，"宁可 q，也不 p"句式是一种表达取舍主体取舍意愿或行为的句式。此类句式在实际的语篇当中一般以独立的句子身份存在。如：

（1）宋江波把电视比作家常便饭，把电影比作大餐。他说，现代人比较忙，<u>往往宁可在家吃便饭也不太愿意跑出去吃大餐</u>，所以电影院观众在减少。电影走进电视将给观众带来更多的选择，同时也为电影发展带来更大空间。

（2）在兵临城下、炮声隆隆的氛围中，纳杰夫的许多学校都变得空空荡荡。很多学生家长表示，<u>他们宁可让孩子耽误一年学业，也不愿自己的骨肉在冲突中受到伤害</u>。

（3）加上住房、小孩抚养等补助以及免交税款，一些失业工人

的社会福利待遇甚至超过低收入者的收入。<u>结果有一部分失业者宁可在家闲着，也不愿从事低收入的工作。</u>

（4）许多老百姓有了大钞不是喜而是忧，<u>他们宁可费点时间和精力去数点小币，也不愿冒险收留大钞。</u>

（5）住地伙房是个四面不透风的席棚，<u>炊事员宁可自己苦一点，也舍不得安一个换气扇。</u>

在以上五例中，"宁可 q，也不 p"句式都以独立的句子身份出现，同时该句式所承载的语义与前后语段之间均具有一定的逻辑关系，如例（5），"宁可"句式所承载的语义与前接句之间为"转折"关系。

在语篇当中，"宁可 q，也不 p"句式除了独立充当句子之外，有时候它还在句中作句子成分，一般作"主语""宾语"和"定语"等。如：

（6）"<u>宁可自己磨破嘴，不让他人跑断腿</u>"，这是江西九江市为重点工程建设的服务宗旨。近年来，一批批重点工程项目在九江上马，市政府一手抓征地拆迁，一手抓管理服务，为重点工程建设护航保驾，18 项重点工程建设进展顺利。

（7）1992 年，张秀芹的弟弟山本元治来方正认姐姐。张秀芹不认，她想："<u>宁可不认弟弟，也不能伤了养父母的心</u>。"1993 年，张秀芹的弟弟又来认姐姐，她看见弟弟那虔诚的态度，抑制不住感情，姐弟抱头痛哭。

（8）儒学虽有它自身的困境，但并没有与时代不合辙；西学尽管有许多传统文化所不具备的新内容，也没能引起社会足够的重视。"<u>宁可使中夏无好历法，不可使中夏有西洋人</u>"，杨光先敢于说出这样的昏话，成为千古笑柄，那是他还坚信传统儒学是不可动摇的精神支柱。

（9）江湖大骗子常常表演一些"或真或幻"的方术，如"耳朵识字"、"意念搬运"之类的小魔术，以求"小验"，利用观看者"不可全信也不可不信"的心理，达到"<u>宁可信其有、不可信其无</u>"的效果。尔后一传十，十传百，行骗者名声大振。

（10）为了进一步满足广大旅客的饮水需要，他们又以"<u>宁可自己麻烦千遍，不让旅客一时为难</u>"的高度责任感，一次性投资 1500

元购进和制作了 7 辆送水车, 每班两辆。

　　（11）在记者采访时, 有些大商场谈的都是平日的促销措施, 对 "双休日"的促销触及不多。长安商场业务人员说, 其促销策略是突出原有经营方针, 以 "宁可多赔一件货, 不伤顾客一颗心" 为宗旨, 坚持 "三为主", 即 "可退可换的以退为主, 责任不清的以商场退赔为主, 属顾客责任而要求退赔的使顾客达到满意为主"。

在以上六例中, 画线部分均为 "宁可 q, 也不 p" 句式, 该句式在例（6）中作 "主语", 在例（7）、（8）中作 "宾语", 在例（9）、（10）中作 "定语", 在例（11）中作 "介词的宾语"。

　　由于例（6）—（11）中的 "宁可 q, 也不 p" 句式不是一个独立的取舍表达式, 所以此类情况不属于我们考察的范围。我们只考察 "宁可 q, 也不 p" 句式以独立句子身份来表达取舍意义的情况, 即例（1）—（5）中所举的情况, 同时主要考察此类 "宁可 q, 也不 p" 句式在语篇当中与前后语段之间直接的语义关系。研究发现, "宁可 q, 也不 p" 句式或者与前接语段之间有直接的语义关系, 或者与后接语段之间有直接的语义关系。① 这些语义关系按照逻辑关系可分为 "因果" "转折" "假设" "并列" "目的" "条件" 和 "让步" 等。

一　表 "因果" 的语义关系

　　这种关系是指, "宁可 q, 也不 p" 句式或者与前接语段之间的直接语义关系为 "因果", 或者与后接语段之间的直接语义关系为 "因果"。此类因果关系按 "宁可 q, 也不 p" 句式充当的是 "结果" 还是 "原因" 的标准可分为两大类: 一类是 "宁可 q, 也不 p" 句式充当结果的情况; 一类是 "宁可 q, 也不 p" 句式充当原因的情况。按因果关系是 "由因到果" 还是 "由果到因" 的标准, 以上两类因果关系又可分成两个小类。

　　（一）"宁可 q, 也不 p" 句式充当 "结果" 的情况

　　在此情况之下, "宁可 q, 也不 p" 句式与前后语段之间的直接语义关系为 "因果", 同时 "宁可 q, 也不 p" 句式充当因果关系链条中的结果部分。如:

---

　　①　所谓直接的语义关系指处于同一个语义层次上的语义关系。

（12）加拿大的就业环境近年来不太好，许多大公司纷纷裁员。这是外国专业移民难以找到对口工作的一个原因。但另一个更重要的原因是移民在本国的学历和工作经历得不到承认，一切都得从头开始。虽然加许多部门都说缺少技术人员，①但由于抱有种种偏见，｜②这些部门往往是<u>宁可</u>缺人，<u>也不</u>吸收技术移民。

（13）城里的房子被淹了，老百姓不得不跑到房顶上去避难，灶头也被淹没在水里，人们不得不把锅子挂起来做饭。可是，①晋阳城的老百姓恨透了智伯瑶，｜②<u>宁可</u>淹死，<u>也不</u>肯投降。

（14）于是动了众怒，一阵拳打脚踢，这位坚持戒律的尊贵和尚，任你怎样怀疑，对他无礼，妄施刑罚。①他念念不忘世尊"以戒为师"的教导，｜②<u>宁可</u>有戒而死，<u>不可</u>无戒而生。所以难忍能忍，一片精诚，坚持到底，不发一言。这只鹅呢，在人多吵闹之中，不巧被人们乱脚踏死。

（15）①但县城居民识大体，顾大局，｜②<u>宁可</u>自己经济上吃亏，临时找过冬住处，<u>也不</u>影响拆迁进度。

（16）要知道，我国的信息收藏量和开发利用率在世界上还属"第三世界"，①直至今天不少图书馆甚至大图书馆还有一种恐惧读者的心理，｜②他们<u>宁可</u>让藏书尘土封存，<u>也不</u>愿让读者借阅。

在以上五例中，语段①与语段②之间为"因果"的逻辑关系，同时"宁可 q，也不 p"句式充当因果关系链条中的结果部分并处于关系链的后部，因此，这种因果关系属于"由因到果"的类型。

在"宁可 q，也不 p"句式充当"结果"的情况中，"由因到果"的类型较多，不过，还有少数情况属于"由果到因"。如：

（17）有时则在谈判进行中，因一时的失策而作了不当的判断。"谈判高手的经验"告诉管理者，当管理者摸不清对方的虚实时，①<u>宁可</u>高估，<u>也不</u>要低估了他们。｜②理由很简单，因为低估了对方的结果，对己方往往只有害处，没有好处。相反地，如果管理者高估了对方，而在谈判过程中，逐渐发现其"不过如此"，那么，当时所感受到的"惊喜"，则是笔墨难以形容的。

（18）高树槐对她说："①我<u>宁可</u>得罪你一个，<u>也不</u>能徇私情得罪了全厂的工人。丨②没有工人们的支持，我就是浑身是铁也打不出几颗钉，那我们的事业就完了。"

（19）为此，体操队多次召开"智囊团会议"，教练们模拟出六个项目的各种排阵图，把每个人，上哪一项可能会得多少分都估算了一遍又一遍，①他们宁可把困难想得多一些，把万一发生的意外想得全一些，也绝不允许自己有半点疏漏，丨②因为他们深知，任何成功的战役，首先要有精心的策划和准备。

（20）随着国际市场木浆价格的不断暴涨，卫生巾生产成本也在不断增加，此时如果大幅度调整产品价格，将会给千百万妇女的购买力带来影响。①韩秀玲审时度势，宁可企业利润降低，也决不把压力转嫁给消费者，丨②企业的最高理想和奋斗目标是，千百万妇女的安乐就是恒安的安乐，天下姐妹们的幸福就是恒安的幸福。

（21）然而使船员痛苦的并非承受痛苦的本身，而是欲说不能的那种复杂的心情：在险恶的惊涛骇浪中航行，可总要报个"一路风平浪静"的信息；你晕船呕吐，饭食不下，总是说自己"一切很好，不要挂念"。①他们宁可把这种痛苦深埋在心底，也不肯让亲人为自己分担半分。丨②因为他们知道，她们也承受着同样的痛苦。一个海上大风警报，会引起她们的恐慌与不安；一条海难事故的新闻成为同事们的谈论中心，她们却像避瘟神一样悄悄地走开……

在上述五例中，语段①与语段②之间为"因果"的逻辑关系，同时"宁可 q，也不 p"句式充当因果关系链条中的结果部分并处于关系链的前部，因此，这种因果关系属于"由果到因"的类型。

（二）"宁可 q，也不 p"句式充当"原因"的情况

在此情况之下，"宁可 q，也不 p"句式与前后语段之间的直接语义关系为"因果"，同时"宁可 q，也不 p"句式充当因果关系链条中的原因部分。如：

（22）在股票市场上，买主和卖主通过代理人——股票经纪人进行交易。在食品、药品、服装、金属等许多市场上，长长的一串中间人在最初的制造者和最后的消费者之间进行尽可能有利可图的讨价还价。①短缺也是卖主受消费者拥戴的一种表现，丨②它说明

消费者<u>宁可</u>接受较高的价格<u>也不</u>愿空手而归。由于买主不会主动要求提价，短缺就向从制造者到零售商的所有卖主提供了一个涨价的信号。

（23）①哈佛经理诚然大权在握，但一定要谨慎使用，｜②权力<u>宁可</u>备而不用，<u>也不</u>要轻易炫耀自己的权力，更不可滥用权力。哈佛经理在运用权力时，要做到三戒，一戒以权谋私；二戒以权徇私；三戒义气用权。

（24）①首先，保证吃饭，机关、事业单位和教师的工资一定要发，｜②<u>宁可</u>少搞几个项目，<u>也不</u>能不发工资。

（25）1991年初夏，河南省洛阳市某饮食街上出现一种奇特现象：①某家饮食摊前顾客如云，而其他摊点却冷冷清清，｜②许多顾客<u>宁可</u>站着等上数十分钟，<u>也不</u>愿到别处就餐。

（26）①大量的连年亏损、扭亏无望、资不抵债的企业，只能靠国家输血维持，｜②它们<u>宁可</u>血本无归，<u>也不</u>迈出一步——破产再生。

在以上五例中，语段①与语段②之间为"因果"的逻辑关系，同时"宁可q，也不p"句式充当因果关系链条中的原因部分并处于关系链的后部，因此，这种因果关系属于"由果到因"的类型。

在"宁可q，也不p"句式充当"原因"的情况中，"由果到因"的类型较多，不过，还有少数情况属于"由因到果"。如：

（27）①这是由于许多欧洲妇女<u>宁可</u>继续工作多挣钱而<u>不</u>愿生孩子，｜②于是从事贩卖儿童的非法组织应运而生。

（28）一次，前纺车间质检员发现，棉花配比时混进了一些化纤原料，这些混在棉里的化纤原料不染色很难发现。怎么办？①他们毅然决定，<u>宁可</u>自己受损失，<u>决不</u>让一寸有质量问题的产品流入市场，｜②6万多米高档细帆布全部改做劳保手套。事情并没有到此结束，后来，纺纱前过了秤的棉卷，工人们都要用袋子一个个精心包起来，一来防杂质，二来防止纺纱时出现纱质不匀现象。

（29）她们没有犹豫，没有胆怯，马上在双方之间"筑"起了一道"城墙"。太危险了！只要双方上百人中哪个手指头一动，或是贸然一冲，后果将不堪设想。这点，她们当然想到了，看到了。但是，此时此刻，面前绝大多数是受蒙蔽的群众，①宁可自己承担再大风险，也不能让他们受到伤害。｜②于是她们解释、劝说、宣讲法律，并对别有用心的"头头"给予狠狠打击……一场流血冲突终于制止了。

在以上三例中，语段①与语段②之间为"因果"的逻辑关系，同时"宁可 q，也不 p"句式充当因果关系链条中的原因部分并处于链条的前部，因此，这种因果关系属于"由因到果"的类型。

二 表"转折"的语义关系

这种关系是指，"宁可 q，也不 p"句式或者与前接语段之间的直接语义关系为"转折"，或者与后接语段之间的直接语义关系为"转折"。此类转折关系按"宁可 q，也不 p"句式所处的位置可分为两大类，一类是"宁可 q，也不 p"句式处于转折关系链条中的前部；一类是"宁可 q，也不 p"句式处于转折关系链条中的后部。

（一）"宁可 q，也不 p"句式处于转折关系链条后部的情况

在此情况之下，"宁可 q，也不 p"句式与前接语段之间的直接语义关系为"转折"，这种情况占绝大多数。如：

（30）中国体育界还有一个顽症就是迷信，大赛前求神拜佛的大有人在，甚至比赛前穿哪件衣服、吃什么东西都要揣摩神灵的心思。①可惜，佛祖只管天上事，天神宙斯、天后赫拉也只保佑西方信徒，哪里还管你什么比赛胜负。｜②但我们的一些教练、队员却对此宁可信其有，不可信其无。可以说，把命运托付于神灵，便不肯相信自己，一旦赛场上遇到变故，便心里犯嘀咕，容易归因于"运气"、"定数"之类，向命运缴械。

（31）《原野》是一个以"复仇"为主题的故事，讲述农民仇虎要给死去的父亲和妹妹报仇，却发现仇人已经死去，与自己从小相爱的女人金子却成了仇人的儿媳。仇虎杀死了仇人之子，带着金子逃进了黑森林。①可是天罗地网已经布下，｜②仇虎宁可选择自杀，也不愿再戴上镣铐。

（32）①有人劝崔明元到爱人单位去"疏通"一下，｜②但崔明元他<u>宁可</u>自己爱人失业，<u>也决不能</u>拿原则作交易。

（33）有一年，有家公司要以 38 万元的年租租用实验学校中学部底层的大厅，①当时学校正借债建校，急需款项，｜②但校领导考虑到学校的利益，<u>宁可</u>借款来装备学校的图书馆和实验室，<u>也</u>执意<u>不</u>肯出租校舍。

（34）①"生命力口服液"的原配方要求的是西洋参，比人参贵四五倍，成本加大，销售价格却又与别的口服液相当，自然利润低微，｜②但庄光明<u>宁可</u>微利<u>也不</u>同意变更配方。

在以上五例中，语段①与语段②之间为"转折"的逻辑关系，同时"宁可 q，也不 p"句子处于转折关系链的后部。

（二）"宁可 q，也不 p"句式处于转折关系链条前部的情况

在此情况之下，"宁可 q，也不 p"句式与后接语段之间的直接语义关系为"转折"，这种情况数量较少。如：

（35）曾有一位朋友劝说，①<u>宁可</u>倒毙街头，<u>也决不</u>写这样的文字糟塌自己的手。｜②我则认为，文人也要吃饭，吃饱肚子才能思考。

（36）村里修村道，①主持修路的人<u>宁可</u>让村道绕个弯<u>也不</u>愿占用自己的旱地，｜②而我家的旱地就成了必经之地。妻子心疼地里的木薯，也不服别人的做法，老是在我耳边絮絮叨叨，我劝她："修村道是好事情，咱们出入也便当，何必为那点地方动气呢？自己损失一点又算得了什么？"一场纠纷就这样避免了。

（37）过去有钱之后心想三件事——置院、盖房、娶媳妇，如今懂得了积累资金再发展；过去是怕出门、怕风险、怕赔钱，如今是想大的，干大的，下江南，闯并东，出西北；①过去是<u>宁可</u>干农业赔钱，<u>也不</u>干服务侍候人挣钱，｜②如今是摒弃偏见大胆收破烂。

在以上三例中，语段①与语段②之间为"转折"的逻辑关系，同时"宁可 q，也不 p"句子处于转折关系链的前部。

三 表"假设"的语义关系

这种关系是指，"宁可 q，也不 p"句式或者与前接语段之间的直接语义关系为"假设"，或者与后接语段之间的直接语义关系为"假设"。考察发现，"宁可 q，也不 p"句式用于此种语境中的情况较少。如：

（38）像林芳这样不急着结婚甚至不想结婚的年轻人并不是个别现象，林芳说："我许多同事朋友都认为，婚姻绝不能将就，生活是现实的，如果光有感情，没有房子、车子这些物质基础，时间长了两人肯定要为钱的事情争吵，如果光有物质没什么感情，半夜醒来看着身边躺着的人难免遗憾，这样的婚姻肯定是脆弱的。所以说，我们既要面包也要爱情，①如果找不到特别满意的，｜②宁可等待也绝不凑合。"

（39）最后，我们还想提醒你：①假如主席不坚守原定时间主持会议，｜②则宁可另择时间开会，而不应轻易找人代为主持。重要的会议，更特别要遵守这个原则。

（40）欧盟前主席德洛尔最近表示，改革有可能在欧盟内触发一场危机，但是，不改革，或是仅仅搞小修小补，欧盟也没有出路。他说："①如果非要选择不可，｜②我宁可选择风险，也不愿断送欧盟的前途。"

（41）闵安琪的绘画，试图以独特的幽默表现出童趣与无邪，无疑已获得成功。①她如果感到作品不满意，｜②宁可付诸一炬，也不拖泥带水地勉强凑合。人们赞扬她具有艺术家认真负责的态度，她真不愧是美国文坛上一个绚丽多彩的中国新星！

（42）她们说："模样子丈夫"好看不中用，只能穷一辈子。于是，她们订婚时不再死盯住男青年的脸膛儿，而要对他们的技术、能力和学识进行"口头测试"和"实地考查"。貌才兼优当然好；如果不能两全其美，她们宁愿对有学问的小伙儿以身相许。①如果一时找不到意中人，｜②她们则宁可等待，也不盲从，有的虽已大龄，依然不改初衷。

在以上五例中，语段①与语段②之间为"假设"的逻辑关系，并且

"宁可 q，也不 p"句式处在假设关系链条的后部。从调查的语料来看，还未发现有"宁可 q，也不 p"句式处在假设关系链条前部的情况。

四　表"目的"的语义关系

这种关系是指，"宁可 q，也不 p"句式或者与前接语段之间的直接语义关系为"目的"，或者与后接语段之间的直接语义关系为"目的"。"宁可 q，也不 p"句式用于此种语境中的情况也比较少。如：

(43) 可是，①为了每一个人的生命，|②各级干部和解放军宁可跑断了腿，磨破了嘴，也不让一位群众留在不安全的地方。

(44) 区政府当时筹措了上千万元资金盖了这座楼。但是，区长韩正说："局部利益要服从整体利益；集体利益服从国家利益；①为了成都路工程，|②我们区政府宁可住棚户，绝不拉后腿。"

(45) 市工行储蓄所的限时服务，不仅颇受客户欢迎，而且大大促进了职工的敬业爱岗精神。①新世界购物中心黄金饰品组为保证无假冒伪劣商品，确保货真价实，|②宁可跑到外地的定点商家进货，也不购进利高、质次的商品。

(46) 从羽绒收购到水洗、脱脂、消毒、烘干，道道工序，严格把关。1992 年，省标准局在行业抽检中，他们的产品以 99 分的优异成绩一举夺得全省第一名。①为了使件件产品都能成为样品，|②该厂宁可生意不做，也不让一件不合格的产品流入市场。1992 年 11 月，南京某公司的领导冒着凛冽的寒风专程来到厂里，要求生产几万件质量较低的羽绒服准备出口，而每件价格比国内市场还高出 10 多元。

(47) ①而今天的人们宁可多花钱坐飞机而不肯坐火车，|②大多为的是节省时间。

在以上五例中，语段①与语段②之间为"目的"的逻辑关系，同时"宁可 q，也不 p"句式所在的语段有的与前接语段之间为"目的"关系，如例 (43) — (46)；有的与后接语段之间为"目的"关系，如例 (47)。不过，从调查的语料来看，"宁可 q，也不 p"句式处在目的关系链前部的情况更少。

五　"宁可 q，也不 p"句式处于其他语义关系中的情况

除以上几种类型外，还有少数的"宁可 q，也不 p"句式处于"并列""递进""条件"和"让步"等的语义关系中。如：

（48）最后还是那么两句话：①一是宁可我们多担负些经济损失，化肥供应<u>不能</u>少一斤一两；｜②二是"堤外损失，堤内补"，革新挖潜，增产节约，头拱地也要完成总厂全部利税任务。

（49）所以，①使营业员无论在何种情况下，都能沉着应付，从全局利益出发，｜②甚至宁可自己受委屈，<u>也不</u>惜以个人的尊严来维护蓝岛的形象与信誉。

（50）本来，昨天应该练规定动作，但是，许多选手都是见好就收，①只要找准了感觉，｜②宁可退下去歇息，<u>也不</u>再巩固一遍。为避免出现意外和受伤，中国男队也只作适应性训练。

（51）市委常委会决定每年给市文明办拨一定数额的活动经费，列入财政预算。各县（区）、各部门、各单位按照市委的要求，①即使在财政十分紧张的情况下，｜②宁可别的方面少花钱，<u>也少</u>不了精神文明建设的投入。同时，在财力允许的条件下，每年增拨精神文明重大活动的专项经费。

例（48），语段①与语段②之间为"并列"的逻辑关系，有标记并列关系的词语"一是、二是"。例（49），语段①与语段②之间为"递进"的逻辑关系，有标记递进关系的词语"甚至"。例（50）、（51）可同理类推，例（50）为"条件"关系，有标记"只要"；例（51）为"让步"关系，有标记让步关系的词语"即使"。

本节按检索顺序，在北京大学中国语言学研究中心现代汉语语料库中，对"宁可 q，也不 p"句式以独立句子身份与前后语段之间形成的直接语义关系进行了考察，共考察了前 180 个符合条件的语段，按照"宁可 q，也不 p"句式所处语义环境的类别统计如下：

表 3 – 12			"宁可 q，也不 p" 句式的语用情况						
	因果		转折	假设	目的	递进	并列	条件	让步	总计
句数	结果	原因	37	10	7	4	4	3	2	180
	81	32								
比例(%)	45	17.78	20.56	5.56	3.89	2.22	2.22	1.67	1.11	100

由表 3 – 12 可知，首先，"宁可 q，也不 p" 句式主要出现在"因果"的语义关系中，出现的比例为 62.78%，同时，在表因果的关系链条中，此类句式主要充当"结果"的部分，出现的比例为 45%。其次，"宁可 q，也不 p" 句式出现在"转折"语义关系中的情况也比较普遍，出现的比例为 20.56%。此外，还有少数的"宁可 q，也不 p" 句式出现在"假设""目的""递进""并列""条件"和"让步"等的语义关系当中，具体的出现比例参见表 3 – 12。

本章小结

本章的主要观点有以下几条：

第一，关于"宁可"的词汇化。"宁可"的词汇化始于两汉、魏晋、南北朝，"宁可"出现以后长期以来一直与"宁"分庭抗礼，直到元明清时期"宁可"的使用频率才超过了"宁"。宁可词汇化的背后隐藏一定的机制，"宁"与"可"都为表意愿的词语，共同的意义基础为二者结合成词奠定了基础，随着"宁"与"可"句法位置的固定化（二者常用于状语位置），在韵律构词规则、语用频率等因素的直接促发下，"宁"与"可"逐渐融合成词。在"宁可"成词的过程中，由于"宁"的地位比"可"更为重要，因此"可"原有的语义受到很大磨损（不过仍有残留），而"宁"的语义则受损较小。

第二，关于"宁可"句式的历时演变。大致而言，"宁可"句式系统经历了五个阶段，即先秦时期，两汉、魏晋、南北朝时期，隋唐、两宋时期，元明清时期和现当代。先秦时期，"宁可""宁愿"和"宁肯"还未产生，标记"宁可"句式由"宁"来完成。这个时期"宁可"句式的使用情况为："（与其、与）p，宁 q"句式/"宁 q"句式 > "宁 q，（非、无、不、蔑等）p"句式＞"宁q，（安、何、孰等）p"句式。两汉、魏晋、南北朝时期，"宁可""宁愿"和"宁肯"虽已产生，但用量很少，标记"宁可"句式基本还由"宁"来承担。这个时期"宁可"句式的使用情况为："宁q，（无、不、毋等）p"句式＞"宁q"句式＞"（与其、与）p，宁q"句式＞"宁q，（安、何、岂等）p"句式。隋唐、两宋时期，"宁可""宁愿"和"宁肯"的用量有所提高，但标记"宁可"句式的任务主要还由"宁"承担。这个时期"宁可"句式的使用情况为："宁q"句式＞"宁q，（不、未等）p"句式＞"宁q，（安、何、岂等）p"句式／"（与其、与）p，宁q"句式。元明清时期，"宁可"的用量迅速提高，并超过了"宁"，不过"宁愿"和"宁肯"的用量还很有限。这个时期，"宁"标记句式的使用情况为："宁q，（不、休、莫等）p"句式＞"宁q"句式＞"宁q，（岂等）p"句式＞"（与其、与）p，宁q"句式；对于"宁可"所标记的句式，其使用情况为："宁可q"句式＞"宁可q，（不、休等）p"句式＞"宁可q，（岂等）p"句式／"宁可q，（也不、也要）p/a"句式。到现当代阶段，"宁可""宁愿"和"宁肯"的用量均超越了"宁"，"宁"的使用频率很低、一般只用于特定的场合。这个时期"宁可""宁愿""宁肯"和"宁"的使用情况为：宁可/宁愿＞宁肯＞宁。此外，本时期"宁可"主要与"（也）不"和"也要"组配，同时"宁可q"句式仍然大量使用。

第三，关于"宁可q"句式。"宁可q"句式是指标记词"宁可""宁愿""宁肯"和"宁"只引出"选定项"，而"舍弃项"以"明示""蕴含"和"隐含"三种方式已包含在一定的语境之中。在元明清之前，该类句式主要的标记词为"宁"，所形成的句式为"宁q"句式。在"宁可"句式的发展史上，"宁可q"句式从先秦开始到现当代一直占有相当的比例，成为"宁可"句式中的重要类型。

第四，关于"宁可q，也要a"句式。该句式最早出现于明清之际，现代汉语阶段才开始普遍使用。该句式实际上是由表"择取义"的分句"宁可q"嵌套于表"目的义"的语义框架之后形成的一种句式，"宁可q"与"也要a"之间为"目的"关系，而不是"取舍"关系。因此，我们认为，"宁可q，也要a"句式不能归入取舍句式的范畴。

第五，关于"宁可q，也不p"句式的语义表达。作为一种取舍句式，"宁可q，也不p"句式的取舍主体有三种人称的选择，不过第一、三人称的情况较为常见，而第二人称的情况很少。取舍主体人称的不同选择会对"宁可"句式的语义表达造成影响，主要体现在"主观性"和"行、知、言"三域两个方面。当取舍主体为第一人称时，一般情况下该句式的语义表达具有客观性的特点，同时属于"行域"的范畴；而在少数特殊情况下具有主观性的特点，同时属于"知域"的范畴。当取舍主体为第三人称时，该句式所表达的语义均具有客观性的特点，同时属于"行域"的范畴。

第六，关于"宁可 q，也不 p"句式的语用环境。"宁可 q，也不 p"句式主要出现在表"因果"关系链条中的"结果"部分，该句式用于表"转折"语义关系中的情况也比较普遍。此外，该句式还少量出现在表"假设""目的""递进""并列""条件"和"让步"等的语义关系当中。

第四章

其他取舍句式

从范畴的角度看，前面的研究只局限于两类最具代表性的句式，其实，这距汉语取舍句式系统的全面研究尚有较大距离。就语言的实际来看，汉语表达取舍的句式决不仅限于"与其"句式和"宁可"句式，因此，从范畴的角度入手，采用由内而外的研究思路，去挖掘汉语当中的众多取舍句式，应是我们今后努力的一个重要方向。

第一节　研究现状

关于其他取舍句式，学界论述极少。黄伯荣、廖序东（2007）指出，"不……而""不在于……而在于""还不如"和"倒不如"等也能标记取舍句式。如：

（1）年事已高，再加上他是人民解放军的总司令，不应再上前线冲杀了，而应考虑全军全国的大局，主要搞决策和运筹。

（2）刘翔的领军意义不在于他能否拿到男子110米跨栏奥运金牌，而在于他能否在奥运男子短距离径赛项目上冲破欧美选手的一统天下。

（3）至于外资购买本币国债，则涉及还本付息后的利润汇出等问题，况且让外资买本币国债还不如到海外发行外币国债，因为外币国债利率低于本币国债利率。

（4）你取笑我了！闲来无事，看书看得累了，倒不如走出来，做点小手艺，舒筋活络。

除上述格式之外，张剑（1994）指出，"别的且不说……单是……

就""别的不说……且说""且不说……单"和"不必说……也不必说……单是……就"也可标记取舍句式。张文所举的例子如下：

（5）别的且不说罢，单是学艺上的东西，近来就先送一批古董到巴黎去展览。

（6）诗有诗眼，文有文眼，大约名困之类也应有个"困眼"吧！别的不说，且说豫自，我确凿认定它有"圈眼"。

（7）且不说自在画怎样生动美妙，图案画怎样工整细致，单想想那么多密密麻麻的铜丝没有一条不是专心一致粘上去的，粘上去以前还得费尽心思把它曲成最适当的笔画，那是多么大的功夫。

（8）不必说碧绿的菜畦，光滑的石井栏，高大的皂荚树，紫红的桑椹；也不必说鸣蝉在树叶里长吟，肥胖的黄蜂伏在菜花上，轻捷的叫天子（云雀）忽然从草丛间直窜向云霄里去了。单是周围短短的泥墙根一带，就有无限的趣味。……

以上例句表明，汉语取舍范畴的表达形式丰富多样，我们的认识不能仅仅局限于"与其"句式、"宁可"句式等几类句式之上。本章在吸收黄伯荣、廖序东（2007）观点的基础上，拟对"不……而"等几类句式进行简单讨论。

第二节　"不 p，而 q"句式

"不 p，而 q"句式所表达的取舍关系是通过"肯否定"的手段实现的，即肯定"q"而否定"p"。此外，"p""q"陈述的应是同一个主体（对象），如本章第一节中的例（1），"p""q"陈述的主体（对象）同为"他"。若"p""q"陈述的主体（对象）不一致，则不属于取舍句。如：

（1）其他动物靠自然本性而生存，它们的一切活动都不能超出其本性，而人则能在他的自由自觉的活动实践中实际创造一个对象世界。

例（1）中，虽然使用了"不""而"，但"不""而"后的"p""q"陈述的主体（对象）分别为"其他动物"和"人"，故此类句式不属于取舍句。

必须指出，有的语法书认为，"不是 p，而是 q"句式，表达的是"并列"，而非"取舍"关系。其实，"不是 p，而是 q"句式与"不 p，而 q"句式之间并没有本质的区别，二者很难厘清界限。因此我们暂且将"不是 p，而是 q"句式也视作取舍句式，并将其视为"不 p，而 q"句式中的一个特例。如：

（2）他愿意表达自己的感情，<u>不是</u>失去控制或让其他队员尴尬的那种，<u>而是</u>在队友打出好球时会告诉他们。

（3）这一点让我放下心来，因为我天生怕耗子，倒<u>不是</u>怕耗子的模样，<u>而是</u>怕它偷吃我的食物给我传染个鼠疫什么的。

（4）"中古—近代化—民族惰性，蒋廷黻在近代史中论述的这些环节，<u>不是</u>无的放矢，<u>而是</u>反映了近代中国某些实况及其方向的。"

（5）当他们在定义"史者何"或"历史何谓"的时候，实际上<u>不是</u>在确定"历史"的定义，<u>而是</u>在确定"史学"的定义；有时则同时合训而兼具两义。

此外，"不 p，而 q"句式还有一种超常搭配形式，即"不 p_1，不 p_2，而 q"或"不 p_1，不 p_2，不 p_3，而 q"。如：

（6）毛泽东同志曾经说："要这样做，就须<u>不</u>凭主观想象，<u>不</u>凭一时的热情，<u>不</u>凭死的书本，<u>而</u>凭客观存在的事实，详细地占有材料……"

（7）某种极端的专业科学训练，有可能把学生培养成<u>不</u>关心社会、<u>不</u>关心他人，对道德和艺术<u>不</u>感兴趣，<u>而</u>只在某一专门领域有着熟练的技巧的人。

（8）学校的真正性质和方向并<u>不</u>由地方组织和良好的愿望决定，<u>不</u>由学生委员会的决议决定，也<u>不</u>由"教育大纲"等决定，<u>而</u>由教学人员决定的。

（9）所以，国外继续教育研究既<u>不</u>搞简单的经验总结的问题研究，也<u>不</u>搞"纯思辨式"的理论研究，<u>而</u>只对继续教育进行系统研究，揭示其基本矛盾和基本规律……

一 "不 p，而 q" 句式的历时考察

考察发现，早在先秦时期，"不 p，而 q" 句式已经出现。这种句子从先秦到现当代一直为人们所普遍使用。以下是先秦时期的用例，如：

（10）郑伯如晋，子产寓书於子西，以告宣子，曰："子为晋国，四邻诸侯不闻令德，而闻重币，侨也惑之。侨闻君子长国家者，非无贿之意，而无令名之难……（《左传·襄公二十四年》）

（11）楚子期伐陈，吴延州来季子救陈，谓子期曰："二君不务德，而力争诸侯，民何罪焉？我请退，以为子名，务德而安民。"（《左传·哀公十年》）

（12）今民求官爵，皆不以农战，而以巧言虚道，此谓劳民。劳民者，其国必无力；无力者，其国必削。（《商君书·农战第三》）

（13）用兵有言："吾不为客；不敢进寸，而退尺。"是谓行无行；攘无臂；扔无敌；执无兵。祸莫大于轻敌，轻敌……（《老子·六九章》）

二 "不 p，而 q" 句式的语义表达

研究表明，"不 p，而 q" 句式绝大数情况基于 "说话人视角"，只有少数情况基于 "当事人视角"。基于 "说话人视角" 的表达体现出一定的 "主观性" 特征，而基于 "当事人视角" 的表达则体现出 "客观性" 的特征。如：

（14）总之，我们可以看到，发展不断地进行着，单个人的历史决不能脱离他以前的或同时代的个人的历史，而是由这种历史决定的。

（15）我认为，历史的发展不会由个人的意志来决定，而总是决定于历时发展的客观规律。

（16）至于西洋各国彼此互相牵制，向外发展不限于远东，相隔又远，用兵不能随便。李鸿章因此主张不进攻新疆而集中全国人力物力于沿海的国防及腹地各省的开发。

（17）洪秀全得了南京以后，他认为当时的首要任务并<u>不</u>是建设新国家或新社会，<u>而</u>应是建设新朝代。

前两例直接表达说话人的立场、观点和态度等，句中的第一人称代词"我们""我"实际上就是说话人，因此此类"不 p，而 q"句式属于基于"说话人视角"的表达，具有较强的主观性特征。后两例从当事人的角度去表达，"李鸿章""洪秀全"即为当事人，该类句式属于基于"当事人视角"的表达，在表达上具有客观性的特征。

三 "不 p，而 q"句式的语用环境

考察发现，"不 p，而 q"句式与同处一个层次上的前后接句之间的逻辑语义关系一般为"因果"，即此类句式一般出现在表"因果"的语境中。如：

（18）要讲究方式方法，｜<u>不能老是训斥，而要以师生平等的口气进行疏导</u>。

（19）将更多地把时间和精力用于提高自身的精神生活质量，｜<u>学习的目的将不再局限于应付职业的要求，而是转为丰富自己的精神世界</u>。

（20）由于马克思主义历史学的既存事实，｜<u>对历史学是什么的回答，就不应该再继续停留在一般历史学的认识阶段，而必须把它当作一门完整的知识形态意义上的科学来看待</u>。

（21）对苏外交上，尤其关心苏联对中日冲突所采取的态度。｜<u>他不同意时人认为苏联将会支持中国抗日的观点而认为这个信念全无把握</u>，他从历史与现实的关系考察，觉得苏联的远东……

以上诸例竖线"｜"左右两边的分句在逻辑语义上均为"因果"关系。

还有少数用于"假设"等关系的语境中，如：

（22）如果执行"Back（后退）50"命令，｜<u>那么小海龟的方向不会发生改变，而会向后退 41"步"</u>；执行归位命令后，不论当前小海龟的位置及方向……

此例竖线"｜"左右两边的分句在逻辑语义上为"假设"关系，有表示假设的关联词语"如果""那么"作为标记。

研究发现，由于"不 p，而 q"句式是明确通过"肯否定"的手段来表达取舍的，所以该句式经常出现于表"因果"的语境当中。一般来说，人们作出明确的"肯否定"判断都是基于某种原因，否则不会轻易下此结论。这是该类句式较多用于"因果"语境中的认知原因。

第三节 "不在于 p，而在于 q"句式

与"不 p，而 q"句式大致相当，此类句式也是通过"肯否定"的手段来表达取舍的，即肯定"q"而否定"p"。此外，该类句式中的标记"在于"属于动词，所以"p""q"既可以表陈述，也可以表指称。如：

（1）舒尔茨曾说："现代心理学与它的智慧的先驱者的重要区别，不在于所提问题的种类，而在于探索答案所用的方法"。

（2）Shepard 设计的心理旋转操作实验其重要性不在于它所得出的结论，而在于它所提出的问题：人在反映外界三维空间时形成了一个内部的视觉表象……

（3）就目前而言，我们的希望不在于引进"菲佣"，而在于培养自己的国产"菲佣"。

（4）因此，他主张区分"刚性"和"柔性"宪法的意义并不在于评价是否存在特别的修改程序，而在于评价宪法实际上是否频繁地进行变动，其修改过程是否容易。

以上四例中，前两例中的"p"分别为"所提问题的种类""它所得出的结论"，"q"分别为"探索答案所用的方法""它所提出的问题：人在反映外界三维空间时形成了一个内部的视觉表象"，以上"p""q"均为指称性成分。后两例中的"p"分别为"引进'菲佣'""评价是否存在特别的修改程序"，"q"分别为"培养自己的国产'菲佣'""评价宪法实际上是否频繁地进行变动，其修改过程是否容易"，以上"p""q"均为陈述性成分。

另外，"不在于 p，而在于 q"句式还有一种超常搭配形式，即"不

在于 p_1，不在于 p_2，而在于 q"或"不在于 p_1，不在于 p_2，而在于 q_1，在于 q_2"。如：

（5）现代企业制度的本质特征，<u>不在于</u>公司的名称，也<u>不在于</u>法人地位，<u>而在于</u>公司以其拥有的法人财产承担有限责任。

（6）更重要的是她由此深深懂得了歌唱艺术的真谛<u>不在于</u>国度也<u>不在于</u>流派，<u>而在于</u>艺术家对自己祖国的崇敬，立足于本民族的优秀传统才有可能被世界所……

（7）因此，真正的政绩<u>不在于</u>GDP的增长速度有多高，<u>不在于</u>搞了多少漂亮的大工程，<u>而在于</u>这一切能否带动广大农民持续增加收入，不断提高物质和文化生活水平……

（8）协调发展，共同处于一个完整的现代教育体系之中。二者的区别既<u>不在于</u>谁主谁次，也<u>不在于</u>谁正规谁不正规，<u>而在于</u>类型的不同，<u>在于</u>所面对的经济社会发展和社会分工所提出的人才需求……

以上四例中，前三例为"不在于 p_1，不在于 p_2，而在于 q"句式，后一例为"不在于 p_1，不在于 p_2，而在于 q_1，在于 q_2"句式。

一　"不在于 p，而在于 q"句式的历时考察

考察发现，"不在于 p，而在于 q"句式最早见于西汉，但在之后历代的文献中该类句式使用频率很低，直到晚清以后才又被普遍使用开来。如：

（9）天下之要，<u>不在于</u>我，<u>不在于</u>人而在于我身，身得则万物备矣，彻于心术之论，则嗜欲好憎外矣。（《淮南子》卷一）

（10）心无贪恋，则无往而不自安。此<u>不在于</u>临事遇变之时，<u>而在于</u>平居讲学之际。（《鹤林玉露》卷四）

（11）盖尝论之，吴之亡<u>不在于</u>吾之被谗，越之霸不在于种、蠡之用，<u>而在于</u>吾之受戮。吾若不死，则苎萝之妹，适足为后宫之娱；荣楯之华，适足……（《剪灯新话》卷四）

（12）季弟信药太过，自信亦太深，故余所虑<u>不在于</u>病，<u>而在于</u>服药，兹谆谆以不服药为戒，望季曲从之，沅力劝之，至要至嘱！

（《曾国藩家书·修身篇》）

（13）故苞之失<u>不在于</u>昧义，<u>而在于</u>少智；设令智士处此，当不若是之冒昧进战也。（《后汉演义》五八回）

二　"不在于 p，而在于 q"句式的语义表达

在现代汉语中，"不在于 p，而在于 q"句式的表达大多基于"说话人视角"，少数基于"当事人视角"。如：

（14）笔者认为，要解决这个问题关键<u>不在于</u>是否使用惩罚，<u>而在于</u>如何制定规则。

（15）我觉得巴菲特之所以伟大，<u>不在于</u>他在 75 岁的时候拥有了 450 亿的财富，<u>而在于</u>他年轻的时候想明白了许多事情，然后他用一生的岁月来坚守。

（16）李嘉诚说："说实话，这是不可能的。原因<u>不在于</u>时间紧迫，<u>而在于</u>我的公司目前拿不出一笔马上大批生产塑胶花的资金来……"

（17）在他看来，目前文学市场的疲软，其原由并<u>不在于</u>商品经济的冲击，<u>而在于</u>文学本身的萎缩，脚大怨骨节的说法只能是逃避责任的托词……

前两例直接表达说话人的立场、观点和态度等，句中的第一人称代词"笔者""我"实际上就是说话人，此类句式属于基于"说话人视角"的表达，具有较强的主观性特征。后两例从当事人的角度去表达，"李嘉诚""他"即为当事人，该类句式属于基于"当事人视角"的表达，在表达上具有客观性的特征。

三　"不在于 p，而在于 q"句式的语用环境

"不在于 p，而在于 q"句式与同处一个层次上的前后接句之间的逻辑语义关系主要是"因果"，即该类句式主要处于表"因果"关系的语境当中。如：

（18）美国在以色列修建隔离墙问题上并没有一个明确立场，

问题不在于隔离墙是否应该修建，而在于它应建在什么地方。

（19）制度创新已经成为制约西部发展的瓶颈。｜来西部省市的真正优势不在于区位和资源，而在于良好的投资环境……

（20）其实，人生意义问题的提出，是以绝对为背景的，｜哲学的智慧不在于就人生论人生，而在于以绝对为背景对人生意义作出说明。

（21）不是某些人的主观意愿所致，而是历史演变无可挽回的结果。｜所以，问题不在于不合时宜地强调"三权分立"，而在于寻找新的适应时代的制衡形式，不管这种形式是政党的……

以上诸例竖线"｜"左右两边的分句在逻辑语义上均为"因果"关系。之所以呈现这种分布状态，主要由于"不在于 p，而在于 q"句式也是明确通过"肯否定"的手段来表达取舍的。一般来说，人们作出明确的"肯否定"判断都是基于某种原因，否则不会轻易下此明确的结论。这也是此类句式较多用于"因果"语境中的认知原因。

第四节　"p，还不如 q"句式

此类取舍句式的特点是：用标记"还不如"直接显示"p"比不上"q"，在比较中体现取舍关系。如：

（1）有时候，双通道呈现信息还不如用单通道的效果好。

（2）无联系来区分是否是假借字，实际上是混淆了两个不同性质的问题，还不如以字义是否是字形所表本义来区分是不是假借字的许慎假借说原意……

（3）考虑到年轻人一般都会忽略安全和健康问题，我想千叮万嘱还不如把父亲的这三句话转送给她，希望她能够把安全、健康、事业的顺序搞……

（4）互联网还是一个比较小的产业，去年才 700 多亿产值，还不如零售行业某一家公司，好像还不如万科的销售额。

前三例只用标记"还不如"直接显示出取舍主体取"q"而舍"p"的语

义关系，如例（1）中通过"还不如"显示出"用单通道呈现信息"比
"用双通道呈现信息"好，这实际上也体现了取舍主体的取舍倾向。其他
两例可依例（1）类推分析。最后一例则是使用两个"还不如"显示并强
化取舍关系。

考察发现，"还不如"有时还与"与其""如果"配合使用，同"与
其"搭配的比例还比较高。如：

（5）我研究的对象与其说是"大社会境况中的金融市场"，还不
如说是数学世界里的随机变量和随机过程。

（6）道家与其说是个人主义，还不如说是享乐主义更确切一些。

（7）但是如果你真的想去国外二流商学院，我倒认为还不如来
中欧。

（8）在大学这个人生的实验室里，如果你排斥对自己的改造和
实验，那还不如躺在家里舒舒服服地看四年书。

我们按照检索顺序，考察了北京大学 CCL 语料库中前 100 个含有
"还不如"的取舍句式，发现"与其"与"还不如"搭配的例子有 21 例，
"如果"与"还不如"搭配的例子有 8 例，只用"还不如"的有 71 例。
为直观起见，统计列表如下：

表 4 - 1　　　　　　　　　　　"还不如"与其他词语组配情况

	与其	如果	单用	总计
还不如	21	8	71	100
比例（%）	21	8	71	100

一　"p，还不如 q"句式的历时考察

考察发现，"p，还不如 q"句式出现较晚，大致从明代开始此类句式
才开始使用。如：

（9）悟空心中想道："这里定有现成的兵器，我待下去买他几
件，还不如使个神通觅他几件倒好。"（《西游记》三回）

（10）三个妈妈子商量说："唐家的姑娘人材不大出众，这还不

如原旧姓计的婶子哩，这是不消提的了。这秦姑娘倒是有一无二的个美人……"（《醒世姻缘传》十八回）

（11）弟子与其失身死于师尊之手，<u>还不如</u>保此可贵之体，受你三姐一剑，九泉之下得逢师尊，或者他老人家念我……（《八仙得道》六二回）

（12）一泡尿也吓的人也没有溺完，真是那里的晦气，平白里接下个你，<u>还不如</u>接个文雅些的王八，虽然说是龟钻了龟，少冒失些儿也好。（《绿野仙踪》五一回）

二　"p，还不如 q"句式的语义表达

在现代汉语中，"p，还不如 q"句式的表达大多基于"说话人视角"，少数基于"当事人视角"。如：

（13）所以我常常说嘛，我说我那会儿学了这教啊，<u>还不如</u>我那会儿啊，学照相呢。啊我要学照相我看比那还有用呢……

（14）我让姚明来 NBA 测试，与其说是向美国篮球界展示他的实力，<u>还不如</u>说是为他出国作好铺垫。

（15）美国英特尔公司总裁说："与其谈论信息资源的公平享用，<u>还不如</u>先谈论美国社会食品、住宅和医疗服务的公平享用。"

（16）大多数国家认为，与其设立新的机构，<u>还不如</u>研究改进现有的联合国人权活动机构……

在以上四例中，前两例直接表达说话人的立场、观点和态度，基于"说话人视角"，体现出较为强烈的主观性特征。后两例基于"当事人视角"，从当事人的角度去表达，体现出客观性的特征。

三　"p，还不如 q"句式的语用环境

"p，还不如 q"句式与同处一个层次上的前后接句之间的逻辑语义关系主要是"因果"，也就是该类句式主要处于表"因果"关系的语境当中。如：

（17）要说安置就业有困难，就是连吃饭也大成问题。｜<u>与其回</u>

去无法生活，<u>还不如就在中国暂住一段时间</u>，还可以替你们做事。

（18）国家对非洲的看法已有所改变，｜<u>与其整天见到一个动荡不已的大陆，还不如让某种强有力的泛非组织自己管理约束自己</u>，也好让他人与之打交道。

（19）对于植树来说，护树养树更不易。｜<u>与其搞花架子，年年种树不见树，还不如把更多精力花在养树、护树上，把绿色实实在在地铺在大地上</u>。

（20）三个人干，三个人的饭五人吃，越吃越穷，越穷越亏，谁也吃不饱，｜<u>还不如先让一部分人真正干起来</u>，其余的人另谋生路。

以上例句竖线"｜"左右两边的语义关系均为"因果"。"p，还不如q"句式主要处于表"因果"关系的语境之中主要由于此类句子建立在"比较"的基础之上，一般来说人们在得出比较结论时总要有一定的依据，基于一定的原因，很少凭空去比较，这是该类句子较多用于"因果"语境中的认知原因。

第五节 "p，倒不如q"句式

与"p，还不如q"句式大致相同，"p，倒不如q"句式也是通过比较"p""q"的优劣来体现取舍关系的。如：

（1）因为，若无陆军部的保荐，他留在日本也无法报考军事学校，<u>倒不如暂且回国</u>，想办法取得合法身份，然后再赴日本，实现报考军事学校的……

（2）苦思苦想，自家手上没有一兵一卒，也干不成什么惊天动地的大事，<u>倒不如闭门造车</u>，先给他来个"纸上谈兵"，且看孙中山有何反应。

（3）万一皇上去世的消息传了开去，恐怕里里外外都会发生混乱；<u>倒不如暂时保密</u>，不要发丧，赶回咸阳再作道理。

（4）皇上年纪那么小，我们拼死拼活去打仗，将来有谁知道我们的功劳，<u>倒不如现在就拥护赵点检作皇帝吧</u>！

例（1）通过"p""q"的优劣比较，得出"留在日本"不如"暂且回国"的结论，显示出选定后者而舍弃前者的语义关系。其他几例可依例（1）类推分析。

考察发现，"倒不如"常常与"与其"搭配使用，此外少数还与"如果""既然"等配合使用。如：

（5）我们可能会说："反正羊毛出在羊身上，与其借债，反倒不如由老百姓先交税。"

（6）实际上没有这个必要，与其让学生一起玩电子游戏，倒不如让学生一起讨论来共同解决问题。

（7）今天看来，战是死，不战也是死；如果不战而死，倒不如与他们拼死一战！即使战死了，也不负皇恩，也不失为大明朝的忠臣。

（8）既然口风已经传到外面去了，倒不如假戏真唱，索性找个媒人到毛家去正式提亲，把毛阿春明媒正娶到蒋家……

我们按照检索顺序，考察了北京大学 CCL 语料库中前 100 个含有"倒不如"的句式，发现"与其"与"倒不如"搭配的例子有 56 例，"如果"与"倒不如"搭配的例子有 3 例，"既然"与"倒不如"搭配的例子有 4 例，只用"倒不如"的有 37 例。为直观起见，统计列表如下：

表 4-2　　　　　　　　"倒不如"与其他词语组配情况

	与其	如果	既然	单用	总计
倒不如	56	3	4	37	100
比例（%）	56	3	4	37	100

一 "p，倒不如 q"句式的历时考察

考察发现，"p，倒不如 q"句式出现也比较晚，大致从元代开始此类句式才开始使用。如：

（9）他们都一发买将山东卖去。便到市上。也只一般。千零不如一顿。倒不如都卖与他。你既要卖时……（《老乞大谚解》下）

（10）想人生最苦离别，可怜见千里关山，独自跋涉。似这般割肚牵肠，<u>倒不如</u>义断恩绝。虽然是一时间花残月缺，休猜做瓶坠簪折。（《西厢记》四本）

（11）他能知过去未来，他能腾云驾雾，宣他也进来，不宣他也进来，<u>倒不如</u>宣他进来，还省些口面。（《西游记》三〇回）

（12）我主意已定，你就是我的娘老子，你也拗不过我！你<u>倒不如</u>顺着道儿撺掇，叫我看玩一回，咱死心塌地的走路。（《醒世姻缘传》七八回）

二 "p，倒不如 q"句式的语义表达

在现代汉语中，"p，倒不如 q"句式的表达大多数基于"说话人视角"。如：

（13）爱，我又何以而能失恋呢？所以我这里所描写的，与其说它是写实，<u>倒不如</u>说它是由我神经过敏而空想出来的好。

（14）我有一种感觉：在这本书中，与其说刘先生是在谈文学和哲学，<u>倒不如</u>说他是在谈政治或社会学。

（15）我该怎么说呢，说她是一位貌美的妙龄女郎，<u>倒不如</u>说她更像是《一千零一夜》里的公主。要是能跟这样……

以上各例直接表达说话人的立场、观点和态度，说话人在句中体现为第一人称的"我"，体现出较为强烈的主观性特征。

还有少数的"p，倒不如 q"句式基于"当事人视角"。如：

（16）木头人道："这件事做不成，回去也一样是死，<u>倒不如</u>现在死了算了。"

（17）陆小凤叹了口气，道："好吧，反正我迟早总是逃不了的，<u>倒不如</u>索性卖个交情给你。"

（18）小老头淡淡道："他若经不起那些考验，以后行动时还是要死，<u>倒不如</u>早些死了，也免得连累别人。"

以上各例都是从当事人的角度去表达的，当事人分别为"木头人""陆小

凤""小老头",此类句子体现出客观性的特征。

三 "p，倒不如 q"句式的语用环境

"p，倒不如 q"句式与同处一个层次上的前后接句之间的逻辑语义关系主要是"因果"，也就是说该类句式主要处于表"因果"关系的语境当中。如：

（19）因为银行存款利率极低，|钱放在银行根本达不到增值的效果，倒不如把钱拿出来投资。

（20）"美国政府对此早已阐明过立场"。|这与其说是回答记者提问，倒不如说是和记者们玩"太极拳"。

（21）倘若自己禁止不住，就可以嫁娶。|与其欲火攻心，倒不如嫁娶为妙。

（22）家井上厦，本名用"厦"字，而作为笔名，改用了假名，|与其音译，倒不如还其本来面目。

以上例句竖线"|"左右两边的语义关系均为"因果"。"p，倒不如 q"句式主要处于表"因果"关系的语境之中也主要由于此类句子建立在"比较"之上，一般来说人们在得出比较结论时总要有一定的依据，基于一定的原因，很少凭空去比较，这也是该类句子较多用于"因果"语境中的认知原因。

本章小结

本章的主要观点有以下几条：

第一，"不 p，而 q"句式、"不在于 p，而在于 q"句式、"p，还不如 q"句式和"p，倒不如 q"句式均为表达取舍关系的句式。

第二，"不 p，而 q"句式和"不在于 p，而在于 q"句式在表达取舍关系时，均通过"肯否定"的方式加以实现。而"p，还不如 q"句式和"p，倒不如 q"句式在表达取舍关系时，则是通过"比较"的手段来加以实现。

第三，在现代汉语中，"不 p，而 q"句式、"不在于 p，而在于 q"

句式、"p，还不如 q"句式和"p，倒不如 q"句式在语义的表达上大多基于"说话人视角"，体现出较强的主观性；少数基于"当事人视角"，体现出客观性的特点。

第四，"不 p，而 q"句式、"不在于 p，而在于 q"句式、"p，还不如 q"句式和"p，倒不如 q"句式的语用环境大致相当，即一般均主要用于表"因果"关系的语言环境中。

第五章

准取舍句式

本章对副词"非得""死活""偏偏"和"只好"等的已有研究成果进行梳理和总结，同时受构式语法理论的启发，我们将副词"非得""死活""偏偏"和"只好"等标记的句式均看作一个构式，主要考察这些句式的意义类型、句式特点、语义表达以及语用环境等问题。

前面的章节中已谈到，副词"非得""死活""偏偏"和"只好"等在一般情况下可以用来标记取舍句式，只在少数情况下不能标记取舍句式，因此，我们将这类副词看作"准取舍标记词"，它们所标记的取舍句式自然可称之为"准取舍句式"。那么，在现代汉语中，像"非得""死活""偏偏"和"只好"等一般用来标记取舍句式的副词到底有多少？带着这个疑问，我们考察了《现代汉语副词研究》（张谊生，2000）和《现代汉语规范词典》（外语教学与研究出版社，2004）所收录的全部副词①，按照"一般用来标记取舍句式"的标准对这些副词做了穷尽性的测试，结果只找出十几个符合条件的副词。从这些副词的表义情况来看，与"非得"接近的副词有：非、非要；与"死活"接近的副词只有：执意；与"偏偏"接近的副词只有：偏；与"只好"接近的副词有：只得、只能。具体列表如下：

表 5 - 1　　　　　　　　　能作为准取舍标记词的副词

类　属	"非得"类	"死活"类	"偏偏"类	"只好"类
成　员	非得、非、非要	死活、执意	偏偏、偏	只好、只得、只能

由于表 5 - 1 中的副词一般用来标记取舍句式，只有少数情况下不能

---

① 此处《现代汉语规范词典》所收录的副词可参考《现代汉语副词分析》（张谊生，2010）文后的副词表。

标记取舍句式，因此它们都可视作"准取舍标记词"。同时，我们也能看到，这些副词数量很少，在整个副词总量中所占的比例很小。此外，这些副词大多为"评注性副词"，表达一定的主观情态义。由于取舍句式本身所表达的就是取舍主体的一种主观情态义，因此，这些"评注性副词"与取舍句式的表达之间有契合点。这也就是标记取舍句式的副词多为"评注性副词"的理据所在。

需要指出，在对以上两本专书中的副词进行考察时，我们发现有些副词在少数情况下也能标记取舍句式，但由于它们一般不能标记取舍句式，因此不能将它们视为"准取舍标记词"。这样的副词数量也不多，如"一定""硬是""愣是""横竖"和"死命"等。如：

（1）晚上天气冷，思成和朋友都劝她算了，可她坚持<u>一定</u>要去，思成只好拿条毛毯跟随着她。

（2）指挥部经常要采购一些物资，本来这全都是物资部门的事，但他<u>硬是</u>要多管"闲事"，不辞辛苦地出去调查市场行情……

（3）一开始每逢开会办班，中午一些村屯干部要上饭店，武玉学却<u>横竖</u>不准。

（4）我一生气，推醒他不问青红皂白地就唠叨起来，可他坐在一旁<u>愣是</u>不解释也不言语。

（5）众人闻声赶来，合力拦住了乐梅，但她仍<u>死命</u>挣扎，哭叫着。

例（1），行为主体"她"在"去"与"不去"之间作出了非常坚定的抉择，尽管"思成和朋友"都在劝说，可"她"还是选择了"去"。可见，该类句式所表达的语义符合取舍句式的特点，因而可以视为取舍句式。不过，像例（1）—（5）这样的取舍表达式并不是副词"一定""硬是""愣是""横竖""死命"等最常见的用法，以下的表达方式才是它们最为常见的用法，因此，它们不能归入"准取舍标记词"的行列。如：

（6）我们<u>一定</u>要完成上级组织交给我们的任务。

（7）别人都不会做，他经过努力，<u>硬是</u>把这道题做出来了。

（8）这次难得的机会，他<u>愣是</u>没把握住。

（9）她不是嫌这个就是嫌那个，<u>横竖</u>看不上眼。

（10）眼看被淹死了，他<u>死命</u>挣扎，终于浮出了水面。

例（6）—（10）中，副词"一定""硬是""愣是""横竖"和"死命"只对谓语起到了修饰或限定的作用，这些句子体现不出取舍的意义，因此不属于取舍句式。

由上可见，在现代汉语副词中，能充当"准取舍标记词"的只有"非得""死活""偏偏""只好""非""非要""执意""偏""只得"和"只能"等少数副词。本章拟重点考察"非得""死活""偏偏"和"只好"所标记的取舍句式，主要考察这些句式的历时演变、语义表达以及语用环境等问题。此外，对"非""非要""执意""偏""只得"和"只能"等标记的取舍句式也进行简要说明。

第一节　研究现状

总体而言，学术界对副词"非得""死活""偏偏"和"只好"等的研究还仅仅局限于个案研究，下文分"非得"类副词、"死活"类副词、"偏偏"类副词、"只好"类副词四个类型，对以往研究成果进行一次简单梳理。

第一，在"非得"类副词的研究方面。以往学术界对"非得"类副词的研究主要体现在"非"类格式的研究上，而对副词"非得""非要"的专门研究则很少。如张谊生（2000）对"非"类格式的类型进行了归纳，共得出六种格式。此外，张文还从语义表达的角度，将"非"类格式分为"意愿之必欲""情势之必须"和"推断之必然"三种类型，并对相关问题进行了探讨。洪波、董正存（2004）对"非 x 不可"格式的历史演化及语法化问题作了探讨，该文认为，"非 x 不可"格式的功能语法化是由该格式的主观性因素促动的，因此主观性是语法化的一种动因。王灿龙（2008）对"非 VP 不可"句式中"不可"的隐现和"非"的虚化问题进行了考察。该文以表达视角为切入点对"不可"的隐现作了较为详细的分析，同时对"非"的虚化问题也作了共时与历时的探讨。值得注意，以往总是将"非得"格式附属于"非"格式进行讨论，而对"非要"格式的探讨则很少。

第二，在"死活"类副词的研究方面。以往学术界对副词"死活"的研究成果很少，对副词"执意"等的研究更少。在少数的研究中，张谊生（2000）具有一定的代表性。张文认为副词"死活"表示比较了两种情况后有所选择的意向性情态。

第三，在"偏偏"类副词的研究方面。关于此类副词的研究，代表性的成果有：丁雪妮（2005）对"偏偏"句的施动性和造成这一施动性的原因作了简单的分析。杨霁楚（2008）从句法入手，对"偏偏"的主观语义进行了描写和分析，并在此基础上对"偏偏"的句式变体和语义实现等问题作了探讨。胡玉智（2009）从"语义""语法"和"语用"三个角度对"偏偏"和"偏"进行了全方位的讨论。范伟（2009）对"偏偏"和"偏"的情态类型和主观性差异进行了分析。

第四，在"只好"类副词的研究方面。高桥弥守彦（1991）对"只好"和"只有"进行了多角度分析。丁雪欢（2005）从词汇和语法意义、所在句子的主客观性和蕴含义、所修饰动词短语的合意性及可选度、语用功能和语用环境等方面对"只好"和"只能"作了比较分析。黄喜宏、方绪军（2009）从句法、语义和使用环境对"只好"和"不得不"进行了辨析。

另外，一些辞书对"非得""死活""偏偏"和"只好"等副词也作了简单的解释。如《现代汉语八百词》（吕叔湘，1980）、《现代汉语虚词例释》（北京大学，1996）、《现代汉语词典》（商务，2005），以及景士俊（1980）、侯学超（1998）、王自强（1998）、张斌（2005）、朱景松（2007）等各自所主编的《现代汉语虚词词典》等。

第二节　"非得"类句式

本节中，我们主要讨论副词"非得"所标记的取舍句式（文中称这类句式为"非得"句式），除此之外，还简单讨论与"非得"同类的副词"非""非要"所标记的句式。

一　"非得"句式

下文分"非得"句式的意义、"非得"句式的特点、"非得"句式的语义表达和"非得"句式的语用环境几方面来进行探讨。

（一）"非得"句式的意义

在现代汉语中，"非得"一词主要用作副词，读作"děi"，在《现代汉语词典》（2005）中的解释为：表示必须，一般跟"不"呼应。总体而言，副词"非得"之后一般承接动词性短语"VP"，一起组成"非得＋VP"结构，从该结构所表达的意义来看，主要可分为以下三种类型：

第一，"非得＋VP"结构表达主体强烈的主观意愿或行为，此类"非得"记作"非得1"。如：

（1）艾资哈尔大学中文系主任阿齐兹志得意满。他说："我的5名学生进入决赛圈，今天非得捧回几个奖杯！学生们兴趣高涨，这对他们学习中文大有裨益。这里更像一个窗口，我相信中国文化中心可以大大加强两国的文化交流，使埃及人民更多地了解中国。"

（2）我老觉得有些人傻，官非得争着当个正的，其实当个副的最好，我当了43年副的了，有成绩呢，也是你的，一把手还替你说几句话，有缺点呢，一把手还替你兜着，多干点活比什么都强，我对争这个最反感，我老说这些人傻。

（3）"难道你非得要我偿还你为我付出的吗？"张艺谋深深地叹着气说。

以上三例中的"非得＋VP"结构均表达的是相关主体的某种主观意愿或行为。

第二，"非得＋VP"结构表达了客观情势下的某种必须的抉择，此类"非得"记作"非得2"。如：

（4）孝文帝想了一下，就宣布退朝，回到官里，再单独召见拓跋澄，跟他说："老实告诉你，刚才我向你发火，是为了吓唬大家。我真正的意思是觉得平城是个用武的地方，不适宜改革政治。现在我要移风易俗，非得迁都不行。这回我出兵伐齐，实际上是想借这个机会，带领文武官员迁都中原，你看怎么样？"

（5）下过"海"的人都懂得，小打小闹，用密码箱拎点钞票就能走南闯北；若要做大买卖，非得靠银行转账结算不可。

（6）要缩短与世界平均水平的差距，走向未来，非得有比人家多一份艰苦创业、持续奋斗的精神不可。

（7）我国汉字输入的传统模式是用英文键盘将中国人使用的复杂汉字输进电脑，这就需要比较复杂的编码，恰似立交路上的车流汇集在一个狭窄的路口，<u>非得</u>交通警来一番指挥后才能慢慢地通过，这就成了汉字输入的瓶颈，无论何种编码都有其利也有其弊。

（8）这些问题不整顿，企业没有希望。但要整顿，<u>非得</u>有敢作敢为、不怕得罪人的胆识与魄力不可。

以上五例中的"非得 + VP"结构均表达了客观情势下的某种必须的抉择。

第三，"非得 + VP"结构表达某种推断结果的必然发生，此类"非得"记作"非得3"。如：

（9）这道理官兵们都懂，以降低训练标准来降低事故率，哄的是自己，实战情况下<u>非得</u>吃大亏。

（10）《华商时报》评论声称：中国"炒"家真正要成气候，看来企业<u>非得</u>被炒不可了。

（11）我和连枢跟着她去看树，老卫噔噔地头里走，我们一边抹汗一边扒衣服……眼下，老卫最着急的是防火，冬天里要是着把火，老太太<u>非得</u>急死不可。

以上三例中的"非得 + VP"结构均表达了主体对未来必然结果的推断。

语料调查表明，副词"非得"的上述用法实际上在元明以后就出现了。如：

（12）自己想罢，他从身背后就往前挪，挪到吴德的跟前，一伸手，说："好一个八卦教匪，你往哪里走！我今天<u>非得</u>结果你的性命！无缘无故的你要杀张广太，明明你是贼党！"（《康熙侠义传》六一回）

（13）曾天寿一想："定规我来拿他，焉能放他跑了，我<u>非得</u>把他拿住不可。"他跟着也就蹿上去，紧紧一跟，见后面有三间西厢房，那贼人进去，曾天寿也紧往里一蹿，扑通就掉下去……（《彭公

案》二〇七回）

（14）曾天寿、隆得海两个人跳下来说："小辈！今天非得跟你分个强存弱死。"各摆兵刃扑奔上来动手，三五个照面，隆得海一腿将甄士杰踢倒，按住捆上，说："众家丁！你等休要送死，各自逃命去吧！"（《彭公案》二八四回）

（15）王兴祖早听见东方亮说过，他是徐庆之子，名叫徐良，外号人称多臂熊，与绿林人作对。想着他这一上台，必没安着好意，今日非得赢他，这个擂台方能摆住，要是输与他，就得瓦解冰消。随即说："你姓甚名谁？"（《续小五义》九四回）

（16）冯爷说："任是什么人也不用打算进去，这朝天岭非得有会水的，有惯走山路的，才可以上得去。"蒋爷一听说："这还了得，这样说起来，非我去不行。"正谈论间，包公上朝，话不絮烦。（《续小五义》一〇一回）

（17）寨主问："什么事？"智爷说："据我看，咱们山中的人少，欲成大事，非得请人不可，益多益善。"寨主说："固是益多益善，哪里请去呢？"智爷说："有的是。刻下就有一位老英雄，人马无敌，称得起是员虎将。刻下在家中纳福。不肯出头。并且不是外人，一请就到。"（《小五义》二九回）

（18）惟有第二层埋伏最多，所有那乌鸦嘴、长蛇头、金龙爪、蜂蛋刺、壁虎尾、恶狗沫这六件毒器，都在那前后左右上下六门，非得六位好汉把守不可。第三层乃是昼夜六时，接着子丑寅卯十二个时辰；第三层乃是金木水火土五行的埋伏，黑阎罗守的那火气的兵器，便是火门……（《施公案》五〇六回）

（19）李虎臣叫众人快走。此时那老头儿把眼一瞪，说："你等往哪里走？老爷子非得把你们结果了不可！我也绝不能与你们善罢甘休！"说着站起来，直奔众人而来。大众与李虎臣心中害怕，一直的就往外跑，一个个连命也不顾了。（《永庆升平前传》十八回）

从表义类型来看，例（12）—（14）中的"非得 + VP"格式表达主体强烈的主观意愿或行为；例（15）—（18）中的"非得 + VP"格式表达了客观情势下的某种必须的抉择；例（19）中的"非得 + VP"格式表达某种推断结果的必然发生。

（二）"非得"句式的特点

第一，对于"非得1+VP"格式来说，"VP"作为主体的某种意愿或行为，可看成是主体的某种"选定项"，而与其相对的则为"舍弃项"。同时，"舍弃项"一般包含在相关的语境之中，若结合上下文语境，其大多能够得以确认。从此角度说，该类格式能生成取舍句。如：

（20）霍老二对老孔头说："老村长，您就把心撂下吧！现在人们买电视还<u>非得</u>要日本原装货呢！谁还会跟日本人结仇？您这都是哪年的皇历了？"

（21）别人都劝他离开这个是非之地，可他呢，谁的话都是耳旁风，<u>非得</u>要留下来弄个究竟。

（22）他<u>非得</u>要娶人家的女儿，尽管面临重重困难，他说他平生就爱这个女人。

第二，对于"非得2+VP"格式来说，"VP"是根据客观情势作出的必须的选项，因此，从取舍的角度来看，"VP"作为"选定项"是必须的，与其相对的"舍弃项"一般包含在相关的语境之中。从此角度说，该类格式能生成取舍句。如：

（23）可是眼前索尼公司的月生产能力只有1000台，接受10万台的订单靠现有的老设备来完成，难于上青天！这样就<u>非得</u>新建厂房，扩充设备，雇用和培训更多的工人不可，这意味着要进行大量的投资，也是一笔危险的赌注。

（24）由于音场的方位效果主要来自中、高频音区，而低音在传播时的方向感不明显，因此，这只低音音箱的摆放无须像两只主音箱那样，<u>非得</u>一定的位置、角度才能达到理想效果。

（25）它既不可能进口，也不是有钱马上就可以买来的，<u>非得</u>自己动手1公里1公里修建不可。

（26）这条路<u>非得</u>修不可，否则这边的经济就没法儿发展，更别说其他的了……

第三，对于"非得3+VP"格式来说，"VP"是主体的某种推断结果，而不是主体的某种择取行为。从此角度说，该类格式所生成的句子为推断句，而不是取舍句。如：

（27）如果这样搞下去，这所学校<u>非得</u>垮台不可，更别说提高其知名度了。

（28）从目前掌握的情况看，下周三局领导<u>非得</u>来检查我们这边的工作不可。

综上所述，副词"非得1""非得2"能标记取舍句，① 而"非得3"不能标记取舍句。此外，"非得1"和"非得2"所标记的取舍句一般只引出选定项，而其舍弃项并不是由与"非得"组配的其他关联词语引出，而是以明示、蕴含和隐含的方式包含在相关的语境之中。具体情况如下：

第一，舍弃项的"明示"（manifestation）。所谓明示实际上是指舍弃项以显性的方式存在于相关的语境之中。如：

（29）家里人都想让他嫁给那位很有修养的中学老师，可她<u>非得</u>要嫁那个卖菜的……

（30）她每写完一封信后，从不马上寄出，而是<u>非得</u>从头到尾认真检查一遍。

（31）一部书，多不过几元钱，一般读者要购置，完全买得起。不是说"善本"吗？要从足资考订、补佚备览的角度，依我看这套《丛刊》也可以算得上了，那是不一定<u>非得</u>"宋椠元板"、"纸坚刻软"不可的。

（32）一九三八年暑假，我参加了德语补习班。那时正值炎热季节，教室里热得像蒸笼一般。当时上课时哈佛实行英国制度，不准只穿衬衫进教室，<u>非得</u>把西装穿得整整齐齐，领带打得结结实实，教师也是如此。每节课下来，师生都是汗流浃背。

在以上例子中，例（29）、（30）中的"非得"属于"非得1"，例

---

① 对此，张谊生（2000）曾指出，副词"非得"等表意愿态，即比较了两种情况之后而有所选择的意向性情态。

（31）、（32）中的"非得"属于"非得2"。同时，这些例子中的"非得"之后只带有选定项，而舍弃项依次明示于前文语境中，即"嫁给那位很有修养的中学老师""马上寄出""这套《丛刊》"和"只穿衬衫"。

第二，舍弃项的"蕴含"（entailment）。所谓蕴含是指舍弃项虽未完全显现，但可以间接从一定的相关语境中推导出来。如：

（33）小孩儿看起来更适合学音乐，他并不太喜欢舞蹈，可父母非得让他上舞蹈学校。

（34）工人老李已经累得不行了，照往常这么晚早就该休息了，可他非得冲到抗洪的最前线。

（35）她自暴自弃，竟然逍遥放纵于烟馆赌场。一天，她当着上海滩上的大流氓、大赌棍吴世宝的面说道："你们逼我走下了银幕，以为我彻底输了，这是白日做梦。今后非得赢你们，赢一个世界！"

（36）既然明知"时间仓促"，那为什么不可以"从容"一点，让"时间充裕"一点，以便深思熟虑，反复修改，而偏偏要"仓促成书"呢？是上边硬性规定非得要在某年某月某日以前把书拿出来呢，抑或是作者（编者）由于"发表心切"而"仓促"出书？

在以上例子中，前三例中的"非得"属于"非得1"，后一例中的"非得"属于"非得2"。同时，在这些例子中，"非得"之后只带有选定项，而舍弃项都可从前文语境中推导出来，即"上音乐学校""休息""输给你们"和"从容思考、反复修改出版"。

第三，舍弃项的"隐含"（implication）。所谓隐含是指舍弃项未加显现，同时舍弃项也不能从相关语境中推导出来，它的存在只能从语句的含义以及整个语境提供的信息中加以"意会"。如：

（37）你不用和他说了，他非得去西藏不可了，这个想法他早就有了。

（38）"当局者迷、旁观者清"，有时作者写了败笔，非得由编辑指出不可。作家最需要知道的是这本书读来是否顺口？是否动人？有没有松懈之处？编辑是他的头一个认真的读者，因此作家往往很依赖他的编辑。

　　（39）人生一世，在时间里生活几十年、百把年，在空间里占地球上那么一丁点儿的位置，可就是若想认真把精神生活和物质生活都过得更有意义一些，更丰富多彩一些，那就还<u>非得</u>广泛地与历史和世界多打点儿交道不可。

　　（40）在工商局工作的康大海，最近犯了和其他同类人物一样的心病，家里"贡"满为患。大到资金雄厚、气势煊赫的公司、超市，小到寄人篱下、占道经营的个体摊贩，只要想挂牌营业，就<u>非得</u>迈过他这一道门槛不可。

在以上例子中，前一例中的"非得"属于"非得1"，后三例中的"非得"属于"非得2"。同时，"非得"句式的舍弃项均不能从相关的语境中找出，但这些舍弃项可结合语境加以意会。

（三）"非得"句式的语义表达①

对于"非得"句式的语义表达而言，第一、三人称充当取舍主体的情况最为常见，第二人称的情况较少。从语义表达的角度说，取舍主体人称的不同选择会对"非得"句式主观性的强弱造成影响，同时对该类句式在"行、知、言"三域中的表达也会产生影响。

1. 主观性与"非得"句式的表达

（1）取舍主体为第一人称时的情况

首先，对于"非得1"句式而言，句子往往将"说话人"看作"当事人"进行表达。这是一种以"当事人"作为视角的客观性表达，因而句子表达的主观性较弱。如：

　　（41）虽然父母一再反对，可我<u>非得</u>要去西藏，后来他们也没有办法了，只好由我做主。
　　（42）别人愿待就待着，反正我<u>非得</u>离开这个地方不可。
　　（43）你不让我去，可我<u>非得</u>去，我就是专门与你过不去。

在以上三例中，"非得1"句式的取舍主体都为第一人称的"我"，这里的"我"虽为说话人，但从句子本身的表达来看，该类句子实际上是将

---

　　①　这里只探讨属于陈述句的"非得"句式，其他句类暂不论及。

说话人（"我"）作为当事人来表达的，即句子表达的是说话人（"我"）的一种主观意愿或行为，这里的说话人（"我"）属于"句子主语"①。

其次，对于"非得2"句式来说，句子往往以"说话人"作为表达视角。此类句子的表达具有强烈的主观性。如：

（44）我觉得这件事非得这样处理不可，别的办法根本行不通。

（45）学校前面的路口经常堵塞，我们一致认为非得修桥不可了。

（46）我非得把这篇论文发出来，要不然，我可能就得延期毕业了。

在以上三例中，"非得2"句式的取舍主体都为第一人称的"我"和"我们"（说话人），此类取舍句表达了取舍主体（说话人）的某种观点和看法，因此这里的说话人属于"言者主语"②，该类取舍句以说话人作为表达视角。

（2）取舍主体为第二人称时的情况

首先，对于"非得1"句式来说，此类句子往往以"当事人"作为表达视角，句子表达的主观性较弱，具有客观性的特点。如：

（47）不过，你要是非得这么说，那就随你的便了。我也阻止不了你。

（48）如果按照自然规律，西瓜是夏天成熟的，可以清凉消暑，你非得在冬天吃，虽然屋里有暖气。

（49）不过这种好胜的态度运用不当的话，例如别人加班70小时，你就非得要加班80小时。

（50）好比《戏梦人生》，你非得花那么多时间去找，跟它相处，长期相磨，慢慢这个法则才出现了。

其次，对于"非得2"句式来说，此类句式也常常以"当事人"作

---

① "句子主语"是叙述的出发点，一般指句子的当事者。

② "言者主语"指句子的言说主语，或者单指说话人，或者包含说话人。

为表达视角，句子表达的主观性较弱，具有客观性的特点。如：

> （51）己所欲施于人，就是说这事你认为好，我就<u>非得</u>跟着你干。
> （52）你觉得<u>非得</u>在北京骑骑车才会知道那地方奇大无比、路途遥远。
> （53）你坐不住了，你说<u>非得</u>赶紧找些人披露这个消息不可。
> （54）你会说："要是牛陷在沟里，你<u>非得</u>拉它出来不可。"

例（47）—（54）中，第二人称代词"你"既是句子的取舍主体又是当事人，说话人只是客观地陈述句子所表达的相关取舍意义，因此具有客观性的特点。

（3）取舍主体为第三人称时的情况

首先，对于"非得1"句式来说，该类句式往往以"当事人"作为表达视角，句子表达的主观性较弱，具有客观性的特点。如：

> （55）尽管学校想让他留校任教，可张生<u>非得</u>回乡当一名中学老师。
> （56）他<u>非得</u>去新疆当兵，家人再三劝阻也无济于事。
> （57）敌人已经发现了他们，可他们<u>非得</u>与敌人周旋不可。

在以上三例中，"非得1"句式的取舍主体都为第三人称的"张生""他"和"他们"，同时，这些取舍主体实际上为句子的当事者，该类句子表达了当事人（"张生""他"和"他们"）的一种主观意愿或行为，这里的当事人属于"句子主语"。因此，该类取舍句以"当事人"作为表达视角，具有客观性的特点。

其次，对于"非得2"句式来说，该类句式也常常以"当事人"作为表达视角，句子表达的主观性较弱，具有客观性的特点。如：

> （58）他们认为，要想在学问上有所作为，<u>非得</u>多花时间下真功夫不可。
> （59）这几家公司要想在市场上立于不败之地，他觉得<u>非得</u>走重

组的路子不可。

（60）他们认为这本书<u>非得</u>按时出版，否则就会带来负面影响。

在以上例子中，"非得2"句式的取舍主体都为第三人称的"他们"和"他"，同时，这里的"他们"和"他"为该类取舍句的当事者，该类句子实际上表达的是当事人（"他们"和"他"）根据情势作出的一种主观判断，这里的当事人属于"句子主语"。因此，该类取舍句同样以"当事人"作为表达视角，具有客观性的特点。

由此可见，对于"非得"句式来说，不同的人称选择会对句子的表达视角造成影响。当取舍主体为第一人称时，对于"非得1"句式来说，句子的表达基于"当事人视角"，具有客观性的特点；而对于"非得2"句式来说，句子的表达基于"说话人视角"，具有强烈的主观性。当取舍主体为第二、三人称时，不论是"非得1"句式还是"非得2"句式，句子的表达均基于"当事人视角"，具有客观性的特点。

2. "行、知、言"与"非得"句式的表达

（1）取舍主体为第一人称时的情况

首先，对于"非得1"句式来说，句子往往表达的是说话人自己的某种主观行为或意愿，因而此类句子的表达属于"行域"的范畴。再如：

（41'）虽然父母一再反对，可我<u>非得</u>要去西藏，后来他们也没有办法了，只好由我做主。

（42'）别人愿待就待着，反正我<u>非得</u>离开这个地方不可。

（43'）你不让我去，可我<u>非得</u>去，我就是专门与你过不去。

其次，对于"非得2"句式来说，句子往往表达的是说话人自己的某种主观态度或看法，因而此类句子的表达属于"知域"的范畴。再如：

（44'）我觉得这件事<u>非得</u>这样处理不可，别的办法根本行不通。

（45'）学校前面的路口经常堵塞，我们一致认为<u>非得</u>修桥不可了。

（46'）我<u>非得</u>把这篇论文发出来，要不然，我可能就得延期毕业了。

（2）取舍主体为第二、三人称时的情况

不论是"非得1"句式还是"非得2"句式，该类句子所表达的往往是取舍主体的某种行为或意愿，因而这些句子的表达属于"行域"的范畴。再如：

（47'）不过，你要是<u>非得</u>这么说，那就随你的便了。我也阻止不了你。

（52'）你觉得<u>非得</u>在北京骑骑车才会知道那地方奇大无比、路途遥远。

（55'）尽管学校想让他留校任教，可张生<u>非得</u>回乡当一名中学老师。

（60'）他们认为这本书<u>非得</u>按时出版，否则就会带来负面影响。

综上所述，对于"非得"句式来说，取舍主体人称的不同选择会对该句式的主观性表达造成影响，同时也会对该句式在"行、知、言"三域中的语义表达造成影响。同时，我们发现，当取舍主体为第一人称时，对于"非得1"句式来说，句子的表达基于"当事人视角"，具有客观性的特点，同时属于"行域"范畴；而对于"非得2"句式来说，句子的表达基于"说话人视角"，具有较强的主观性，同时属于"知域"范畴。当取舍主体为第二、三人称时，不论是"非得1"句式还是"非得2"句式，句子的表达均基于"当事人视角"，具有客观性的特点，同时属于"行域"范畴。以上结论可列表归纳如下：

表5-2　　　　　　　　　"非得"句式语义表达属性分布

取舍主体	主观性	客观性	行域	知域
第一人称	＋（非得2）	＋（非得1）	＋（非得1）	＋（非得2）
第二人称	－	＋	＋	－
第三人称	－	＋	＋	－

注：表中"＋"表具有该属性，"－"表不具有该属性。

（四）"非得"句式的语用环境

考察"非得"句式的语用环境，主要是考察该类句子以独立的句子身份与前后文语段之间直接（同一层次）的逻辑语义关系。由于"非得"

分为"非得1"和"非得2",因此下面的分析也分两步进行。

第一,"非得1"句式的语用环境。"非得1"句式与前后文语段之间的逻辑语义关系主要为"因果"和"转折",此外,还有少数情况属于"条件""目的"和"并列"等。如:

(61) 家人虽然不太赞同,但他对绘画很感兴趣,│因此非得报考中央美术学院不可。

(62) 张修基说:"干一行,不拔尖儿不行,干不过人家不行。看到谁的产品比丛林集团的强,我就睡不好觉,│非得想法儿超过它不可。"

(63) 张金玲今年50岁,只有初中文化,干农活儿已有几十个年头了。她干庄稼活跟别人根本不同,她一向爱动脑筋找窍门,│样样农活儿非得干出个名堂不可。

(64) 他很少逛商场,一旦进入那灯光灿烂的殿堂,│却又非得看服装不可。

(65) 我们大家都同意一起去逛公园,│他却非得要去看电影,他真是个有个性的人呀!

(66) 1982年,他从部队转业来到肥城局杨庄矿掘进二区,做了一名普遍的掘进工,这惹得他昔日的许多战友莫名满怀:作为一个战斗英雄,又患有严重的关节麻木症,他干点什么轻松的工作不好,│非得到漆黑的井下去拚命。

在例(61)—(63)中,"非得1"句式与竖线前面的语段之间为"因果"的逻辑语义关系;而在例(64)—(66)中,"非得1"句式与竖线前面的语段之间为"转折"的逻辑语义关系。

除以上情况外,还有少数情况属于"条件""目的"和"并列"关系等。如:

(67) 每一本书,不管从谁那里传出,│非得让22人全读过不可,一本梁晓声的小说已看没了封面……

(68) 遇到这种情况,当地人准会一涌而上,将你团团围住,甚至大打出手,纠缠起来没完没了,│非得让你破点财才能走人。

（69）这里早先是有土匪的，我想这土匪真是干不得，当土匪总不能在路边开一个土匪公司，｜<u>非得将窝设在路都没有的山上</u>。

在以上三例中，"非得1"句式与竖线前面的语段之间分别为"条件""目的"和"并列"的逻辑语义关系。

第二，"非得2"句式的语用环境。"非得2"句式与前后文语段之间的逻辑语义关系主要为"因果"和"假设"，此外，还有少数情况属于"转折"和"条件"等。如：

（70）福特汽车公司的研究者认为，他们拥有制造中档汽车的极大优势，｜<u>这是因为他们不必非得改变现有汽车的个性不可</u>；而且他们能重新制造出他们想制造的任何汽车。

（71）他也幻想着有朝一日真能成为深圳人中的一员，｜<u>因此他非得好好干</u>。

（72）与下发文件、传达精神、布置工作相比，落实的难度要大得多，费事得多，｜<u>非得有股不抓到底誓不罢休的认真劲儿不可</u>。

（73）中国人要想把对俄生意做成，｜<u>非得把握住俄罗斯市场及现实的这种消费特点</u>。

（74）霍华·休斯是位神秘的富翁，他曾为了获得环球航空公司的控制权，付给律师的辩论费高达1200美元。<u>若是这件事非得以法律解决</u>，｜真正获得利益的人大概是律师们。

（75）要想你的药能进医院、药店，｜<u>就非得把本来只有1元钱的出厂价报到10元、20元，以留下更多的回扣空间吸引医院</u>。

例（70）—（72）中，"非得2"句式与竖线前面的语段之间为表因果的逻辑语义关系；例（73）、（75）中，"非得2"句式与竖线前面的语段之间为表假设的逻辑语义关系；例（74）中，"非得2"句式与竖线后面的语段之间也为表假设的逻辑语义关系。此外，还有少数的情况属于"转折"和"条件"等。如：

（76）希腊人口虽不多，｜<u>但未必非得靠海外军团来增援奥运会的工作大军</u>，而奥地利人基泽随意中所展示的是希、奥文化，是欧洲文化；在雅典，她和有类似背景的人展示的更是一种现代社会文化的包容性。

　　（77）其实，<u>大多数事情都不一定非得直接告诉当事人</u>，｜才能够达到自己的目的。

　　例（76）竖线左右的逻辑语义关系为转折，而例（77）竖线左右的逻辑语义关系则为条件。

　　本节在北京大学中国语言学研究中心现代汉语语料库中，对该语料库的前100个"非得1/非得2"类取舍句的语用环境做了考察，具体情况如表5－3、表5－4所示：

表5－3　　　　　　　　　　　　"非得1"句式的语用情况

	转折	因果	条件	目的	并列	总计
句数	45	43	7	3	2	100
比例（%）	45	43	7	3	2	100

表5－4　　　　　　　　　　　　"非得2"句式的语用情况

	因果	假设	转折	条件	总计
句数	45	50	3	2	100
比例（%）	45	50	3	2	100

　　由表5－3、表5－4可知，对于"非得1"句式而言，首先，取舍主体的某种主观意愿或行为（选定项）建立在反驳别的意愿或行为（舍弃项）的基础之上，这两类意愿或行为的对立是造成该类取舍句与前后文语段较多地构成转折关系的深层原因。其次，取舍主体的某种主观意愿或行为（选定项）的做出有时出于某种原因的考虑，这是造成该类取舍句与前后文语段较多地构成因果关系的深层原因。而对于"非得2"句式而言，取舍主体的某种主观意愿或行为（选定项）的做出往往出于某种现实或虚拟原因的考虑，这是造成该类取舍句与前后文语段较多地构成因果或假设关系的深层原因。此外，至于上述两表中的其他逻辑语义关系，因语用频率较低，暂不作分析。

　　通过以上分析，我们认为，由于"非得1"句式所采取的是一种感性的取舍方式，因此该类句式属于主观型的取舍句式；与之相对，由于"非得2"句式所采取的是一种理性的取舍方式，因此该类句式属于客观型的取舍句式。

二　副词"非"与取舍句

在现代汉语中，"非"的用法与"非得"接近，"非"作为副词主要修饰动词性短语"VP"，一起构成"非+VP"格式，此类格式按照所表达的语义类型，可分为三种，一是表达主体强烈的主观意愿或行为，此类"非"记作"非1"。如：

（78）但是朝廷中有几个大臣却把霍光看作眼中钉，<u>非</u>把他除去不可。

（79）这篇文章一出来，朝廷上上下下都闹翻了天。一些萧子良的亲信、朋友，都认为<u>非</u>把范缜狠狠地整一下不可。萧子良又找了一批高僧来跟范缜辩论，但是范缜讲的是真理，那些高僧到底还是辩不过范缜。

（80）唐宪宗收到这个奏章，大发脾气，立刻把宰相裴度叫了来，说韩愈诽谤朝廷，<u>非</u>把他处死不行。

（81）东北有一家原木批发商，董事长私下和农林局里的管理员勾结，营私舞弊，因此业绩步步高升，后来因为漏税被人检举，补缴罚金数亿元。他不甘心就此罢休，<u>非</u>再捞他一笔不可，便再度偷伐国有林。

（82）汉桓帝接到牢修的控告，就下命令逮捕党人。除了李膺之外，还有杜密、陈寔和范滂等二百多人，都被他们写进党人的黑名单。朝廷出了赏金，通令各地，<u>非</u>抓到这些人不可。

以上各例中的"非+VP"格式均表达的是主体的某种意愿或行为。

二是"非+VP"结构表达了客观情势下的某种必须的抉择，此类"非"记作"非2"。如：

（83）在蚊子中，最可恶的要算吸人血的蚊子。雌雄蚊的食性本不相同，雄蚊"吃素"，专以植物的花蜜和果子、茎、叶里的液汁为食。雌蚊偶尔也尝尝植物的液汁，然而，一旦婚配以后，非吸血不可。因为它只有在吸血后，才能使卵巢发育。所以，叮人吸血的只是雌蚊。

（84）电视具有一些电影不可能有的特点。电视节目收看方便，不像看电影非进电影院不可；还可以随意选择、变换几套节目。电视剧的容量大，有的连续剧可长达一百多集，甚至更多；又比较灵活，每集独立成章。这就使电视成为电影的竞争对手。

（85）我们认为，中国足球已经到了非改革不能的地步，这一点是媒体和球迷都看到的。

（86）赵高知道要干这样的事，非跟李斯商量不行，就去找李斯说："现在皇上的遗诏和玉玺都在胡亥手里，要决定哪个接替皇位，全凭我们两人一句话。您看怎么办？"

（87）对方的鲍·杰克逊故意犯规，把姚明送上罚球线，姚明2罚1中，火箭队以104∶101领先3分，迫使国王队非投三分不可。在剩下不到3秒时，毕比出手，球打在篮圈前沿弹出，又被姚明拿到，确保了火箭队的胜利。

以上各例中的"非＋VP"格式均表达的是客观情势下的某种必须的抉择。

三是"非＋VP"结构表达某种推断结果的必然发生，此类"非"记作"非3"。如：

（88）生意听到的答案都是："你看，那些工人和设计师都闲着没事做；再这样下去，公司非垮不可。"

（89）何况，许多改革措施本身，并不存在什么"姓社""姓资"问题，如果一定要去问明白，那在理论和政策上非造成混乱不可。

（90）如果地减掉一半，还拿吨粮，投入部分无论如何减不了一半，利率非降低不可，这就是规模效益吧。

（91）不要以为有了权就好办事，有了权就可以为所欲为，那样就非弄坏事情不可。

（92）反对资产阶级自由化至少还要搞二十年。民主只能逐步地发展，不能搬用西方的那一套，要搬那一套，非乱不可。我们的社会主义建设，必须在安定团结的条件下有领导、有秩序地进行，我特别强调有理想、有纪律，就是这个道理。如果搞资产阶级自由化，就是再来一次折腾。

以上各例中的"非＋VP"格式均表达了某种推断结果的必然发生。

从以上三类格式的表义情况看，"非1/非2＋VP"格式中的"VP"可看成是主体的一种主观的意愿或行为，从取舍的角度讲，"VP"可视为"选定项"，而其舍弃项一般已包含在前后文语境中，可见，"非1/非2＋VP"格式也能生成取舍句。而对于"非3＋VP"格式而言，由于"VP"所表达的是一种主观推断，同时推断是一种对未然状态所做的预测，因此"非3＋VP"格式不能表达取舍行为，也不能生成取舍句。

三　副词"非要"与取舍句

"非要"作为副词主要修饰动词性短语"VP"[①]，一起构成"非要＋VP"格式，此类格式按照所表达的语义类型，也可分为三种：

一是表达主体强烈的主观意愿或行为，此类"非要"记作"非要1"。如：

（93）张国宝听说我有部《看看他们》，<u>非要</u>我找来给他看。我从箱子里翻出尘封已久的《看看他们》，和张国宝去教室用学校教学用的放映设备看完后，张国宝非常激动，极力鼓动我把片子送到海外，若我愿意，他可以托一个在海外的朋友把片子捎出去，参加即将在多伦多举行的一个国际影展，作为非参赛作品展映。

（94）我们现在面对的不是要不要发展民主的问题，而是要不要在符合基本法的轨道上发展民主的问题。这些人<u>非要</u>引来外部势力的干涉，在基本法之外另搞一套，只能阻滞民主的发展。

（95）总经理徐勇告诉记者，外国游客对坐人力三轮车游胡同很感兴趣，认为这种体验式旅游拉近了和普通中国人的距离。有的外国游客觉得蹬三轮车很有趣，<u>非要</u>拉着三轮车工人跑一段不可。

（96）唐肃宗想封他当宰相，李泌可不愿意。他说："陛下待我

---

① "非要"在《现代汉语规范词典》（外语教学与研究出版社，2004）中被处理为副词。

像知心朋友一样，这就比当宰相的地位还贵了，何必<u>非要</u>我挂个名不可呢?"

(97) 有一次，当她从刚刚外出执行任务回来的丈夫的闲聊中无意听说了在巡逻的路上，有的地段是揪着马尾通过的，马蹄和人脚所过之处留下了斑斑血迹时，好几天闷闷不乐，后来干脆<u>非要</u>丈夫同她一起回一次老家，搞得丈夫不知所措。

以上各例中的"非要 + VP"格式均表达的是主体的某种意愿或行为。

二是"非要 + VP"结构表达了客观情势下的某种必须的抉择，此类"非要"记作"非要2"。如:

(98) 直流电也有它的优点，在化学工业上，像电镀等，就<u>非要</u>直流电不可。开动电车，也是用直流电比较好。所以，它们各有所长。

(99) 即使一粒金屑，一粒钻石，再好、再贵重的东西，放到眼睛里，这眼睛也受不了，<u>非要</u>排斥出去不可。我们要真正证得这个不生不灭、不垢不净、不来不去、不增不减的佛性，就要一切放下，无所得、无所证，才与妙体相应。

(100) 老黄亲自出马见老李，黄对李说:"你的身体不好，辩护词就不一定<u>非要</u>在法庭上念了，直接交给我们，效果是一样的。"

(101) 礼炮兵的训练强度也不小，虽然新式庆典礼炮改变了过去跪姿装填炮弹的方式，可要把炮弹送上膛，操炮杆<u>非要</u>用 17 公斤的力量，才能启动。

(102) 同时，我们还要知道，成佛并不一定<u>非要</u>经过中乘的辟支佛、或者小乘的罗汉。我们凡夫只要了悟，诸法空相皆不可得，一切都是我的心性所显现，都是真性的作用。

以上各例中的"非要 + VP"格式均表达的是客观情势下的某种必须的抉择。

三是"非要 + VP"结构表达某种推断结果的必然发生，此类"非要"记作"非要3"。如:

（103）包括一些直销商，素质之参差不齐，令人吃惊。这样的直销商队伍，恐怕是<u>非要</u>砸了正规传销公司的牌子不可了。

（104）我们的经营理念已不能适应时代发展的要求，若这样下去，我想<u>非要</u>把公司搞垮不可。

（105）你好好劝劝他，他总爱喝酒，酒后还要开车，他迟早<u>非要</u>出事不可。

以上各例中的"非要＋VP"格式均表达了某种推断结果的必然发生。

调查表明，在上述三类"非要＋VP"格式中，"非要1"的语用频率最高，"非要2"的语用频率较低，而"非要3"很少使用。从与取舍句的关系来看，"非要1/非要2＋VP"格式中的"VP"可看成主体的一种主观的意愿或行为，从取舍的角度讲，"VP"可视为"选定项"，而其舍弃项一般已包含在前后文语境中，可见，"非要1/非要2＋VP"格式也能生成取舍句。而对于"非要3＋VP"格式而言，由于"VP"所表达的是一种主观推断，同时推断是一种对未然状态所做的预测，因此"非要3＋VP"格式不能表达取舍行为，也不能生成取舍句。

第三节 "死活"类句式

本节中，我们主要讨论副词"死活"所标记的取舍句式（文中称这类句式为"死活"句式），除此之外，还简单讨论与"死活"同类的副词"执意"。

一 "死活"句式

下文主要从"死活"句式的意义、"死活"句式的特点、"死活"句式的语义表达和"死活"句式的语用环境几方面进行探讨。

（一）"死活"句式的意义

《现代汉语词典》（2005，商务）认为，"死活"的义项有二：一是"活得下去活不下去"；二是"无论如何"。"死活"表示第一个义项时主要充当名词，而其表示第二个义项时则充当了副词的角色。这里主要讨论"死活"作为副词（即第二个义项）时的用法。语料考察表明，在现代汉语中，作为副词的"死活"后面一般承接动词性的短语（记作"VP"），同时"VP"按其所表达的意义可大致划为两类，一类表达结果意义，一类表达行为意义。如：

（1）我市查获了一起假茅台案，到贵阳取证，人生地不熟又没人配合，<u>死活</u>找不到证人，空空而归。

（2）我对他说："要不，去找俺弟求份活干？"他一听就火了。原先，他那产业工人的架子端得可足了，<u>死活</u>瞧不上俺那弟弟，说俺弟不学无术，就知道钻钱眼子。

（3）有一次我给一个老外朋友念一段报纸，讲到"江山"这个词，我连说带划她<u>死活</u>不理解。她说"江山"是美丽的风景，对美丽的风景怎么要去"打"、去"坐"呢？

（4）长到二三十岁，在西方不过就待了二三年，还是找不到感觉的非公民。架不住血统里领导或被领导的惯性，天生没长一双平视众生的眼睛，闹起民主来就像走迷魂阵，好端端地看着目标，却<u>死活</u>走不出骨子里的那层意思。

（5）"您说怎么办呀？我爱她她不爱我，可她明明该爱我，因为我值得爱，她却<u>死活</u>也明白不过来这个道理，说什么全不管用……"

以上各例中的"死活 + VP"类短语所表达的意义都为结果义。再如：

（6）最后大家不得不回过头来，再去找原先那家愿出 5 万元买他们唱片的公司，没想到那家公司却<u>死活</u>都不愿意再与他们谈了，别说 5 万元，就是 1 万元他们也不要了。

（7）当晚，村民们都劝丁作明赶快离开路营村，出去躲一躲。开始，丁作明<u>死活</u>不愿意，觉得村干部欺人太甚，干吗要躲？后来考虑到，县领导已经支持他们清查村里账目的要求了，查清村干部贪污钱财的事，看来只是个时间问题，不能因小失大，扰乱了县里的计划。

（8）吉德秀镇政府把卓玛一家列为扶贫对象，但要强的丈夫罗次<u>死活</u>不"领情"，坚持靠自己解决。在农闲之余，他们起早贪黑地捻毛线织氆氇卖钱。

（9）大概优秀的教练都是有个性的吧，在 2002 年世界杯时，他死活不用呼声极高的罗马里奥，得罪了全巴西的媒体，但老头没有退缩；在 2004 年欧锦赛时，他又把欧洲冠军联赛冠军门将拜亚关在葡萄牙队大门之外，更是在全葡萄牙引起公愤。

（10）俄罗斯队主教练卡尔波里和主攻手加莫娃对于记者们再三追问到底输在哪里，死活不肯明说。他们说，要回去研究一个星期，然后才知道原因何在。

以上各例中的"死活 + VP"类短语所表达的意义都为行为义。

在古汉语中，"死活"作为副词使用是宋元以后的事情，"死活"后接动词性短语（"VP"）一起构成"死活 + VP"格式。如：

（11）晴雯、麝月、袭人三人又说："他两个去请，只怕宝林两个不肯来，须得我们请去，死活拉他来。"（《红楼梦》六三回）

（12）你母亲老远的来了，也不曾好好的歇一歇，你就死活要拉到那边去！（《二十年目睹之怪现状》十九回）

（13）贾政又说道："这个怕老婆的人从不敢多走一步。偏是那日是八月十五，到街上买东西，便遇见了几个朋友，死活拉到家里去吃酒。（《红楼梦》七五回）

（14）宝玉将一切人稳住，便独自得便出了后角门，央一个老婆子带他到晴雯家去瞧瞧。先是这婆子百般不肯，只说怕人知道，"回了太太，我还吃饭不吃饭！"无奈宝玉死活央告，又许他些钱，那婆子方带了他来。（《红楼梦》七七回）

（15）有一个姓常的女子走到武宗寝室门口，竟然死活不进寝室。（《武宗逸史》二三章）

（16）众人找寻管带，找了半天才找着，拉他出来，死活不肯，只问众人道："本船着了炮子，伤着没有?"（《清朝秘史》九八回）

（17）夔尧道："怎么没有，明朝朱姓，国虽然灭了，却还有人死活想图恢复呢。"世宗道："怎么都是杀不怕的，张苍水、郑延平那么厉害，尚且被当今灭掉。"（《清朝秘史》二六回）

（18）我惊问甚事，姊姊道："我直对你说罢：伯娘是到那边算账去的，我死活劝不住，因约了到了这个时候不回来我便去，倘使有甚争执，也好解劝解劝。"（《二十年目睹之怪现状》二五回）

例（11）—（17）中，"死活 + VP"格式都表达行为意义；而例（18）中，"死活 + VP"格式则表达结果意义。另外，副词"死活"的使用频率从宋元开始逐渐增高，到了现代汉语阶段，这种用法已经非常普遍了。同时，"死活 + VP"格式表达行为义的用法远高于其表达结果义的用法。

（二）"死活"句式的特点

总体而论，表结果义的"死活 + VP"格式所表达的意义是不以人的意志为转移的，因此，此类格式只能生成结果句。如例（1）—（5），再如：

（19）尽管费了好半天功夫，可他死活找不见她的踪影。

（20）老赵死活不明白张国平要跟他说什么，最后张国平只得不顾他的阻挠，强行摘下他耳朵上的耳机。

（21）历史已经一再证明这种制度是不合理的，可他死活不明白其中的道理。

在以上例子中，"死活 + VP"格式所表达的结果意义都不是相关主体所能控制的，这些格式所生成的句子为典型的结果句。再看表行为义的"死活 + VP"格式的例子。如：

（22）情急之下，一位女记者出面独自"打车"，众人躲在树后搞"突袭"。此招一出，立刻灵验，令坐在车里的记者们不禁洋洋得意。这位"的哥"也不含糊，到达目的地后，本来按计价器显示应收 6.5 欧元，可结账时收走 10 元钞票却死活不愿找钱。

（23）只有小学文化程度的锅炉工付炳怀，因懂点化工、修过管道被金振玉任命为镀锌车间副主任，他死活不干："我只能当好工人，管那么大、那么先进的车间，怕干不好。"

（24）在新城规划中的第一个十字路口上，住着一户建筑公司的维吾尔族职工，经多次教育和劝说，他死活不让拆迁，而且扬言："谁敢动手就跟谁拼命！"

在以上例子中，"死活 + VP"格式所表达的均为相关主体强烈的意愿和行为，同时此种意愿和行为常常具有反驳别的意愿和行为的特点。从取舍的角度看，表行为义的"死活+VP"格式所表达的语义实际上暗含一个取舍的过程，"死活+VP"格式所表达的某种意愿和行为可看作"选定项"，而其所反驳的别的意愿和行为可视作"舍弃项"。如上述三例中，"死活+VP"格式中的"VP"为选定项，即"不愿找钱""不干"和"不让拆迁"，而舍弃项则为"愿找钱""干"和"让拆迁"。可见，表行为义的"死活+VP"格式能生成取舍句。对此，张谊生（2000）曾指出，副词"死活"等表意愿态，即比较了两种情况之后而有所选择的意向性情态。

此外，从语表形式上看，表行为义的"死活+VP"格式所生成的取舍句一般只带有"选定项"，即"死活+VP"中的"VP"。若从深层意义上看，此类取舍句的"舍弃项"均包含在相关的语境之中，不过一般明示于"VP"之中；此外，还有少部分蕴含和隐含于相关的语境之中。具体情况如下：

第一，舍弃项的"明示"（manifestation），所谓明示实际上是指舍弃项以显性的方式存在于相关的语境之中。如：

（25）在这期节目里播放了送秃鹫去松山林场放生的录像：秃鹫*死活*不肯上车，最后强行送上车，它仍趴在车的后窗上，它爪下的座位被抓破了。

（26）另一说法是：调查队聘请了两名当地彝族猎手为向导，待到进入沟中行至关门石附近，两猎手*死活*不肯再往前走。

（27）一位房主把自己的一间空房租给了朋友的一位同事，说好一年为期，可到了期限住者却*死活*不搬，闹得不可开交，最后不得不靠法律帮忙。

（28）他的儿子周振华自幼受到家庭的艺术熏陶，不知不觉地酷爱上京剧，可是周信芳却*死活*不肯他儿子承己衣钵。

（29）她说话温文尔雅，不温不火，但*死活*不承认是鞋的质量问题，说她们卖了许多鞋还没有退货的，只能修一下。

（30）我儿子是我离开川北那年生的，都10岁了，顺芝拉他过来，叫他喊我爸，他瞪着我*死活*不肯喊。

（31）当我军一位干部要给他拍照时，他表示死也要死个骨气，决不能丢这个脸，*死活*不配合……

（32）一个说谁叫你上来的你找谁去……下班后我得知此事，把大玉好一通训，最后问其动机，她说我看那网套很好，想必你们也会喜欢……后来她随我们夫妇到日本生活，初到日本，<u>死活</u>不学"鬼子话"，这一切都是蹲过日本宪兵队的爷爷与《地道战》这类影片教育的结果。

例（25）—（32）中，"死活"句式的选定项分别为"不肯上车""不肯再往前走""不搬""不肯他儿子承己衣钵""不承认是鞋的质量问题""不肯喊""不配合"和"不学'鬼子话'"，而舍弃项则分别为"肯上车""肯再往前走""搬""肯他儿子承己衣钵""承认是鞋的质量问题""肯喊""配合"和"学'鬼子话'"。也就是说，上述例子中的选定项均为"死活＋VP"格式中的"VP"，同时"VP"为否定形式，而舍弃项则直接明示于"VP"之中，即舍弃项为"VP"的对立面——"VP"的肯定形式。此外，考察表明，对于"死活"句式来说，与例（25）—（32）一样，"死活"之后的"VP"大多数为否定形式。

　　第二，舍弃项的"蕴含"（entailment），所蕴含是指舍弃项虽未完全显现，但可以间接从相关语境中推导出来。如：

（33）大家服他，还在于他严于律己。职工们如数家珍地说了他们主任的件件往事：乡政府奖给他5000元，多数都给了职工；他妻子所在单位效益差，每月工资仅100多元，行领导多次提出想解决这个问题，他<u>死活</u>不肯，说近亲回避，至今妻子仍在原地未动……

（34）中医生结结巴巴地说："二姐呀，你的脸皮太薄了，你不拽住大姐，<u>死活</u>要她出个主意，那怎么行？陈家的局面大，认识的人多，眼看着三个姨甥不管怎的！剩下我们这几个人，连个衙门的门房都没巴结得上呀！"

（35）那天去西安购物，已经大包小包买了六千多块钱的衣物，我实在提不动了，要不是怕人笑话，差点儿雇个挑夫帮我扛行李。最后她又相中一件旗袍，商家眼睛有水，一看就知道是个冤大头、挨宰的主儿，索价一千八百元，当时我每月的工资才二百六十元，况且当时腰包只剩下不足一千元，就劝她别买，反正到时候只穿一天，结婚时租赁一件礼服也是一样。可她<u>死活</u>不肯，眼泪在眼眶里打转，终于拗不过她，掏完了身上仅有的九百五十元，商家才照顾情绪似的优惠给我们。

例（33）—（35）中，"死活"句式的选定项分别为"不肯""要她出个主意"和"不肯"；舍弃项则从前文语境中可间接推导出来，即"把妻子的工作调到行里""让她走人并且不管三个姨甥"和"别买那件旗袍，将来租赁一件礼服"。

第三，舍弃项的"隐含"（implication），所谓隐含是指舍弃项未加显现，同时舍弃项也不能从相关语境中推导出来，它的存在只能从语句的含义以及整个语境提供的信息中加以"意会"。如：

（36）聪明的作者最后为读者留下的是一个开放性的结尾：庄之蝶"双目翻白，嘴歪在一边"。死耶？活耶？谁也不知道。然而不管结局如何，这位乡村的精神恋儿却死活要与"城"粘在一块，就像那头怀恋终南山的牛死了之后，一张皮非要被人拿去做鼓皮，"悬挂在北城门楼上，让它永远把声音留在这个城市"一样。

（37）更有味道的是，鲁和曹都发誓要"误读"沈从文，无视他文章里表达得再清楚不过的词句，认定他批判"海派"的态度不公正，死活说由他发难的这场"京海论争"不是对等的辩论。两人用的都是皮里阳秋的笔法，曹聚仁援引了"京派"批"海派"的文字之后，接着就是满篇的反话："海派之罪大恶极至此，虽用最黑的咒语诅咒它灭亡，亦不为过"，"所以，海派文人百无一是，固矣"。

（38）三团30多岁的年轻演员中，只有两名优秀演员被评为国家二级演员，但是，就在1993年，其中一名演员却死活要调走。

在以上三例中，"死活"句式的选定项分别为"要与'城'粘在一块""说由他发难的这场'京海论争'不是对等的辩论"和"要调走"，而舍弃项均不能从相关的语境中推导出来，但结合整个前后文语境舍弃项还是可以意会的。

（三）"死活"句式的语义表达①

总体而言，"死活"句式所涉及的取舍主体有三种人称，其中第三人

---

① 这里只探讨属于陈述句的"死活"句式，其他句类暂不论及。

称充当取舍主体的情况最为常见，第一、二人称的情况较少。取舍主体人称的不同选择对该句式主观性的强弱几乎不会造成太大影响，同时对该类句式在"行、知、言"三域中的表达也影响甚微。

1. 主观性与"死活"句式的表达

首先，取舍主体为第一人称时，整个句子的表达具有客观性，从表达的视角来看，句子往往以当事人作为表达视角。如：

（39）说完长根就要走，<u>我和娘死活</u>拦不住他，他说……

（40）临走时，<u>我死活</u>不肯收下那只鸡，只怕沾了……

（41）进了三次门都叫赶出来，仨人一合计，他们是用管大户，<u>咱死活</u>打进去。

以上三例中，取舍主体（当事人）为第一人称的"我和娘""我"以及"咱"。

其次，当取舍主体为第二人称时，整个句子的表达也具有客观性，从表达的视角来看，句子也往往以当事人作为表达视角。如：

（42）<u>你</u>三十出头的人了，怎么还这么任性呢？<u>死活</u>不放我走。

（43）陪你去的院办公室主任蒋保东为你安排了一个双人间，<u>你死活</u>不肯。

（44）"读书不赚钱，那当年我要读技校<u>你还死活</u>不肯。"丽鹃替亚平解围。

以上三例中，取舍主体（当事人）均为第二人称的"你"。

最后，当取舍主体为第三人称时，整个句子的表达也具有客观性，从表达的视角来看，句子也往往以当事人作为表达的视角。此外，取舍主体为第三人称的情况最为常见。如：

（45）审讯中，起初，<u>凌卫朝死活</u>不开口，而当公安干警出示那模拟画像后，他惊呆了，脸刷地变得苍白，双眼不敢再看纸上的自己。

（46）老局长想起从前，觉得有点愧对刘山，就同意了。可是这时的刘山又不知中了哪门子邪气，<u>死活</u>不愿去上班，最后自己竟然偷偷卷起铺盖跑到乡下进了一家集体小厂，从此再也不跟人见面。

（47）这次见面，孙丽丽塞给李莹200元钱，尽管<u>李莹</u>流着泪<u>死活</u>不收。从此，孙丽丽的心系在了李莹的身上，三天两头去照顾她。

（48）见来者这样死皮赖脸地胡闹，孙道临和王文娟一时都慌了手脚，孙道临欲出门找救兵，可<u>对方死活</u>不让他走。

（49）此后每个月到订奶时间她就提醒我，帮我订。如此已有些日子，我过意不去，好几次都不好意思收找回的零钱，还想给她一点劳务费，<u>她</u>正色拒绝，<u>死活</u>不要。

（50）旅居香港的内弟说："姐夫再过几年就要退休了，我劝他带着成果出国办厂，同享荣华富贵，可<u>他死活</u>不肯。"

以上六例中，取舍主体（当事人）依次为第三人称的"凌卫朝""刘山""李莹""对方""她"和"他"。

此外，当取舍主体为第三人称时，有时取舍主体并不是指人的词语，而是一些集体名词。如：

（51）这我个副场长忍痛割爱，支持她去。可是<u>县里死活</u>不放。

（52）有<u>几家企业死活</u>要买这项技术，可他就是不卖。

（53）<u>学校死活</u>要留他，他实在没理由拒绝，只好留下干了几年。

以上三例中，"死活"句式的取舍主体分别为集体名词"县里""几家企业"和"学校"，这些集体名词充当取舍主体后，实际上均指集体内部的成员——"人"，此类主体也只能用第三人称来指称，这种用法属于"神会原则"。[①]

可见，对于"死活"句式来说，取舍主体一般为第三人称，第一、二人称时的情况较少。同时，虽然取舍主体可有三种人称的选择，但不同的人称选择对该句式的主观性表达几乎不会造成影响。也就是说，不论取

[①]　参见 Kuno, Susumo（1976）。

舍主体为何种人称，句子的表达一般均基于"当事人"视角，具有客观性的特点。

2．"行、知、言"与"死活"句式的表达

对于"死活"句式而言，不论取舍主体为何种人称，句子表达的均为取舍主体的某种主观行为或意愿，因而此类句子的表达均属于"行域"的范畴。再如：

（39'）说完长根就要走，我和娘<u>死活</u>拦不住他，他说……

（40'）临走时，我<u>死活</u>不肯收下那只鸡，只怕沾了……

（42'）你三十出头的人了，怎么还这么任性呢？<u>死活</u>不放我走。

（43'）陪你去的院办公室主任蒋保东为你安排了一个双人间，你<u>死活</u>不肯。

（47'）这次见面，孙丽丽塞给李莹200元钱，尽管李莹流着泪<u>死活</u>不收。从此，孙丽丽的心系在了李莹的身上，三天两头去照顾她。

（48'）见来者这样死皮赖脸地胡闹，孙道临和王文娟一时都慌了手脚，孙道临欲出门找救兵，可对方<u>死活</u>不让他走。

例（39'）（40'）中的取舍主体为第一人称，例（42'）（43'）中的取舍主体为第二人称，例（47'）（48'）中的取舍主体为第三人称。

综上所述，对于"死活"句式来说，不论取舍主体为何种人称，句子的表达一般均基于"当事人"视角，具有客观性的特点，属于"行域"范畴。以上结论可列表归纳如下：

表5–5　　　　　　　　　"死活"句式语义表达属性分布

取舍主体	第一人称	第二人称	第三人称
客观性	+	+	+
行域	+	+	+

注：表中"+"表示具有该属性。

（四）"死活"句式的语用环境

我们考察"死活"句式的语用环境，主要是考察该句式以独立的句子身份与前后文语段之间直接（同一层次）的逻辑语义关系。考察发现，

"死活"句式主要与前文语段存在直接的逻辑语义关系，同时属于"转折"关系的情况最多，其次是"因果"，其他逻辑语义关系的情况很少。如：

(54) 妈妈借了6000元去天津、北京一遍遍地查，最后确诊为肠息肉，医生让爸爸尽快动手术。妈妈准备再去借钱，｜可爸爸死活不答应。他说亲戚朋友都借遍了，只借不还谁愿意再借咱呀！末了妈妈告诫我，千万别跟你爸提钱的事啊！他穷怕了，一提钱就会整宿整宿地睡不着觉。

(55) 于是，他想离开北京，想去香港打工。｜然而他的一位在香港的朋友却死活不让他去，在信中苦口婆心地写道："你年四旺是内地的英雄，是一个有影响的人物，你的英雄事迹曾在香港也引起过很大反响。

(56) 离自己家越来越近，她的泪水就越流越多——马上就可以看到自己的家了！｜可抬到七楼后婆婆却死活不让她进家门，虽据理力争，可她还是被拒之门外，最后随行的亲人只好又艰难地将包俊华抬回了医院。

(57) 精诚所至，金石为开。一位被儿子遗弃，将其行李扔出门外的刘大娘的儿孙们开车千里迢迢来接她回家，｜可刘大娘死活不走。她说淑清比亲生女儿还强几倍。

(58) 丁满低头考虑了半晌，然后说："那就这样吧，等合同签订以后，你再付我，好吗？"陈东东说："你先拿着。"｜丁满死活不拿。陈东东又问什么时候签合同，丁满说："等我消息吧。"

(59) 大祸即将临头，事后，夫妇俩商量远走高飞，但又觉得即便是插翅也难逃出戴笠的手心。胡蝶知道自己陷入了戴笠的罗网。为了不家破人亡，心如死灰的她，横了心说："有声，我们离婚吧。"｜痴情的潘有声死活不肯离婚。夫妻二人只能吞声饮泣。

(60) 按尚德全的想法，思想还可以再解放一点，力度还可以再加大一些，连乡镇的党委书记们也可以让他们来学习。｜县长夏中和死活不同意，说是把乡镇一二把手都弄来做了人质，下面就没人工作了，咱这款更筹不到。

(61) 醒来时，小小正揽着我，手抱瓜瓢往我嘴里送。小小还羞我，说我抱着她直喊娘。｜我红着脸死活不肯承认……当晚，小小身上就多了几朵梅花状的指甲掐痕，小小给我吃的，是她娘精心培育的瓜种。

　　在以上八例中，"死活"句式与竖线"｜"前面的语段在逻辑语义上具有转折关系，在例（54）—（57）中，这种关系表现为显性的转折关系，有转折词语作为标记，而在例（58）—（61）中，这种关系表现为隐性的转折关系，无转折词语作为标记。

　　除"转折"关系外，"死活"句式与前文语段具有"因果"关系的例子也较为常见。如：

　　（62）程谓奇见田大道这么装疯卖傻，｜死活不接他的话茬儿，真是火透了，可又不好发作，只得暂时放弃了对田大道的说服教育，心想，反正你田大道是个生事精，只要哪天逮着你小子的狗尾巴，那就再也不是捐一只狗熊、几只猴子就能拉倒的了。

　　（63）老人认定是媳妇有问题，｜死活不让自己的儿子再跟她过了。

　　（64）在学校里，小饭店开不成，｜丈夫死活不肯再去找事做了，他说："饿死我也不想再做事了。"

　　（65）政府要拆除一个老城区也绝非易事，｜有的住户死活不拆，甚至还武力对抗政府。

　　（66）我们只能等下次再来了，｜他死活不与调查组配合。

　　（67）我们恐怕要迟到了，｜因为小王死活不坐车就要步行。

　　（68）由于路滑，｜小孩儿死活不敢自己一人过马路。

在以上例子中，前五例中的"死活"句式与竖线"｜"前面的语段在逻辑语义上具有隐性的因果关系（即没有标记此关系的标记词语）；后两例中的"死活"句式与竖线"｜"前面的语段之间具有显性的因果关系，有因果标记词语"因为"和"由于"。

　　另外，少数的"死活"句式与前文语段还具有"并列""假设""条件"和"目的"等逻辑语义关系。如：

（69）待到银行上门讨"说法"时，原商场已不复存在，｜<u>新成立的三家企业法人又死活不认原来的账</u>，该行的 700 万元债务算是"肉包子打狗——有去无回了"。

（70）他后悔，早知如此，｜<u>死活不分居</u>，他也烦，聊什么聊，人都死了，还有什么好打听的，他也怨，也猜疑，也发急。

（71）只要说开刀，｜<u>既害怕又急躁的米玛就死活不依</u>，待他俯身为病人解衣服时，病人突然一拳击向他的头部……

（72）西安？我怕对国情是老大隔膜了，尤其古风依旧的省城的国情。"爱人"的麻劲儿还没过去，又祭起"妇人"来呕你，｜<u>死活不叫你舒坦</u>。

在以上四例中，"死活"句式与竖线"｜"前面的语段在逻辑语义上分别具有隐性的"并列""假设""条件"和"目的"的关系。

本节在北京大学中国语言学研究中心现代汉语语料库中，对该语料库中前 100 个"死活"句式的语用环境进行了考察，具体情况如表 5 - 6 所示：

表 5 - 6　　　　　　　　　"死活"句式的语用情况

	转折	因果	并列	假设	条件	目的	总计
句数	61	25	9	2	2	1	100
比例（%）	61	25	9	2	2	1	100

研究显示，对于"死活"句式来说，第一，取舍主体的某种主观意愿和行为（选定项）建立在反驳别的意愿和行为（舍弃项）的基础之上，这两类意愿和行为的对立是造成"死活"句式与前文语段构成转折关系的深层原因。第二，取舍主体的某种主观意愿和行为（选定项）的做出往往出于某种原因的考虑，这则是造成"死活"句式与前文语段构成因果关系的深层原因。

另外，"死活"句式与前文语段主要为"转折"关系的事实说明该类取舍句是一种"主观臆断"类的取舍句。

二　副词"执意"与取舍句

在一般情况下，副词"执意"也可用来标记取舍句，所表达的语义与"死活"近似。如：

(73) 我出来等出租车，老板却驾着他的奔驰车停在我面前，<u>执意</u>要送我回去。

(74) 该国政府不顾国际社会和有关国家的强烈不满和反对，<u>执意</u>在联合国人权会上挑起争论甚至对抗。

(75) 曾经参加过医疗队，已经步入老年的他们，仍<u>执意</u>要求参加这次活动。

(76) 县政府修了条件较好的新房后，分配给他，他<u>执意</u>不去。

(77) 群众脱贫致富，群众的积极性一下子就给鼓起来了，邻近的两个村也<u>执意</u>要求合股干。

(78) 当晚辈离家远行的时候，做母亲的宁肯自己的儿女什么也不带，也要<u>执意</u>给他们身上系一把家门的钥匙。

(79) 稍后几日，我便不大留意小鸟，有时还劝女儿把鸟放了，给小鸟自由和阳光，可女儿<u>执意</u>摇头。

(80) 从西安矿业学校毕业的某部指导员谢天渊，临毕业前学校曾动员他留校当教员，他却<u>执意</u>要求到边防连队任职。

在以上八例中，副词"执意"后面所承接的都为动词性的短语"VP"，"VP"均属于表行为意义的短语，同时，若从取舍关系的角度看，这些"VP"可当作"选定项"，而其"舍弃项"一般已包含在相关的语境中，因此副词"执意"也可标记取舍句式。

第四节 "偏偏"类句式

本节中，我们主要讨论副词"偏偏"所标记的取舍句式（文中称这类句式为"偏偏"句式），除此之外，还简单讨论与"偏偏"同类的副词"偏"。

一 "偏偏"句式

下文主要从"偏偏"句式的意义、"偏偏"句式的特点、"偏偏"句式的语义表达和"偏偏"句式的语用环境几方面进行讨论。

（一）"偏偏"句式的意义

在现代汉语中，"偏偏"一般被当作副词。在《现代汉语八百词》（吕叔湘，1980）、《现代汉语虚词例释》（北大，1996）、《现代汉语虚词词典》（张斌，2005）和《现代汉语词典》（商务，2005）等辞书中对"偏偏"的基本用法都作了简要的说明。这些辞书的解释大致接近，"偏偏"的解释概括起来有三种义项①。

第一种义项：用以表示所发生的行为、动作出乎意料，是与某种愿望、要求或常理相反的。如：

（1）章雪松让他的战士们饱饱吃了一顿，兴高彩烈地出发了。那时侯，偏偏又下起大雨来。

第二种义项：表示动作主体强烈的意志和信仰，决心要进行某动作。如：

（2）我叫他别走了，可是他偏偏要去。

第三种义项：表示"只有""仅仅"的意思。如：

（3）大家都走了，偏偏他一个人不走。

其实，以上关于"偏偏"的三种义项，若按照"偏偏"后面所带的动词性短语（记作"VP"）的意义属性，可将此三种义项归并为二。在第一、三种义项中，副词"偏偏"之后所带的"VP"表达"结果"意义。如例（1）、（3），再如：

（4）如果我就这样乖乖地让对方上手铐也就罢了，这场戏也就算告一段落。可是我偏偏是一个力求十全十美的人。

（5）但是这部著作虽然把其时的各家大都涉及了，偏偏没有对于折中主义自己的观念予以理论的根据。

（6）有人提醒她"十聋九哑"，她最怕的就是这个，偏偏事实就

---

① 参见北京大学中文系1955、1957级《现代汉语虚词例释》（1996）。

这样无情：梁小昆因一岁时链霉素中毒失聪，双耳重度听力损失 90 分贝（正常人的听力为 0–20 分贝）。

（7）白雪洁是一位文静的很有才华的女大学生，却<u>偏偏</u>爱上了一个兄弟姐妹一大堆，工作苦脏累险的普通瓦工。

（8）全国范围内公司整顿，<u>偏偏</u>又出了一起全省轰动的"拆船事件"，上百万元被骗，有关经办人被开除党籍，主管厅领导也受到处分……

（9）《易经》里说陕西是风水宝地，极少天灾人祸，传说当年侵略的日本鬼子<u>偏偏</u>就过不了潼关。

以上各例中的"偏偏＋VP"格式均表达"结果义"。

而在第二种义项中，副词"偏偏"之后所带的"VP"表达"行为"意义。如例（2），再如：

（10）发展市场经济讲的是效益，空军物资部门<u>偏偏</u>将到手的效益主动让给了部队。

（11）比如有个单位已经分离到病毒，而且在国内完全有条件做出来，却<u>偏偏</u>拿到国外去"合作"，结果让人家占了便宜。

（12）有的国人对此不解，说："外国老板大部分都把钱投资到我国赚钱的行业上，为什么这位洋博士<u>偏偏</u>把钱往水里丢，这不是发疯了吗？"

（13）加上韩国人也不长眼，<u>偏偏</u>在此时向组委会提出了一个极不合理的附加条件。

（14）河北农民李小凤却<u>偏偏</u>瞄准了种地这活，并且硬是种出了个名堂。

（15）论企业原有的 136 万元的经济实力，沈阳房天股份有限公司是怎么也不会坐上全国房地产开发百强企业的第 13 把交椅。可是，房天董事长、总经理杨大勇<u>偏偏</u>把房天推上那个宝座，自己也被命名为全国建设系统行业标兵。

以上各例中的"偏偏＋VP"格式均表达"行为义"。

语料考察表明，表"结果义"和"行为义"的"偏偏＋VP"格式出现并被加以使用是唐宋以后的事情，而且该格式作为"结果义"的用法在当时更为普遍些。如：

(16) 树皮草根都刮掘得<u>一些</u>不剩。<u>偏偏</u>得这年冬里冷得异样泛常。（《醒世姻缘传》三一回）

(17) <u>偏偏</u>的事不凑巧，走不二里多路，劈头撞见相于廷从后庄上回来。（《醒世姻缘传》六八回）

(18) 汉子说话，还不够两个兄弟嘴舌的哩。第三的兄弟，他倒望着我亲，<u>偏偏</u>的是个白丁，行动在他两个哥手里讨缺……（《醒世姻缘传》七四回）

(19) 素姐哕了一口，骂道："你妈怎么生你来这们等的！名字没的起了，<u>偏偏</u>的起个浓袋。（《醒世姻缘传》九八回）

(20) 原来此字正是前次乳母与小姐商议的，定于今晚二鼓，在内角门相会，私赠银两，<u>偏偏</u>的被冯贼偷了来了。（《七侠五义》三六回）

(21) 他却自具一偏之见，每每暗想道："当初咱叔叔谋害储君，<u>偏偏</u>的被陈林救出，以致久后事犯被戮。（《七侠五义》四〇回）

例（16）—（21）中，"偏偏 + VP"格式在语义上均表达"结果义"。再如：

(22) 禽鸟的巢穴，有花果处，越发千百为群。如单食果实，到还是小事，<u>偏偏</u>只拣花蕊啄伤。（《醒世恒言》卷四）

(23) 再说县官，那乡宦们后来也都出来煮粥，都不去问他借，<u>偏偏</u>来问晁夫人借谷五百石与孤贫囚犯的月粮。（《醒世姻缘传》三二回）

(24) 指望你再生个儿，过给你哥，你<u>偏偏</u>的不肯生。（《醒世姻缘传》九〇回）

(25) 这船人的口音，又是扬州白，他<u>偏偏</u>说是镇江来的，这便是个见证。（《七剑十三侠》十二回）

(26) 若说奉承主顾，何不称了状元馆、高升馆、集贤馆、迎仙馆，皆可取得，<u>偏偏</u>用这"英雄"两字，好像强盗开的口气。（《七

剑十三侠》四二回）

例（22）—（26）中，"偏偏 + VP"格式在语义上均表达"行为义"。

另外，随着语言的发展演变，表"行为义"的"偏偏 + VP"格式使用逐渐增多，到了现代汉语阶段，"偏偏 + VP"格式表"行为义"的用法变得非常普遍，甚至超越了其表"结果义"的用法。

（二）"偏偏"句式的特点

第一，表结果义的"偏偏 + VP"格式所表达的意义往往与某种愿望、要求或常理相反，这种结果义的产生是不以人的意志为转移的。因此，此类格式所生成的句子，往往是某种结果句。如：

（27）如果她们就此息事宁人，也许就没有以下的故事了，偏偏有些事并不都像人们所想象的那么简单。

（28）那是些常年风急浪高被视为登陆禁区的滩头，可偏偏有几天的轻浪期，于是登陆非常成功。

（29）汉语，对金竹花来说简直是一门外语，可汉语课教学任务却偏偏落在了她的身上。

以上三例中，表结果义的"偏偏 + VP"句式所表达的结果意义都不以人的意志为转移。

第二，表行为义的"偏偏 + VP"格式往往表达动作主体强烈的意志和信仰，并决心要进行某动作。因此，此类格式所生成的句子往往能表达某种意愿或行为。如：

（30）一位前来购买农机的老农说："我家未过门的媳妇给彩礼不要，偏偏要农机，还得配套。"

（31）明明是很平常的事务性工作，偏偏要张扬声势，好像不说成"工程"就赶不上时髦，就搞不好工作。

（32）但肖如贤却偏偏要啃一啃这块硬骨头，并斗胆开始负债经营。

以上三例中，表行为义的"偏偏 + VP"句式均表达行为主体强烈的意愿或行为，同时这些意愿或行为往往与别的意愿或行为形成对立。因此，这类句式背后往往"暗含"一个反驳、取舍的过程，即行为主体的意愿或行为具有反驳别的意愿或行为的特点。从取舍的角度来说，行为主体的意愿或行为可看作"选定项"，而其所反驳的别的意愿或行为可看作"舍弃项"，至此，可以得出表行为义的"偏偏 + VP"格式所生成的句子具有"取舍性"，该格式可生成取舍句。对于副词"偏偏"的这种表义特点，张谊生（2000）也曾指出，副词"偏偏、偏"等表达比较了两种情况之后而有所选择的意向性情态。

第三，"偏偏 + VP"类取舍句的特点。从语表形式上看，表行为义的"偏偏 + VP"格式所生成的取舍句一般只带有"选定项"，即"偏偏 + VP"中的"VP"。若从深层意义上看，此类取舍句的舍弃项实际上都包含于相关的语境之中，不过一般隐现于前文语境中。具体来说，有三种隐现情况：

一是舍弃项的"明示"（manifestation），这种情况实际上是指舍弃项以显性的方式存在于相关的语境之中。如：

（33）跑了十几家文化公司，碰了一鼻子灰，生了一肚子气，生自己的气，当初怎么就没有报考"中戏"，而偏偏报了所没人待见的鬼学校呢。说来也不能怪我，那个时候我哪里知道什么"中戏"呀，就是知道了怕是也考不上。

（34）在西亚、北非一些信奉伊斯兰教的国家，女孩子一到八九岁就穿起阿拉伯长袍，戴起面纱，深居简出。然而同在北非，同是信仰伊斯兰教，有一个叫杜阿勒吉的部族，妇女偏偏不蒙头，不避外人，而男子则必须蒙头戴面纱，穿阿拉伯长袍。

（35）大家的发言，基本上都是表明一种积极的支持态度，但是，谁也没有料到，农业税征收工作的主管部门省财政厅的代表，却偏偏提出了否定意见，并且十分尖锐。

（36）上汉语课时，学生的出勤率相当高。这些爱尔兰大学生之所以放弃对他们来说轻松易学的欧洲语言，而偏偏选修难度很大的汉语，有的是想通过学习语言来了解中国这个充满神秘色彩的东方国度，更多的学生则是为今后到中国旅游经商作准备。

（37）一般想借用支票的人，他不会直接说要借支票，明明知道对方没有现金，就<u>偏偏</u>说要借现金。但是好好先生没有现金，当然也无法借给他，那么他就转个弯："这样好了，先向你借张支票周转一下好吧！说好只要一个月。"

（38）天下就有这样的怪事，你越是<u>想去排斥和压抑它</u>的东西，人们<u>偏偏</u>要接近它、喜爱它。

（39）他们指出，雇主并<u>不在乎其他雇员讲的英语带有法语或爱尔兰语口音</u>，但<u>偏偏</u>对带菲语或墨西哥语口音的雇员"侧目而视"。

（40）一个体育大国，<u>偏偏</u>不<u>喜欢世界头号运动——足球</u>，着实让人匪夷所思。

以上诸例中，画线部分均为"舍弃项"，例（33）—（39）中的舍弃项（画线部分）显现于"偏偏"句式的前文语境中；而例（40）中的舍弃项（画线部分）则显现于"偏偏"句式之中，即例（40）中的"不喜欢世界头号运动——足球"（否定形式）为选定项，而"喜欢世界头号运动——足球"（肯定形式）为舍弃项。

二是舍弃项的"蕴含"（entailment），这种情况是指舍弃项虽未完全显现，但可以间接从一定的相关语境中推导出来。如：

（41）<u>人们常说："大鱼吃小鱼"</u>，可是小小的盲鳗却<u>偏偏</u>要吃大鱼。它能从大鱼的鳃部钻入腹腔，在大鱼肚里咬食内脏与肌肉，边吃边排泄，最后咬穿大鱼的腹肌，破洞而出。

（42）<u>比利时姑娘海宁拥有一个风光无限的 2003 年</u>，但是莫雷斯莫<u>偏偏</u>在女子网球协会（WTA）年终总决赛中把她挡在决赛之外，这多少令这位年终排名头号女单有点"丢面子"。

（43）一台柴油机在一汽装车时穿缸，<u>尽管一汽一再告知这是小事一桩</u>，但大柴厂领导<u>偏偏</u>"小题大作"，把产品拉回厂，查原因、发通抽、开现场会，并给有关责任者以严厉的经济惩罚。

（44）崔浩和他的同事按照这个要求，<u>采集了魏国上代的资料，编写了一本魏国的国史。当时，皇帝要编国史的目的，本来只是留给皇室后代看的。</u>但是崔浩手下有两个文人，<u>偏偏</u>别出心裁，劝崔浩把国史刻在石碑上，让百官看了，也可以提高崔浩的声望。

（45）<u>一个好端端的姑娘，哪里找不到对象</u>，<u>偏偏</u>要找一个瘫子，还谈什么养活妻儿老小，今后的日子怎么过？

（46）<u>全国商业系统4万多有经验的卫检人员不管肉品检疫，农贸部门本来人员编制少</u>，却偏偏承担肉品卫生检验的重任。

（47）"<u>因为我是南方人，所以原来一直很怕冷</u>。不巧的是，导演偏偏选的是北京最冷的时候来拍这部《西楚霸王》，因此吃了不少苦头。

（48）<u>在贵州毕节火马苗族地区，传统观念中的女孩子是不准读书的</u>，然而李先生偏偏在此设立"建德女子小学"，挨家挨户动员，使父母们终于把女孩送进课堂，上千年的陋习被废除了。

在以上诸例中，"偏偏"句式的舍弃项均可以从前文语境中的画线部分中推导出来。通过推导，这些"偏偏"句式的舍弃项依次为："吃比它小的鱼""在女子网球协会（WTA）年终总决赛中负于她""当作小事一桩""只编写一本魏国的国史""找一个体格健全的男人""不去承担肉品卫生检验的重任""避开北京最冷的时候来拍这部《西楚霸王》"和"不设立'建德女子小学'"。

三是舍弃项的"隐含"（implication），这种情况是指舍弃项未加显现，同时舍弃项也不能从相关语境中推导出来，它的存在只能从语句的含义以及整个语境提供的信息中加以"意会"。如：

（49）德国总理施罗德本周三在新闻发布会上证实，他与夫人领养了一个俄罗斯女孩。这印证了几天来媒体的猜测。记者们刨根问底地提出，为什么施罗德现在认领一个小孩？为什么偏偏认领俄罗斯女孩？他的动机是什么？

（50）这是目前社会中最常有的情况，不适合当董事长的人，但却偏偏要极力谋取董事长的职位。像这样对自己能力一点都不了解的人，素质不够，公司经营就不会健全，一旦当上董事长的话，公司迟早会关门大吉的。

（51）比如，一个官员有识见、有能力、有人缘，但偏偏爱财，贪小便宜，收受贿赂，那么，他的"形象"就会一落千丈。

（52）比如，他们一遇到什么周年庆祝、首发仪式、奠基典礼、竣工剪彩，以及其他此类事情，还有本来没事偏偏硬要找一些事，动辄就是开庆祝会、摆迎宾宴、发纪念品，还有什么专场演出、专场舞会、新闻发布会之类活动，直至馈赠红包。

（53）有些天不怕地不怕的现代小伙偏偏对算命先生一片虔诚，请求指点迷津；有些爹不服、娘不服的时髦小姐偏偏对算命先生五体投地，请求预测未来，在掏钱酬谢时，也是很大方的。

在以上五例中，"偏偏"句式的舍弃项均不能从相关的语境中推导出来，但结合整个前后文语境舍弃项还是可以意会的。

另外，对于"偏偏"句式来说，舍弃项隐含的情况并不多见，从此角度说，"偏偏"句式的舍弃项大部分是可以从相关语境中得以确认的。这也从另一个角度证明，表行为义的"偏偏＋VP"格式所生成的句式的确具有取舍性。

（三）"偏偏"句式的语义表达①

总体而言，"偏偏"句式所涉及的取舍主体有三种人称，其中第三人称充当取舍主体的情况最为常见，第一、二人称的情况较少。取舍主体人称的不同选择对该句式主观性的强弱几乎不会造成太大影响，同时对该类句式在"行、知、言"三域中的表达也影响甚微。

1. 主观性与"偏偏"句式的表达

首先，当取舍主体为第一人称时，整个句子的表达具有客观性，从表达的视角来看，句子往往以"当事人"作为表达视角。如：

（54）李克农同志在回忆他和张学良第一次会面时说："在谈判还不够和谐的时候，他看见张学良将军开头还有点少帅的架子，他不吸烟，也不允许别人在他面前抽烟。我当时就偏偏要叫副官给我拿过香烟来，我偏要当着他少帅的面抽烟。"

（55）这时，我偏偏就要回家，想着想着，他便自作聪明回到了南航路的东方汽车修理厂。

（56）大家的目标基本是一致的，都努力在学习，准备将来去西藏报效祖国，而我偏偏选择了考研，考回了内地的一所高校。

（57）尤其难忘的是我们这两个南方人偏偏不愿放弃在冰上翱翔

---

① 这里只探讨属于陈述句的"偏偏"句式，其他句类暂不论及。

的乐趣，白天没空，又怕别人瞧见我们摔跤的窘态，只好相约晚上十一二点开完会（那时会很少）后，去学滑冰。

（58）"不过，还是觉得离不开老家呀！"正在兴头上的廖文喜突然有些伤感，"山东人不喜欢串门，晚上很早就休息了，<u>我们偏偏</u>喜欢到处串，到了晚上还要出去喝夜啤酒。到山东后，肯定还需要一段时间才能适应。"

例（54）—（56）中，"偏偏"句式的取舍主体为第一人称单数"我"，例（57）、（58）中，"偏偏"句式的取舍主体为第一人称复数"我们这两个南方人""我们"。更为重要的是，上述例子中的"偏偏"句式都以"当事人"作为表达视角，表达具有客观性。

其次，当取舍主体为第二人称时，整个句子的表达具有客观性，句子也往往以"当事人"作为表达视角。如：

（59）当时你完全有理由享受成名后的喜悦，完全可以满足你在烹饪技术上已收获的成果，可<u>你却偏偏</u>又为自己树立了更高的目标——特级厨师，并准备为此努力奋斗。

（60）团场刚开展丰产攻关劳动竞赛那年，全团没一个人敢报名，而<u>你偏偏</u>第一个举手报名表决心，你说你要使100亩水稻平均单产达600公斤。别人笑你"天方夜谭"，而你笑而不答，可年底收成完一结算，你竟"闹腾"出亩均612公斤的高产，人们无不对你佩服得五体投地。

（61）你原本能够和牡丹、杜鹃等一起开在平原，和月季、莲花等一同争奇斗艳，而<u>你却偏偏</u>选择了西藏，在高原上繁衍，在高寒中张扬自己的个性！

例（59）—（61）中，"偏偏"句式的取舍主体为第二人称单数"你"，同时，这些"偏偏"句式都以客观陈述的方式进行表达。

最后，当取舍主体为第三人称时，整个句子的表达具有客观性，句子也往往以"当事人"作为表达视角。如：

（62）<u>他</u>明明知道今夜有特殊情况，在井上却<u>偏偏</u>不和我们说，……

（63）庄秀妮当年长得秀气，父亲是老游击队员，伯父在省里当厅长，个人家庭条件好，追她的小伙子多，她却偏偏瞅准了傅天省。

（64）物产集团正在蒸蒸日上，年创利税 2000 多万元，也可以喘口气了，可是她偏偏自我加码，要搞期货市场。

（65）娜娜·约谢利阿妮吃亏也就吃在这里，她本适应打阵地战，软磨硬泡，死死缠住。可是她偏偏要和我打对攻，这不就以短攻长吗，她失败了，也许同其期望过高等心态也有关。

（66）我省经济发展势头相当好，农民养两个孩子是完全没有问题的，按政策有些还可以照顾生育二胎，可他们却偏偏放弃指标，因为他们懂得国家要富强、人口非控制不可的道理。

（67）本来，作为一个领导干部，有一件风雨衣，拿应得的奖金，一些急难险重的工作交给下级干部去做，等等，情理之中，合理合法，但是他们偏偏从严要求自己，这就大大提高了他们的威望和感召力，激发了广大干部和群众的积极性，化为推动改革和发展的强大动力。

（68）可是谁曾想到，有一位年轻漂亮的小姐，却偏偏独钟此行，并且成为此行中的佼佼者，获得过多次大奖。

（69）当时宋哲元炙手可热，不少头面人物想充当这个婚礼的证婚人，但宋哲元却偏偏看中末科状元刘春霖，而刘春霖也欣然表示愿做宋女的证婚人。

例（62）—（65）中，"偏偏"句式的取舍主体为第三人称单数的"他""她"；例（66）、（67）中，"偏偏"句式的取舍主体为第三人称复数的"他们"。例（68）、（69）中，"偏偏"句式的取舍主体分别为"一位年轻漂亮的小姐"和"宋哲元"，取舍主体可用第三人称代词"他（她）"指代，因此也属于第三人称。

当取舍主体为第三人称时，有时取舍主体并不是指人的词语，而是一些集体名词。如：

（70）（记者马邦杰程义峰）足球队无论到哪里参赛或训练都是自己带球，这是足球界的常识。但罗马尼亚国奥队偏偏不理这套，他们这次来广西参加四国对抗赛硬是一个球没带。

(71) 此次北约外长会议虽然决定为伊拉克增派 240 名教官，但与会的法国、德国、比利时、希腊和西班牙外长表示，他们的国家不会向伊拉克境内派遣军事训练人员。出席会议的美国国务卿鲍威尔虽极力说服，但<u>这些国家偏偏</u>不给美国"面子"。

(72) <u>这些</u>年来，刘晓庆又拍电影、电视，又经商大办实业，还撰文写书当上作家，而<u>华泰公司偏偏</u>选中了一个昆明星原大厦投资。

(73) 消防栓仅一只，消防用的储水池滴水未装，消防部门针对该大厦火灾隐患问题，先后发出 31 份"火险隐患整改通知书"，<u>该大厦偏偏</u>不理不睬。

在以上诸例中，"偏偏"句式的取舍主体分别为集体名词"罗马尼亚国奥队""这些国家""华泰公司"和"该大厦"，这些集体名词充当取舍主体后，实际上均指集体内部的成员——"人"，这类主体也只能用第三人称来指称，此种用法属于"神会原则"。①

可见，对于"偏偏"句式来说，取舍主体一般为第三人称，第一、二人称时的情况较少。同时，虽然取舍主体可有三种人称的选择，但不同的人称选择对该句式的主观性表达几乎不会造成影响。也就是说，不论取舍主体为何种人称，句子的表达一般均基于"当事人"视角，具有客观性的特点。

2. "行、知、言"与"偏偏"句式的表达

对于"偏偏"句式而言，不论取舍主体为何种人称，句子表达的均为说话人自己的某种主观行为或意愿，因而此类句子的表达均属于"行域"的范畴。再如：

(55') 这时，<u>我偏偏</u>就要回家，想着想着，他便自作聪明回到了南航路的东方汽车修理厂。

(56') 大家的目标基本是一致的，都努力在学习，准备将来去西藏报效祖国，而<u>我偏偏</u>选择了考研，考回了内地的一所高校。

① 参见 Kuno, Susumo（1976）。

（59'）当时你完全有理由享受成名后的喜悦，完全可以满足你在烹饪技术上已收获的成果，可你却偏偏又为自己树立了更高的目标——特级厨师，并准备为此努力奋斗。

（60'）团场刚开展丰产攻关劳动竞赛那年，全团没一个人敢报名，而你偏偏第一个举手报名表决心，你说你要使100亩水稻平均单产达600公斤。别人笑你"天方夜谭"，而你笑而不答，可年底收成完一结算，你竟"闹腾"出亩均612公斤的高产，人们无不对你佩服得五体投地。

（62'）他明明知道今夜有特殊情况，在井上却偏偏不和我们说，……

（63'）庄秀妮当年长得秀气，父亲是老游击队员，伯父在省里当厅长，个人家庭条件好，追她的小伙子多，她却偏偏瞅准了傅天省。

例（55'）（56'）中的取舍主体为第一人称，例（59'）（60'）中的取舍主体为第二人称，例（62'）（63'）中的取舍主体为第三人称。

综上所述，对于"偏偏"句式来说，不论取舍主体为何种人称，句子的表达一般均基于"当事人"视角，具有客观性的特点，属于"行域"范畴。以上结论可列表归纳如下：

表5－7   "偏偏"句式语义表达属性分布

取舍主体	第一人称	第二人称	第三人称
客观性	＋	＋	＋
行域	＋	＋	＋

注：表中"＋"表具有该属性。

（四）"偏偏"句式的语用环境

我们考察"偏偏"句式的语用环境，主要考察该句式以独立的句子身份与前后文语段之间直接（同一层次）的逻辑语义关系。考察发现，"偏偏"句式主要与前文语段存在直接的逻辑语义关系，而且基本上为"转折"的逻辑关系。如：

（74）小五退出乐队后，经提议，由我来接替他的工作。这是我万万没有想到的，我刚到这儿几个月，│他们为什么偏偏选择了我这个"外人"来担此重任呢？我竭力推辞，但大家都认定我很有实力，是主唱的最佳人选。

（75）在谈判桌上，多少都有可能遇到不讲理的对手，在不该大声喊叫的时候，│偏偏叫嚣不停，甚至还拍桌子，百般威胁。不过，这一类的人通常不是虚有其表的纸老虎或紧张大师，便是还不够成熟，只要你稳住阵脚，其实是不难应付的。

（76）沈从岐捏了一把汗，他冷静下来一想，偌大个中国，不说别的，光是机械制造厂家就得数以千万计：中央军委不找他们，│偏偏找到我沈从岐，无疑这是对我的高度信任，难度最大，困难最多，也得克服，非搞成功不可。

（77）一审判决对四份国家级检测中心的鉴定证书摒弃不用，│偏偏采信了无效的、错误的鉴定结论，不符合法律规定。

（78）聪明人都不愿意干这种"白费蜡"的蠢事。│偏偏姜伟不这么想，也不这么做。他拼命地学习，也取得了优异成绩。但到头来却没有选择跟母亲回城找工作。

以上五例中的"偏偏"句式与竖线"│"前面的语段在逻辑语义上具有转折关系，不过这是一种隐性的转折关系，并没有显性的转折关系词语给以标记。而在下面的例子中，这种转折关系则显性化了。如：

（79）在近年来香港经济面临外围经济不景气，内部又出现转型困难的情况，中央政府还"雪中送炭"推出了多项扶持香港经济复苏的措施。充分体现了中央政府对香港特区的关怀，这些也是港人和世人有目共睹的。│但偏偏李柱铭在美国发表的讲话却有意"忽略"，其用意昭然若揭。

（80）产品打入东南亚、西欧市场，按说该满足了，│但他们却偏偏"人心不足蛇吞象"。

（81）而国家有关部门提出的年消费量 150 万吨的匡算中，│却偏偏忽视了这个新兴消费市场的存在。

（82）贾鸿鸣的母亲是革命先烈的女儿，按政策规定早该迁到太原，│可贾市长偏偏不让，他说："现在想进城的人太多，有的人借着这个机会以权谋私，群众意见很大。我是市长，咱们该办而没办，遇上搞以权谋私的，我说起别人来才硬气，别人也才服气。"

（83）团领导几次调他到驻在某城市的机关任职，｜<u>可他偏偏离不开梦魂萦绕的导弹竖井</u>。

（84）一种是由于另有所图，明明知道是非艺术的"肉麻"，｜<u>但偏偏要当作"有趣"的精神产品拿出来</u>。

以上六例中的"偏偏"句式与竖线"｜"前面的语段在逻辑语义上具有显性的转折关系，这种显性关系都通过句中表转折的"但""却""可"给以标记。

另外，对于"偏偏"句式来说，除一般与前文语段具有转折关系之外，少数情况下与前文语段还具有别的逻辑语义关系。如：

（85）因为从解放的那一天算起，45个年头了，王营村的父老乡亲们，压根儿就没见过派出所的公安人员啥时下乡巡逻过。早不巡逻，晚不巡逻，镇里刚为王营清退了一点点加重农民负担的多收款，就"巡逻"到了王营？｜<u>又偏偏是摸着上访代表家的门鼻子夜半"巡逻"</u>。

（86）如果大家都像叶海斌一家那样，做到路见不平，挺身而出，｜<u>偏偏"要管他人瓦上霜"</u>，那么，歹徒们也就不敢那么肆无忌惮了。

（87）如果不是这样，靠山不会吃山，｜<u>或者偏偏要去吃水</u>，势必事倍功半。

例（85）、（86）中的"偏偏"句式与竖线"｜"前面的语段在逻辑语义上具有隐性的并列关系，即"就'巡逻'到了王营"与"又偏偏是摸着上访代表家的门鼻子夜半'巡逻'"和"挺身而出"与"偏偏'要管他人瓦上霜'"之间为并列的关系；例（87）中的"偏偏"句式与竖线"｜"前面的语段在逻辑语义上具有隐性的选择关系，即"靠山不会吃山"与"或者偏偏要去吃水"之间为选择关系。

本节在北京大学中国语言学研究中心现代汉语语料库中，对该语料库的前150个"偏偏"句式作了考察，结果发现，"偏偏"句式以独立的句子身份与前文语段基本上为"转折"的逻辑关系,在 150 个句子中,有 145 句,而其他情况的句子仅为 5 句。具体情况如表 5 - 8 所示:

表 5 - 8 "偏偏"句式的语用情况

	转折	并列	选择	总计
句数	145	4	1	150
比例（%）	96.67	2.67	0.67	100

为什么"偏偏"句式基本上用于表转折关系的语境中呢?这主要因为,在"偏偏"句式中,"偏偏"后面只带有选定项"VP",而该类取舍句的舍弃项一般已经包含在前文语境之中,舍弃项的包含情况有"明示""蕴含"和"隐含"三种,而主要为"明示"和"蕴含"两种。由于舍弃项已经包含在了前文语境中,因此已包含的舍弃项必然会与"偏偏"后面所带的选定项"VP"形成语义上的对立。这是造成"偏偏"句式与前文语段形成转折关系的深层原因。从篇章功能的角度来讲,"偏偏"句式具有反驳前文语段的语用功能,因此,可以认为"偏偏"句式的句式意义具有反驳性,该类取舍句属于"偏执性"的取舍句。

二 副词"偏"与取舍句

在现代汉语中,同副词"偏偏"意义接近的副词还有"偏"。副词"偏"的基本用法与"偏偏"类似,不过在音节搭配方面有所差异,单音节动词前多用"偏"。从"偏"后所带的动词性短语(记作"VP")的意义属性来看,副词"偏"有两种用法,一是"偏"后所带的"VP"表达结果意义;二是"偏"后所带的"VP"表达行为意义。从所生成的句式类型来看,第一种用法不能生成取舍句,而第二种用法则可生成取舍句。如:

（88）偏在这个地方,我又遇见了她,真令我难以置信。
（89）他们总希望自己的学生能出类拔萃,可我们偏不是这样。
（90）日本经济不景气,家电销售困难,今年偏又遇到一个较为凉爽的夏天,因此,空调等家用电器市场更加萧条。
（91）今天偏遇大雨,我们大家只好住下,明日再走。
（92）这包衣服中,这件偏有些毛病,却让你给挑到了。

在上述五个例子中，副词"偏"后所带的"VP"都表达结果意义，而且
这些结果义的产生是不以人的意志为转移的，据此，我们认为，此种
"偏"类句子不能生成取舍句。再如：

(93) 大熊猫的祖先是食肉动物，现在却<u>偏</u>爱吃素，主要以吃箭
竹为生。一只成年的大熊猫每天要吃 20 千克左右。

(94) 读、写、看都是从左到右，从高位开始的，而运算为什么
<u>偏</u>要从右往左，从低位算起呢？

(95) 明明是水，英国人<u>偏</u>要叫它"窝头"（water）。

(96) 请你去作这方面的技术指导，放着又省心又来钱的好事不
干，<u>偏</u>要光着脑袋朝刺里钻，图啥呢？

(97) 我不让他去，他<u>偏</u>要去不可，我也没办法。

在上述五个例子中，副词"偏"后所带的"VP"都表达行为意义，同时，
这些表行为义的"VP"均可看成取舍句的选定项，而舍弃项已经包含在相
关的语境之中，据此可以认为，此种"偏"类句子能生成取舍句式。

第五节　"只好"类句式

本节中，我们主要讨论副词"只好"所标记的取舍句式（文中称这
类句式为"只好"句式），除此之外，还简单讨论与"只好"同类的副词
"只能""只得"等。

一　"只好"句式

下文主要从"只好"句式的意义、"只好"句式的特点、"只好"句
式的语义表达和"只好"句式的语用环境几方面进行考察。

（一）"只好"句式的意义

在现代汉语中，副词"只好"一般用来修饰动词性短语（记作
"VP"），表示"不得不，只能如此、没有其他选择"的意思。如：

(1) 为了节省开支，我改掉了吃零食的习惯，化妆品也尽量拣
便宜的买，就连自己喜欢的一些与模特有关的时装杂志或文学杂志，

我也舍不得像以前那样一买一大摞了，<u>只好</u>跑图书馆去看了。

（2）第二天他醒来，才把事情告诉我。我<u>只好</u>和声细语地安慰他，吴强却像个孩子一样地哭了起来："我太无能了，不仅不能给你安定的生活，还拖累了你。"

（3）每次见面前他都要叮嘱我一番，不是注意安全就是多穿点衣服等等，我和他开玩笑说怎么像个老太太，他也自嘲地说他这个人长得丑，<u>只好</u>拿温柔来补了。

（4）导演们对群众演员的要求其实是非常苛刻的，比对明星们要苛刻多了。因为导演不敢得罪明星，<u>只好</u>对无足轻重的群众摆架子发威了。弄得不好，很多人会被导演或者执行导演、场务什么的骂得狗血喷头！

（5）这时，我才知道，因为失踪了一个多月，我刚刚交过的一个月房租已经过期了，房东<u>只好</u>打开我的房门，将我的行李通通卖给了收废品的，以此抵偿我欠下的房租。

（6）第一次，我跳得很好，可是导演却告诉我那只是试机，要我重新再来一遍。我<u>只好</u>再次往下跳一遍，然而这次导演不满意，认为没跳好。第三次，我跳好了，可是由于下面垫的海绵太薄，导致我左腿摔伤，至今还留下疤痕。

在以上六例中，"只好 + VP"格式所表达的某种行为是在不得已的情况之下做出的，这是副词"只好"最基本的用法。

另外，少数副词"只好"还用来修饰形容词性的短语。如：

（7）小孩儿走得慢，咱俩<u>只好</u>慢点儿了。

（8）人家都承认错误了，我们<u>只好</u>平静下来。

（9）不好意思，来不及做好菜，<u>只好</u>简单一点儿了。

特别提示，由于副词"只好"一般用来修饰动词性短语（记作"VP"），所以，为便于问题的集中论述，拟只对"只好 + VP"格式进行分析。

语料考察显示，副词"只好"从唐、五代以后开始用来修饰动词性的短语（记作"VP"），它所表达的意思与现代相差无几。如：

（10）向来诸公力来与某辨，某煞费气力与他分析。而今思之，<u>只好</u>不说。只做放那里，信也得，不信也得，无许多气力分疏。（《朱子语类》卷六五）

（11）贾石道："这等雨天，料阁下也无处去，<u>只好</u>在寒家安歇了。"（《喻世明言》卷四〇）

（12）骑随后，并无衣甲包袍铠整齐者。操催速行。众将问："马尽乏矣，<u>只好</u>少歇。"操曰："赶到荆州将息未迟。"（《三国演义》卷五〇）

（13）但亦不知女子是谁，婴儿是谁，没个人家主名，也没人来查他细帐。<u>只好</u>胡猜乱讲，总无实据。传将开去，韩生的母亲也知道了……（《二刻拍案惊奇》卷三〇）

（14）叫人到杨妈妈家问问。说是不曾回家，吃了一惊。恐怕杨妈妈来着急，倒不敢声张，<u>只好</u>密密探听。又见闻人生一去不来，心里方才有些疑惑……（《初刻拍案惊奇》卷三四）

（15）呼延灼道："恩相放心。群贼到来，先失地利。这厮们<u>只好</u>在水泊里张狂，今却擅离巢穴。一个来，捉一个，那厮们如何施展得……（《水浒传》五八回）

以上诸例中"只好＋VP"格式所表达的某种行为都是在不得已的情况下做出的，副词"只好"在这些例子中的用法与现代基本一致。

（二）"只好"句式的特点

前面已说过，副词"只好"表示"不得不，只能如此、没有其他选择"的意思。从所表达的语义来看，"只好＋VP"格式所表达的是一种无奈的择取行为，即在没有其他更好选择的情况下所做出的一种选择行为。从取舍的角度看，"只好＋VP"格式中的"VP"可看作"选定项"，该格式可生成取舍句，不过，作为选定项的"VP"是在没有更好选项的前提下作出的"无奈选择"，这里之所以称其为"无奈选择"实际上蕴含着"舍弃项"为零的意思。因此，对于"只好＋VP"格式所生成的取舍句而言，真正存在的只是"选定项"，"舍弃项"其实并不存在。如：

（16）我不知道第一场比赛发生了什么。第一场我没上场，第二场上了。有一个争球，我们拿到了，但又丢了，<u>只好</u>迅速回防。对方把球给他们的中锋，他跟我形成一对一，我犯规了，非常愚蠢。后来状态也没好转，没清醒过来。

（17）一个球队领导看见球迷走进我房间就想跟他们说话，但他们不理他。我很倔，便犯了个错误，跟他们说我不会和他们合影。20分钟后他们又返回来按我的门铃，再次要求合影和签名。我<u>只好</u>来到走廊满足了他们的要求。我一开始就应该明白他们是下定决心的。

（18）当时我口袋里的钱不超过 20 美金。在我第一个 NBA 赛季后的夏天，我在国家队训练时划伤了眼睛，他们<u>只好</u>剃光了我的眉毛，我看着伤疤想到："嘿，这好像奔驰的标志啊。"假如我真成为一个汽车销售员，我会告诉我的客户这些都是二手车，因为我才是第一个开过它们的人。

在以上三例中，"只好 + VP"格式所生成的句式均为取舍句，这些取舍句对"选定项"的择取都是建立在"不得已"的情形之上的，前后文语境也没有提供有关"舍弃项"的直接信息。①

（三）"只好"句式的语义表达②

研究证实，"只好"句式所涉及的取舍主体有三种人称的选择，总体而言，第一、三人称充当取舍主体的情况最为常见，第二人称充当取舍主体受限较大。取舍主体人称的不同选择对该句式主观性的强弱不会造成太大影响，同时对该类句式在"行、知、言"三域中的表达影响也不大。

1. 主观性与"只好"句式的表达

首先，当取舍主体为第一人称时，整个句子的表达具有客观性，从表达的视角来看，句子往往以"当事人"作为表达的视角。如：

（19）捏着鼻子吃完早点，我找报摊买报纸，可一时没有报摊，再看时间，刚 6 点多，大概卖报纸的正往这儿赶吧。我<u>只好</u>站在路边抽烟，等卖报纸的来。

（20）但碰到了问题——我上次是用单次入境签证进入中国的，

---

① "只好"所标记的取舍句只带有"选定项"，同时"舍弃项"一般不能从相关的语境中找回，这与副词"非得""死活""偏偏"等的用法有一定的差异。

② 这里只探讨属于陈述句的"只好"句式，其他句类暂不论及。

现在我身处韩国,又是星期六,美国领事馆不办公,而我必须星期天早上到北京。我<u>只好</u>硬着头皮买了张票。我出示护照,他们发现签证无效。

(21)如不留尿样即按阳性处理并签字,但我本人及我的陪同均声明出问题要由他们负责任并要求在检查单上进行了注明,征得检查人员同意后,无奈我<u>只好</u>在不合格的器材中留了尿样。

(22)遇到这种车停车,我<u>只好</u>捏闸,绝对没有勇气从其外侧超车,因为后面的"马他突"已经高速冲上来了。

(23)我们不敢肯定自己的财力能否应付安全、保险、设施等。我们<u>只好</u>向 NBA 求助,他们开出的条件是让我们把姚明的测试向所有球队公开。

(24)出租车开到小巷口进不去,我们<u>只好</u>停下车步行来到小院。进了屋,吴琼四处打量我的小屋,见屋里只有一张床、几只破碗,墙角堆满了我的画,旁边是简陋的绘画工具……

例(19)—(22)中,"只好"句式的取舍主体为第一人称单数的"我",在例(23)、(24)中,取舍主体为第一人称复数的"我们"。以上六例中的"只好"句式都采用客观陈述的表达方式,并以当事人(取舍主体"我"和"我们")作为表达的视角。

此外,当取舍主体为第一人称时,"只好"句式有时以说话人(取舍主体)作为表达的视角,整个句子的表达具有主观性的特点。如:

(25)那里是山路,不太好走,看来我<u>只好</u>步行去了。

(26)看来,你们<u>只好</u>出发了,否则会迟到的……

以上例子中的取舍主体为第一人称的"我",即说话人自己。例(25)表达了说话人(我)对自身行为所作的一种取舍看法,例(26)表达了说话人(我)对听话人(你们)行为所作的一种取舍看法。

其次,当取舍主体为第二人称时,整个句子的表达具有客观性,从表达的视角来看,句子往往以"当事人"作为表达的视角。语料证明,此种用法不太常见。如:

（27）当时敌人已经冲到了我们的阵地，我们的战士绝大部分牺牲了，你没有办法，<u>只好</u>带领剩余的同志与敌人展开激烈的肉搏。

（28）别的同学毕业后都去西藏了，只有你俩考取了研究生，大学四年的感情的确令人感动，但别离是无法选择的事实，你俩<u>只好</u>带着这份眷恋告别了母校。

例（27）中，"只好"句式的取舍主体为第二人称单数的"你"，例（28）中，取舍主体为第二人称复数的"你俩"。以上两例中的"只好"句式都采用客观陈述的表达方式，并以当事人（取舍主体"你"和"你俩"）作为表达的视角。

最后，当取舍主体为第三人称时，整个句子的表达具有客观性，从表达的视角来看，句子往往以"当事人"作为表达的视角。如：

（29）为了证明镭的存在，他们决心把它提炼出来。他们买不起含镭的铀矿石，<u>只好</u>利用廉价的铀沥青残渣，借一间不蔽风雨的厂棚做实验室。

（30）中学毕业后，他们先后来到内迁于云南昆明的清华大学和贵州遵义的浙江大学，当时物质条件很差，物理实验室设在破庙里，教室和宿舍设在会馆里，连看书的地方都没有。他们<u>只好</u>一早就到茶馆去占座位，泡上茶，读书直到天黑。

（31）由于高尔顿学派当时影响极大，以致几乎所有的杂志都拒绝发表支持孟德尔观点的文章，贝特森<u>只好</u>自费印发论文来进行辩论。经过四年激烈论战，孟德尔学说才摆脱了困境。

（32）当唐玄宗行到马嵬驿（今陕西兴平县内）时，将士们拒绝前进。唐玄宗万般无奈，<u>只好</u>应允将士的要求，杀了杨国忠，缢死杨贵妃，才得以继续西逃。

（33）德宗急忙从后花园逃走，直奔奉天（今陕西乾县）。叛军在长安拥立前泾原节度使为秦帝。德宗处在四面楚歌之中，<u>只好</u>与李希烈等强藩妥协。

在以上"只好"句式中，例（29）、（30）的取舍主体为"他们"，例（31）—（33）的取舍主体分别为"贝特森""唐玄宗""德宗"。总体而论，在以上诸例中，说话人都采用客观陈述的方式，陈述取舍主体（第三人称）的取舍行为。由于这些取舍主体也为当事者，所以该类取舍句是以当事人作为表达的视角。

可见，对于"只好"句式来说，取舍主体一般为第一、三人称，第二人称时的情况较少。当取舍主体为第一人称时，该句式一般为客观性的表达模式，少数情况下的表达具有主观性的特点。当取舍主体为第二、三人称时，句子的表达一般均基于"当事人视角"，具有客观性的特点。

2. "行、知、言"与"只好"句式的表达

对于"只好"句式而言，当取舍主体为第一人称时，该句式一般为客观性的表达模式，少数情况下，该句式的表达具有主观性的特点。故此类句子的表达多数属于"行域"范畴，少数属于"知域"范畴。再如：

（19'）捏着鼻子吃完早点，我找报摊买报纸，可一时没有报摊，再看时间，刚6点多，大概卖报纸的正往这儿赶吧。我只好站在路边抽烟，等卖报纸的来。

（20'）但碰到了问题——我上次是用单次入境签证进入中国的，现在我身处韩国，又是星期六，美国领事馆不办公，而我必须星期天早上到北京。我只好硬着头皮买了张票。我出示护照，他们发现签证无效。

（25'）那里是山路，不太好走，看来我只好步行去了。

（26'）看来，你们只好出发了，否则会迟到的……

以上例子，前两例的表达属于"行域"的范畴，后两例属于"知域"的范畴。

当取舍主体为第二、三人称时，"只好"句式的表达一般均基于"当事人视角"，具有客观性的特点。因而此类句子的表达均属于"行域"的范畴。再如：

（27'）当时敌人已经冲到了我们的阵地，我们的战士绝大部分牺牲了，你没有办法，只好带领剩余的同志与敌人展开激烈的肉搏。

（28'）别的同学毕业后都去西藏了，只有你俩考取了研究生，大学四年的感情的确令人感动，但别离是无法选择的事实，你俩只好

带着这份眷恋告别了母校。

（29'）为了证明镭的存在，他们决心把它提炼出来。他们买不起含镭的铀矿石，只好利用廉价的铀沥青残渣，借一间不蔽风雨的厂棚做实验室。

（30'）中学毕业后，他们先后来到内迁于云南昆明的清华大学和贵州遵义的浙江大学，当时物质条件很差，物理实验室设在破庙里，教室和宿舍设在会馆里，连看书的地方都没有。他们只好一早就到茶馆去占座位，泡上茶，读书直到天黑。

例（27'）（28'）中的取舍主体为第二人称，例（29'）（30'）中的取舍主体为第三人称。

综上所述，对于"只好"句式来说，取舍主体一般为第一、三人称，第二人称时的情况较少。当取舍主体为第一人称时，该句式的表达一般具有客观性的特点，同时属于"行域"范畴；而在少数情况下，该句式的表达具有主观性的特点，同时属于"知域"范畴。当取舍主体为第二、三人称时，该句式的表达均具有客观性的特点，同时属于"行域"范畴。以上结论可列表归纳如下：

表5-9　　　　　"只好"句式语义表达属性分布

取舍主体	主观性	客观性	行域	知域
第一人称	+（少数）	+（多数）	+（多数）	+（少数）
第二人称	-	+	+	-
第三人称	-	+	+	-

注：表中"+"表具有该属性，"-"表不具有该属性。

（四）"只好"句式的语用环境

所谓"只好"句式的语用环境，主要是指该句式以独立的句子身份与前后文语段之间直接（同一层次）的逻辑语义关系。考察发现，"只好"句式主要与前文语段存在直接的逻辑语义关系，同时绝大多数属于"因果"关系，少数属于"假设""目的"和"条件"关系。如：

（34）当他回到寨子，人们向他要文字的时候，他一点都记不得了。因为没有文字，｜人们通信只好用符号和寓有一定意义的实物来表达。

（35）可是室内其他东西都没有一点火灾的迹象或气味。警方<u>因</u>对医生的死因无法解释，│只好以死者吸烟不慎引起衣服燃烧致死的理由草草结案。

（36）它的皮肤上汗腺不多，所以大热天时为了散热，猪喜欢泡在水里，只是<u>因为</u>找不到干净的水，│<u>只好泡在泥水中</u>。猪也懂得讲卫生，它总是尽可能远地离开吃睡的地方去拉屎撒尿，只是人们将它关在猪圈里才没办法弄得很脏的。

（37）布鲁诺出生在意大利的一个贫苦家庭，15岁进修道院，在那里他读了很多书。24岁成为牧师，并获得哲学博士学位。此后，他逐渐对宗教产生怀疑。他大胆地批判《圣经》，因而冒犯了罗马教廷，│<u>只好逃出意大利，到法国、英国等地宣传哥白尼的日心说，批判托勒密的地心说</u>。

（38）它的主干浑圆通直，几十米连一个细小的枝也没有，不仅无法取得它的花、叶、果实等做标本，连灵敏的测高仪也完全失效。│<u>人们只好忍痛伐倒一株进行测量分析</u>，结果发现这是一个新的特有树种。由于它高入云霄，无法看到树顶，所以被称为"望天树"。

（39）长期以来，科学家一直受"太阳系如何形成"，"地球何以会绕太阳运转"这些问题的困扰，就连著名科学家牛顿也难以回答，│<u>最后只好求助神学，把运动的最终原因归于"上帝的第一推动"</u>。

在以上六例中，"只好"句式与竖线"│"前面的语段在逻辑语义上都具有因果关系，在例（34）—（36）中，这种关系表现为显性的因果关系，有因果关系词语作为标记（即例中画线的词语），而在例（37）—（39）中，这种关系表现为隐性的因果关系，无因果关系词语作为标记。

除上述因果关系外，还有少数情况属于"假设""目的""让步"和"条件"关系。如：

（40）很奇怪，这段时间，好像没见刘大爷的儿子来过，若想找到他，│<u>那只好通过刘大爷了</u>。

（41）在那以前，蒙古人是没有文字的，如果有什么事情需要记录下来，｜只好采用结绳、刻木之类办法。直到成吉思汗俘获了乃蛮部一个名叫塔塔统阿的国师以后，情况才开始有了变化。

（42）明代的朱柏庐把"勿贪意外之财"列入了他的《治家格言》。南北朝时，有个叫甄彬的人，在春荒时节，因家境贫寒，为了糊口，｜只好把准备用来编织夏衣的一捆苎麻去当铺抵押。

（43）为了维护统治，防范奴隶再度起义，｜在人数上处于少数的斯巴达人只好把整个民族变成一支军队。他们崇尚武力，其实是被恐惧所奴役的标志。

（44）因为在长期干旱的情况下，青蛙是不会产卵的，即使腹内卵已成熟，｜也只好等待。所以，一旦大雨降临，青蛙便倾巢而动。

（45）瞎子不会画画并不是他的手不会动笔，而是看不见笔画的效果，当然就无法确定下一步的动作。即使原来是个有名的画家，一旦眼睛失明，｜也只好就此停笔。说话也是这样。

在例（40）、（41）中，"只好"句式与竖线"｜"前面的语段在逻辑语义上具有假设关系。在例（42）、（43）中，"只好"句式与竖线"｜"前面的语段在逻辑语义上具有目的关系。在例（44）中，"只好"句式与竖线"｜"前面的语段在逻辑语义上具有让步关系。在例（45）中，"只好"句式与竖线"｜"前面的语段在逻辑语义上具有条件关系。

本节在北京大学中国语言学研究中心现代汉语语料库中，对该语料库的前100个"只好"句式的语用情况作了考察。具体情况如表5－10所示：

表5－10　　　　　　　　　　"只好"句式的语用情况

	因果	假设	目的	让步	条件	总计
句数	92	3	3	1	1	100
比例（%）	92	3	3	1	1	100

表5－10显示，"只好"句式主要用于表"因果"关系的语境之中，这主要因为："只好"句式所表达的取舍行为是一种"无奈"的选择行为，取舍主体之所以作出这样的无奈选择，往往是由某种原因所致。因此，在具体的语篇中，"只好"句式作为一种表达取舍行为或态度的句子

往往出现在表原因语段的后面。关于这一点,《现代汉语虚词词典》(张斌,2005)也有类似的解释,该词典认为,"只好"表示只能如此,没有别的选择。前面先说明事实,然后用"只好"表示对这一事实的态度。

此外,从"只好"句式整体所表达的语义看,该类取舍句在句式语义上属于一种"无奈"的取舍句式。

二　副词"只能"与取舍句

在现代汉语中,副词"只能"的用法及意义与"只好"接近,副词"只能"后常常承接表行为义的动词性短语("VP"),从取舍的角度来看,"VP"可看成取舍主体的选定项,同时,这个选定项("VP")是在"无奈"的情况之下作出的。如:

(46)所谓俸禄就是在八旗里头啊,你必须得挑上一个,挑上兵,你这才有俸禄,你挑不上兵的那个啊,你一样没俸禄。说这家儿有哥儿仨,哥儿仨不能全挑上,你只能挑上一个,挑中这个人有俸禄,你挑不上,那俩人还是没有。

(47)我这样做,并不表示我是一个胸无大志的人,我也想成为一名签约歌手、当红歌星,让歌声传遍中华大地。但是就目前这种状态,我是不敢往深处想的。我只能从最低级的地铁歌手做起。

(48)摄像机中拍出来的都是很朦胧、很凄美的镜头,但我们在里面就没那么浪漫了,往往要忍受着烟雾的刺鼻气味,还要根据导演的意图做出各样的表情,如果是明星的戏,导演是不会用这样的烟雾的,如果非用不可的话,导演只能帮明星找替身。

(49)有一类导演是没有多大的影响力但较专业的年轻导演,他们在剧组里的很多意见必须听从于制片人,他们只能帮你安排一般的角色。还有一类是骗子,这类人严格意义上算不上是导演,但他们可能在剧组待过,对剧组的运作很了解,专门针对急于想成影星的女孩骗财骗色。

(50)我再也不想找工作了,除非有工作主动找我,否则就是饿死,我也不去一次一次地让自己带着希望去折腾,很快就把希望变成失望,然后又演变成绝望了。此时,我也只能听天由命了。整天无所事事、愁眉苦脸地躺在床上,我开始琢磨究竟该怎么办。

（51）由于时代的局限，伟大的智者亚里士多德只能依靠观察和想象来探讨万事万物的运动和它们的原因，因此，发生谬误是不可避免的。

以上例句中，"只能+VP"格式所生成的句子均为取舍句，这些取舍句作为取舍主体的一种选择是在不得已（无奈）的情况下作出的，因此，在具体的语境中，这些取舍句前面的语段往往要说明之所以作出这种无奈选择的原因（可参考例46—51）。

三　副词"只得"与取舍句

在现代汉语中，副词"只得"的用法及意义也与"只好"接近，副词"只得"后也常承接表行为义的动词性短语（"VP"），从取舍的角度来看，"VP"也可看成取舍主体的选定项，同时，该类取舍句也属于"无奈"类的取舍句。如：

（52）这次，他是来还那5块钱的，我坚持不要，他坚持要给我，两个人拉拉扯扯了半天，最后我只得收下了那5块钱，但我的条件是：他得陪我去喝顿酒！

（53）即使这么便宜的房租，也有人交不起，于是交不起房租的乐手们就被房东毫不留情地轰了出去，为了不致让自己沦为乞丐，他们只得厚着脸皮在村中"蹭"朋友的饭吃，吃饱了就赖在这儿不走……

（54）"采访"没有在公园里进行，因为我刚答应接受采访，吴琼就得寸进尺地提出，她要到画家村看看。见躲不过去，我只得答应。吴琼背起我的画夹，出了公园拦了辆出租车，我们便直奔画家村而去。

（55）可是，当有一天她醒来时，却发现身边的导演已经不见了，当时她并没在意，可是一直等了好久，也没有见导演回来，她只得起身去找导演，这时才发现整个宾馆里没有一个熟人，偌大的剧组只留下她一个人在这里，所有的房间都已经空空荡荡。

（56）至于当叫花子，虽然要比饿死的强，但滋味恐怕也好不到哪里去！如果不想饿死或沦落到沿街乞讨的份，那就只得去找刘大爷、去找他的儿子刘厨子给我介绍"菜买"的工作了。

　　（57）为了生存，也为了能存下一些钱供将来考电影学院之需，我<u>只得</u>去了一家影视公司，给公司的老板当秘书。我也是没办法，本来像我这样胸怀大志的人，是不屑于给这种皮包公司所谓的"总裁"当秘书的。

以上例句中，"只得＋VP"格式所生成的句子均为取舍句，这些取舍句作为取舍主体的一种选择也是在不得已（无奈）的情况下作出的，因此，在具体的语境中，该类取舍句前面往往有说明选择原因的语段（可参考例52—57）。

本章小结

　　本章的主要观点有以下几条：

　　第一，在现代汉语中，副词"非得""死活""偏偏""只好""非""非要""执意""偏""只能"和"只得"等一般能用来标记取舍句式，它们可视作"准取舍标记词"，它们所标记的句式可称作"准取舍句式"。

　　第二，关于"非得"类句式。在句式特点方面，"非得"句式的意义类型有三种，一是表达主体强烈的主观意愿或行为，二是表达客观情势下的某种必须的抉择，三是表达某种推断结果的必然发生。以上三种意义类型分别对应的句法结构是"非得1＋VP""非得2＋VP"和"非得3＋VP"。"非得1＋VP"和"非得2＋VP"能生成取舍句式，而"非得3＋VP"无法生成取舍句式。"非得1＋VP"和"非得2＋VP"所生成的取舍句式只带有"选定项"，而"舍弃项"则以"明示""蕴含"和"隐含"的方式包含在一定的语境之中。在语义表达方面，第一、三人称充当取舍主体的情况最为常见，第二人称的情况较少。不同的人称选择会对"非得"类取舍句在"主观性"和"行、知、言"三域中的表达造成影响。当取舍主体为第一人称时，对于"非得1＋VP"句式来说，句子的表达基于"当事人"视角，具有客观性的特点，同时句子的表达属于"行域"的范畴；而对于"非得2＋VP"句式来说，句子的表达基于"说话人"视角，具有强烈的主观性，同时句子的表达属于"知域"的范畴。当取舍主体为第二、三人称时，不论是"非得1＋VP"句式还是"非得2＋VP"句式，句子的表达均基于"当事人"视角，具有客观性的特点，同时句子的表达属于"行域"的范畴。在语用环境方面，"非得 1 + VP"句式主要用于表"转折"和"因果"关系的语境中，而"非得 2 + VP"句式主要用于表"假设"和"因果"关系的语境中。此外，副词"非""非要"按语义也可分为三类，即"非 1""非 2""非 3""非要 1""非要 2""非要 3"。"非 1""非 2""非要 1"和"非要 2"能生成取舍句式，而"非 3"和"非要 3"却不能生成取舍句式。

第三，关于"死活"类句式。在句式特点方面，"死活"句式的意义类型有两类，一类表达结果意义，一类表达行为意义。表达结果义的"死活"句式不能表达取舍意义，而表达行为义的"死活"句式能表达取舍意义。表达行为义的"死活"所生成的取舍句式只带有"选定项"，而"舍弃项"则以"明示""蕴含"和"隐含"的方式包含在一定的语境之中。在语义表达方面，第三人称充当取舍主体的情况最为常见，第一、二人称的情况较少。不同的人称选择不会对"死活"句式在"主观性"和"行、知、言"三域中的表达造成太大影响。不论取舍主体为何种人称，句子的表达均基于"当事人"视角，具有客观性的特点，同时句子的表达属于"行域"的范畴。在语用环境方面，"死活"句式主要用于表"转折"关系的语境中，其次为"因果"关系。此外，副词"执意"一般也可用来标记取舍句式，与"死活"的用法基本一致。

第四，关于"偏偏"类句式。在句式特点方面，"偏偏"句式的意义类型有两类，一类表达结果意义，一类表达行为意义。表达结果义的"偏偏"句式不能表达取舍意义，而表达行为义的"偏偏"句式能表达取舍意义。表达行为义的"偏偏"所生成的取舍句式只带有"选定项"，而"舍弃项"则以"明示"、"蕴含"和"隐含"的方式包含在一定的语境之中。在语义表达方面，第三人称充当取舍主体的情况最为常见，第一、二人称的情况较少。不同的人称选择不会对"偏偏"句式在"主观性"和"行、知、言"三域中的表达造成太大影响。不论取舍主体为何种人称，句子的表达均基于"当事人"视角，具有客观性的特点，同时句子的表达属于"行域"的范畴。在语用环境方面，"偏偏"句式基本上都用于表"转折"关系的语境中。此外，副词"偏"一般也可用来标记取舍句式，与"偏偏"的用法基本一致，只是在音节搭配上有所区别。

第五，关于"只好"类句式。在句式特点方面，副词"只好"一般用来修饰动词性短语（记作"VP"），"只好 + VP"一般能生成取舍句式。该类取舍句式只带有"选定项",而"舍弃项"实际上并不存在。在语义表达方面,取舍主体一般为第一、三人称,第二人称时的情况较少。当取舍主体为第一人称时,该句式的表达一般具有客观性的特点,同时属于"行域"范畴;而在少数情况下,该句式的表达具有主观性的特点,同时属于"知域"范畴。当取舍主体为第二、三人称时,该句式的表达均具有客观性的特点,同时属于"行域"范畴。在语用环境方面,"只好"句式基本上都用于表"因果"关系的语境中。此外,副词"只能""只得"一般也可用来标记取舍句式,与"只好"的用法接近。

第六章

取舍句式比较

本章将从纵向和横向两个维度对几类取舍句式进行比较。① 纵向比较是指对某类取舍句式进行历时的比较分析，横向比较则是指对某几类取舍句式进行共时的比较研究。研究表明，就纵向的比较来看，"与其"句式与"宁可"句式在历时的发展进程中都有趋于简化的特点；就横向的比较来说，本书所关涉的几类取舍句式在语义表达和语用环境方面具有一定的差异性，而在句式构造方面副词"宁可""非得"等标记的取舍句式则体现出一定的意合性。

第一节　结构演变的比较

通过历时考察，我们发现，"与其"句式和"宁可"句式在句式的组配上逐渐趋于简化，到了现代汉语阶段，两大句式的表达系统大大简化，表达效率得到很大提高。

首先，在"与其"句式方面。从古汉语发展到现代汉语，"与其"句式系统经过长期的历时演变，该句式的组配方式发生了相应的调整和变化。具体来说，在先秦、两汉时期，"与其"主要与"宁""不如"组配，少数与"不若"等组配。到唐宋时期，"与其"主要与"不若""孰若""曷若"等组配，少数与"何如"等组配。到元明清时期，"与其"主要与"莫若"组配，少数同"不如""何不""宁可"等组配。而到了现当代阶段，情况发生了更进一步的变化，"与其"主要与"不如"组配，而且"与其"与"不如"组配时后面常带表示主观认识义的词

---

① 本章只比较"与其"句式、"宁可"句式以及准取舍句式之间的异同，不包括"不 p，而 q"等其他取舍句式。

语——"说"，这种组配方式具有压倒性优势。虽然，在现代汉语中，"与其"还与"宁可""宁愿""毋宁""无宁""勿宁""还是""莫如""何如""何不"和"为什么"等组配，但用量较少。

　　纵观以上变化，我们可以看到，在先秦、两汉时期，"与其"的主要组配对象有两个，即"宁"和"不如"。到唐宋时期，"与其"的主要组配对象有三个，即"不若""孰若""曷若"。到元明清时期，"与其"的主要组配对象有一个，即"莫若"。最后到现当代阶段，"与其"的主要组配对象也只有一个，即"不如"，而且"与其（说）"与"不如（说）"组配具有压倒性优势。可见，单从"与其"主要组配对象数量的前后变化上，就能得出"与其"句式组配方式有逐渐简化的趋势。

　　其次，在"宁可"句式方面。该类句式系统同样经历了一个较长期的调整过程。具体来说，在先秦时期，"宁可"还未产生，标记该类句式的任务主要由"宁"来承担。"宁"所组配的对象可分为三类：一是表否定的词语"非""无""不""蔑"等；二是表疑问的词语"安""何""孰"等；三是"与其"和"与"。在两汉、魏晋、南北朝时期，"宁可"虽已开始词汇化，但该类句式的标记任务基本上还由"宁"来承担。"宁"所组配的对象还可分为三类：一是表否定的词语"无""不""毋"等；二是表疑问的词语"安""何""岂"等；三是"与其"和"与"，不过此种组配已很少见。在唐宋时期，"宁可"的使用频率明显增高，但该类取舍句仍然主要由"宁"来标记。同时，"宁（宁可）"主要与表否定的词语"不"和"未"等组配。在元明清时期，"宁可"的使用频率得到了迅速提升，并取代了"宁"的优势地位。这个时期的"宁"主要与表否定的词语"不""休""勿""莫"等组配，少数与表疑问的词语"岂"等组配。而对于"宁可"来说，其组配的对象主要有三类：一是表否定的词语"不""休""别""不肯""不可""不要"等；二是表疑问的词语"岂""安"等；三是"也不""也要"等。到了现代汉语时期，"宁可""宁愿""宁肯"的使用频率迅速提升，它们三者的使用频率均超过了"宁"，"宁"的使用大大减少，它只在特定的场合使用。同时，"宁可""宁愿""宁肯"主要与"（也）不"和"也要"组配。① 虽然，

----

　　① 在现代汉语阶段，"宁可""宁愿""宁肯"与"也要"组配形成的句式其实并不是取舍句式，这样就只剩下"（也）不"这个组配对象了。

"与其"（与）仍有与"宁可""宁愿""宁肯""宁"组配的用例，但使用数量非常少。

　　总体上看，从古代汉语发展到现代汉语，"宁可"句式的组配方式明显简化。在古汉语阶段，"宁可"句式的组配方式较为复杂，而到了现代汉语阶段，"宁可（愿、肯）q，（也）不 p"成为"宁可"句式的典型代表，使用数量占绝对优势。从此角度说，"宁可"句式的组配方式同样呈现逐渐简化的趋势。

第二节　语义表达的比较

　　在前面几个章节中，我们讨论了各取舍句式因取舍主体人称的不同而造成句子在语义表达上出现差异的情况，这些差异主要体现在主观性和"行、知、言"三域两个方面。

一　取舍主体的人称选择

　　关于取舍主体人称的选择，对于"与其 p，不如 q"句式、"宁可 q，也不 p"句式、"非得"句式和"只好"句式而言，第一、三人称的使用一般较为常见，第二人称的使用较少。而对于"死活"句式和"偏偏"句式来说，第一、二人称的使用一般较少，第三人称的使用相对普遍。

　　第一，当说话人在表达自己的取舍行为、意愿或取舍态度、观点等时，取舍主体采用第一人称来表达。如：

　　（1）我觉得像夏令营这样的许多活动，与其说是在培养孩子们的吃苦精神，还不如说是给他们一次集体生活的体会。

　　（2）我要是早知道了，我宁可饿死，也不会放我可怜的孩子到这种地方去给人折腾死的。

　　（3）你不用担心，我非得把这件事办好不可。

　　（4）我认为，你非得这样去做，要不然就晚了。

　　（5）他们说什么也不同意，最后我还是死活去了，结果出乎他们的预料……

　　（6）泰山人们都说很高步行上去很累，尤其像我这样的老人，但我<u>偏偏</u>计划步行。

（7）光泽度是头发的生命线，所以烫发损伤之后，我<u>只好</u>开始修护受损的头发，修护的过程有点复杂……

在以上各例中，例（1）、（4）为主观性的表达方式，作为取舍主体的说话人采用第一人称将自己的观点、态度等主观认识直接表达了出来。例（2）、（3）、（5）、（6）、（7）属于客观性的表达方式，作为取舍主体的说话人将自己置身于"当事人"的角度去表达，取舍主体虽也采用了第一人称，但此类例子与例（1）等主观性的表达不同。

第二，当说话人客观陈述他人的取舍行为、意愿或取舍态度、观点等时，取舍主体一般采用第三人称来表达。如：

（8）<u>周有光</u>（2004）主张<u>与其</u>学多而不能用，<u>不如</u>学少而能用……

（9）许多老百姓有了大钞不是喜而是忧，<u>他们宁可</u>费点时间和精力去数点小币，<u>也不愿</u>冒险收留大钞。

（10）她经常是有的时候打累了就不打了，拿着本儿到一边看去了，因为<u>她非得</u>看这底下到底怎么回事了。

（11）没有这几年的发展，这么大的灾害，<u>群众非得</u>挨饿不可。

（12）但住院才半个月，<u>他死活</u>又跑出医院，带着伤痛冲向了雷场……

（13）外国老板大部分都把钱投资到我国赚钱的行业上，为什么<u>这位洋博士偏偏</u>把钱往水里丢，这不是发疯了吗？

（14）那节课，<u>马云只好</u>硬着头皮听课，老师念到那句话时，一个孩子扭过头，看了马云一眼。

以上各例，取舍主体分别为第三人称的"周有光""他们""她""群众""他""洋博士""马云"，这些取舍主体同时作为句子的"当事者"，句子表达具有客观性的特点。

第三，当说话人与听话人面对面交流时，说话人若要客观陈述听话人的取舍行为、意愿或取舍态度、观点时，取舍主体一般采用第二人称来表达。如：

（15）那时，<u>你们</u>认为，<u>与其</u>去大连，<u>还不如</u>去青岛。

（16）你<u>宁可</u>不吃饭，<u>也不</u>愿意回家听家长的唠叨。

（17）尽管遭到了家人的反对，可<u>你非得</u>娶小赵为妻。

（18）<u>你</u>认为，这件事<u>非得</u>这样做不可，否则就完了。

（19）那时，<u>你死活</u>要去北京，我们也没有办法。

（20）当时，<u>你偏偏</u>要出国，我们又能有什么办法呢？

（21）当时，在他一再要求之下，<u>你</u>最后只好同意了他的请求。

二　取舍主体人称的选择对取舍句式表达的影响

第一，当取舍主体为第一人称时，各取舍句式在主观性和"行、知、言"三域的表达上存在差异。

对于"与其 p，不如 q"句式来说，一般情况为主观性的表达，属于"知域"的范畴；少数情况为客观性的表达，属于"行域"的范畴。如：

（22）我认为，这件事<u>与其</u>这样简单操办，<u>还不如</u>不办。

（23）当时，我认为小王<u>与其</u>去北京发展，<u>还不如</u>去上海。

例（22）为主观性的表达，属于"知域"的范畴；而例（23）为客观性的表达，属于"行域"的范畴。

对于"宁可 q，也不 p"句式来说，一般情况为客观性的表达，属于"行域"的范畴；少数情况为主观性的表达，属于"知域"的范畴。如：

（24）虽然大多数人反对，但我们还是<u>宁可</u>这样，<u>也不</u>想盲目顺从。

（25）我们觉得，这件事<u>宁可</u>不做，<u>也不</u>能马虎了事。

例（24）为客观性的表达，属于"行域"的范畴；而例（25）为主观性的表达，属于"知域"的范畴。

对于"非得"句式来说，"非得 1"句式为客观性的表达，属于"行域"的范畴；"非得 2"句式为主观性的表达，属于"知域"的范畴。如：

　　（26）我们<u>非得</u>去那里探险，老师们也没有办法。
　　（27）我们觉得你<u>非得</u>再学习不可，要不然就跟不上时代了。

例（26）为客观性的表达，属于"行域"的范畴；而例（27）为主观性的表达，属于"知域"的范畴。
　　对于"死活"句式来说，属于这种情况的句子在表达上一般只具有客观性，属于"行域"的范畴。如：

　　（28）我<u>死活</u>要去见小张，可他就是不肯出来。
　　（29）我们<u>死活</u>也要把这个项目拿下来，否则后果不堪设想。

　　对于"偏偏"句式来说，属于这种情况的句子在表达上一般只具有客观性，属于"行域"的范畴。如：

　　（30）别人都想出国，我<u>偏偏</u>要在国内发展。
　　（31）人们都说这个项目难做，而我们就是要<u>偏偏</u>去啃这个硬骨头。

　　对于"只好"句式来说，一般情况为客观性的表达，属于"行域"的范畴；少数情况为主观性的表达，属于"知域"的范畴。如：

　　（32）敌人眼看就要逼近我们的阵地了，我们<u>只好</u>和他们拼了。
　　（33）我们觉得，这件事<u>只好</u>找小张帮忙了。

例（32）为客观性的表达，属于"行域"的范畴；而例（33）为主观性的表达，属于"知域"的范畴。
　　当取舍主体为第一人称时，各取舍句式在主观性和"行、知、言"三域两方面的表达情况列表如下：

表6-1 几类取舍句式在主观性和"行、知、言"三域中的表达情况

	与其 p,不如 q		宁可 q,也不 p		非得		死活	偏偏	只好	
	多数	少数	多数	少数	非得1	非得2			多数	少数
主观性	+	-	-	+	-	+	-	-	-	+
客观性	-	+	+	-	+	-	+	+	+	-
行域	-	+	+	-	+	-	+	+	+	-
知域	+	-	-	+	-	+	-	-	-	+

注:表中"+"表具有该属性,"-"表不具有该属性。

由表6-1可知,当取舍主体为第一人称时,在主观性和"行、知、言"三域的表达上,"宁可 q,也不 p"句式与"只好"句式的情况相同;"死活"句式与"偏偏"句式的情况一致;"与其 p,不如 q"句式与"宁可 q,也不 p"句式("只好"句式)的情况正好相反;"非得"句式分为"非得1"句式和"非得2"句式两种,情况比较特殊。

第二,当取舍主体为第二、三人称时,各取舍句式在主观性和"行、知、言"三域的表达上有较强的一致性。即各类取舍句的表达均具有客观性,并且均属于"行域"的范畴。具体例子可参考前面各章,这里不再举例。

由上可见,只有当取舍主体为第一人称时,各取舍句式在主观性和"行、知、言"三域两方面的表达才会体现出差异性。因此取舍主体为第一人称的情况是我们考察各取舍句式时应密切关注的焦点。取舍主体为第一人称的情况实际上就是说话人作为取舍主体的情况,说话人作为言语的表达者,同时又将自身置于取舍主体的位置,对这个位置的不同处置,将会引发取舍句式表达的差异。具体来说,当取舍主体将自身置于表演的舞台之上,说话人成为表演者,作为观察的对象,这时取舍句式的表达就具有客观性,属于"行域"的范畴。再如:

(23') 当时,我认为小王与其去北京发展,还不如去上海。

(24') 虽然大多数人反对,但我们还是宁可这样,也不想盲目顺从。

(26') 我们非得去那里探险,老师们也没有办法。

(28') 我死活要去见小张,可他就是不肯出来。

(30') 别人都想出国,我偏偏要在国内发展。

　　　　（32'）敌人眼看就要逼近我们的阵地了，我们只好和他们拼了。

当取舍主体将自身置于表演的舞台之外，说话人作为观察主体的组成部分，这时取舍句式的表达就具有主观性，属于"知域"的范畴。再如：

　　　　（22'）我认为，这件事与其这样简单操办，还不如不办。
　　　　（25'）我们觉得，这件事宁可不做，也不能马虎了事。
　　　　（27'）我们觉得你非得再学习不可，要不然就跟不上时代了。
　　　　（33'）我们觉得，这件事只好找小张帮忙了。

可见，说话人在表达取舍时，对自身位置的处置的确是一个涉及语言生成的大问题。尤其对于初学汉语的人来说，要想真正将取舍句式使用准确，取舍主体为第一人称（说话人）时的情况应是关注的重点。此外，当取舍主体为第二、三人称时，说话人只是客观地陈述他人的取舍行为、意愿或取舍态度、观点等，因此表达一般只具有客观性。
　　　总之，对于本书所关涉的几类取舍句式的语义表达来说，要密切关注取舍主体为第一人称的情况，同时也不能忽视取舍主体为第二、三人称时的表达形式。

第三节　语用环境的比较

　　　在前面相关章节中，我们讨论了几类取舍句式在语篇当中所处的逻辑语义环境。总体上看，各类取舍句式在语篇当中主要用于"因果""转折"和"假设"的逻辑语义环境中。① 需要说明，"假设"其实也隶属于"因果"，邢福义（1985）指出："所谓假设，实际上是一种待实现的原因，因此，假设句也属于因果类复句。"可见，几类取舍句式在语篇当中所处的逻辑语义环境实际上主要为"因果"和"转折"。
　　　第一，取舍句式所在的语段与前后文语段之间直接的逻辑语义关系为

---

　　　① 当然也有个别例外，比如"宁可 q"句式主要处于表"目的"的逻辑语义环境中，其次才是"因果""转折"和"假设"等。

"因果"。① 如：

（1）大家都反对你现在回家，｜<u>你与其急着回家，还不如耐下心来把这件事做完再说呢</u>！

（2）他们都不支持，｜<u>所以我宁可吃点苦，也不能放弃这项工作</u>。

（3）他们都反对这样做，｜<u>因此我宁可继续忍耐的好</u>。

（4）由于大家的怂恿，｜<u>他非得要把这件事给揭穿</u>。

（5）外面的风太大了，｜<u>看来非得把门窗关好不可了</u>。

（6）敌人的气焰越来越嚣张，｜<u>所以，首长死活要到前线去看看</u>。

（7）大家都说这种办法行不通，可他不信这个理儿，｜<u>偏偏要去试试</u>。

（8）由于大家都加以反对，｜<u>所以他只好放弃这项计划</u>。

以上各例中的画线部分均为取舍句式，它们与前面语段之间直接的逻辑语义关系均为"因果"。

第二，取舍句式所在的语段与前后文语段之间直接的逻辑语义关系为"转折"。如：

（9）虽然大家反对，｜<u>但我们觉得与其这样草率从事，还不如放下不做</u>。

（10）尽管他们都不支持，｜<u>但我宁可吃点苦，也不能放弃这项工作</u>。

（11）人们都说此事难做要吃很多的苦，并劝他放弃，｜<u>可他宁可多吃点苦头</u>。

（12）大家都极力阻止，｜<u>可他非得要把此事揭穿</u>。

（13）虽然道路平坦，但<u>你还是非得小心不可</u>。

（14）敌人的攻势很猛，｜<u>可是，首长死活要到前线阵地去</u>。

（15）大家都说这种办法行不通，｜<u>可他偏偏就是要亲自去</u>

---

① 考察发现，取舍句式所在的语段主要与前文语段存在直接的逻辑语义关系。

试试。

（16）虽然大家极力反对，｜可他只好这样了。

以上各例中的画线部分均为取舍句式，它们与前面语段之间直接的逻辑语义关系均为"转折"。

下面将前面各章中关于几类取舍句式使用于"因果"和"转折"关系语境中的具体统计数据汇总如下①：

表6-2　　　　　　　　　　几类取舍句式语用情况

	与其p，不如q	宁可q，也不p	宁可q	非得1	非得2	死活	偏偏	只好
因果（%）	96.64	68.34	34.67	43	95	27	0	95
转折（%）	8.13	20.56	13.33	45	3	61	96.67	0

注：表中数据为百分比，精确到小数点后两位。

由表6-2可知，按照在"因果"关系中出现比例的高低序列来看，各取舍句式可排序为：

> "与其p，不如q"句式＞"非得2"句式/"只好"句式＞"宁可q，也不p"句式＞"非得1"句式＞"宁可q"句式＞"死活"句式＞"偏偏"句式

按照在"转折"关系中出现比例的高低序列来看，各取舍句式可排序为：

> "偏偏"句式＞"死活"句式＞"非得1"句式＞"宁可q，也不p"句式＞"宁可q"句式＞"与其p，不如q"句式＞"非得2"句式＞"只好"句式

从以上排序可以看出，"因果"关系和"转折"关系分别代表以上几类取舍句式所处语境的两极。如果一种取舍句式较多地出现在表"因果"

---

① 表中的"因果"关系包含了"假设"关系，因此表中数据与前面章节中的相关数据有所出入。

关系的语境中，那么它在表"转折"关系语境中的使用频率必然会降低，反之亦然。

更为重要的是，我们发现，各取舍句式所处的逻辑语义环境与其所蕴含的"优选量级"有关。何谓"优选量级"？

"量级"（scale），这个概念最早由霍恩（Horn，1977）提出，故称之为"霍恩量级"，"量级"指的是同一范畴的成员按数量或程度大小排列而成的序列。"量级"实际上就是李宇明（2000）所说的"级次"，李文认为："级次是因同一维度上量的差异或等级的差异而形成的序列，是人类认知世界的一种方式。"结合以上认识，我们认为，对汉语取舍句来说，优选量级是指取舍合理度的高低序列。具体而言，若一种取舍接近公众的认知，那么此类取舍的合理度就高；反之，若一种取舍远离公众的认知，那么此类取舍的合理度就低。不同取舍句式所体现出的取舍在合理度上形成一个由高到低的序列，这就是优选量级。

而取舍合理度的高低取决于具体的取舍方式，如果一种取舍方式比较理性，那么这种取舍方式的合理度就高，反之，如果一种取舍方式比较感性，那么这种取舍方式的合理度就低。

下面我们具体分析一下各类取舍句式的取舍合理度问题，进而阐明各取舍句式所处的逻辑语义环境与其所蕴含的"优选量级"密切相关。

第一，"与其 p，不如 q"句式。邢福义（2001）指出，"与其 p，不如 q"句式是一种择优性的句式，此句式中的 p 和 q 相对而存在，它们各代表可供选择的一方。没有对比、无所选择的事物，不能用于"与其 p，不如 q"句式。比如"春光明媚"与"春苗茁壮"，不能生成"与其春光明媚，不如春苗茁壮"这样的句子。

对选项 p、q 来说，孰优孰劣主要取决于取舍主体的主观认识，取舍主体在认识上的差异，将会导致取舍结果的不同。比如面对同样的两种事物，小王可以认为 q 优于 p，小张则可以认为 p 优于 q。如：

(17) 小王：与其吃梨，不如吃香蕉。小张：与其吃香蕉，不如吃梨。

例（17），若按小王的认识，他可能认为香蕉比梨好吃；若按小张的认识，他可能认为梨比香蕉好吃。这两种观点难分优劣。

　　当然,"与其 p,不如 q"句式所表达的取舍过程基于对比分析的基础之上。按照一般常识,对比分析是人们普遍使用的一种理性的认知方式,这种认知方式往往参考人们普遍的认知标准,因而分析得出的结果一般接近人们的普遍认知。具体表现在,该句式中的选项 p 和 q 有时位置难以置换。如:

　　　　(18) 与其治标,不如治本。

邢福义(2001)指出,"治本"优于"治标"符合人们的普遍认知,因而二者的位置一般不能颠倒。

　　可见,"与其 p,不如 q"句式是一种择优性的句式,该句式的取舍方式比较理性,取舍的合理度较高。

　　第二,"宁可"句式。这里讨论的"宁可"句式既包括"宁可 q,也不 p"句式,也包括"宁可 q"句式。邢福义(2001)指出,"宁可"总是表示"忍让"。所作的选择,不是乐意为之,而是出于不得已,不得不有所忍让。邢文的观点既点明了"宁可"句式的"让步性",同时还指出了让步的不得已,因为就取舍两项来说,虽然选定项不是最好的,但相对舍弃项来讲还是可以接受的。由此可见,"宁可"句式在让步的同时也掺和了对比,有了对比分析,这充分说明该类取舍方式是一种理性的认知方式,取舍的合理度较高。

　　此外,周刚(2002)指出,"宁可"句式中的选定项和舍弃项都是说话人认为不如意的,从说话人的主观愿望来说在二者之外应该还有如意的第三者,但这又是不可能实现的,只能在选定项和舍弃项中取其一,有人可能选舍弃项,说话者却认为选定项胜过舍弃项。这说明,"宁可"句式对"q"的择取一方面出于不得已,另一方面还有反驳他人的语用需要。因此,从反驳这种较为主观感性的行为方式来说,该句式所体现的取舍合理度并不太高。

　　综合以上认识,我们认为,"宁可"句式兼具理性和感性的双重特征,它的取舍合理度处于中游水平。对此,邵敬敏、周有斌(2003)有类似的认识,他们二位认为,"宁可"句式是表"忍让"的取舍句式,但不是择优性的,而是择爱性的。

　　第三,"非得 1"句式。该句式中,取舍主体在取舍时完全按照自己的主观意愿，对公众的认知并不予关注。这类取舍句式所体现的取舍往往远离公众的一般认知，有时甚至会与公众的认知发生冲突。因此，该类取舍句式的取舍合理度较低。如：

（19）不管如何，我非得把这项任务完成好。
（20）他非得要去那里，我们劝也劝不住呀！

例（19）、（20），取舍主体"我""他"所作出的抉择完全出于自己的主观想法，并未参考公众的认知。

第四，"非得2"句式。该句式中，取舍主体在取舍时完全依据客观情势，所作出的取舍具有"唯一性"和"客观性"，该类取舍比较接近公众的一般认知。所以，"非得2"句式所体现的取舍是一种理性的认知方式，该类取舍句式的取舍合理度较高。如：

（21）外面下大雨了，你非得打雨伞不可。
（22）他非得去那里不可，要不然领导不高兴了！

例（21）、（22），说话人作为取舍主体所作出的取舍判断完全依据客观情势，例（21）依据"外面下大雨了"这一客观情势，例（22）依据"要不然领导不高兴了"这一客观情势。

第五，"死活"句式。该句式中，取舍主体在取舍时完全按照自己的主观意愿，对公众的认知并不予关注。这类取舍句式所体现的取舍也往往远离公众的一般认知，有时甚至会与公众的认知发生冲突。因此，该类取舍句式的取舍合理度较低。如：

（23）不管如何，他死活要把这项任务完成好。
（24）他死活要去那里，我们劝也劝不住呀！

第六，"偏偏"句式。该句式中，取舍主体在取舍时不但完全按照自己的主观意愿，而且有故意偏离公众或他人认知的意味。因此，该类取舍句式的取舍合理度更低。如：

（25）别人都阻止他这样做，可他偏偏要这样呀！

（26）他偏偏要去会会那个谁都害怕的秃头老大。

第七，"只好"句式。该句式中，取舍主体在取舍时完全依据客观情势，所作出的取舍具有"无奈性"和"客观性"，此类取舍比较接近公众的一般认知。所以，"只好"句式所体现的取舍也是一种理性的认知方式，取舍的合理度较高。如：

（27）外面正在下大雨，我们只好等雨停了才能回家了。

（28）他只好待在那里，要不然领导就不高兴了！

上述几类句式，按照取舍方式的性质可分为三种类型，一是理性的取舍句式，如"与其 p，不如 q"句式、"非得 2"句式和"只好"句式；二是兼具理性与感性的取舍句式，如"宁可"句式；三是感性的取舍句式，如"非得 1"句式、"死活"句式和"偏偏"句式。从取舍合理度的角度讲，理性的取舍句式合理度高，而兼具理性与感性的取舍句式次之，感性的取舍句式合理度则最低。可见，以上诸句式，若按取舍合理度由高到低的顺序，可大致排序为：

"与其 p，不如 q"句式/"非得 2"句式/"只好"句式 > "宁可"句式 > "非得 1"句式/"死活"句式/"偏偏"句式

若按取舍合理度由低到高的顺序，可大致排序为：

"非得 1"句式/"死活"句式/"偏偏"句式 > "宁可"句式 > "与其 p，不如 q"句式/"非得 2"句式/"只好"句式

结合前面的论述，我们认为，各取舍句式取舍合理度由高到低的顺序与它们在"因果"关系语境中出现比例的高低序列大致相同；而各取舍句式取舍合理度由低到高的顺序则与它们在"转折"关系语境中出现比例的高低序列大致相同。也就是说，一种取舍句式的取舍合理度越高，它越容易进入表"因果"关系的语境中；相反，一种取舍句式的取舍合理度越

低，它越容易进入表"转折"关系的语境中。

以上结论也能找到合理的认知理据，具体而言，当一种取舍句式取舍的合理度高时，该句式所包含的取舍往往建立在理性推理的基础之上，而"因果"推理作为一种重要的理性推理方式必然成为各取舍句式的首要选择；当一种取舍句式取舍的合理度低时，该句式所包含的取舍往往建立在感性等主观武断的基础之上，同时该句式所承载的取舍往往与公众或他人的意愿相背，这就是取舍合理度较低的取舍句式较多出现在"转折"语境中的原因。

第四节　句式构造的比较

很多人认为，汉语尤其是古汉语本质上属于意合型语言。德国著名的语言学家威廉·洪堡特早在19世纪初就对汉语的意合问题作过研究，他认为，汉语语法与西方印欧语系语言有根本的差别。他指出："每一种语言的语法都有一个得到明确标记的部分和一个潜藏的、依赖于联想的部分。在汉语里，前一个部分要比后一个部分所占的比重小得多。"① 在这里，洪堡特虽没有直接用"形合"和"意合"两个术语加以解释，但与我们现在所讨论的汉语意合问题异曲同工。在国内，王力在《中国语法理论》中，第一次明确提出"意合法"的概念。王氏意合思想的提出主要来源于他本人对汉语复句内部组织规律的深刻认识。他在《汉语语法纲要》中，曾对"意合法"下过一个定义，即"复合句里既有两个以上的句子形式，它们之间的联系有时候是以意会的，叫作'意合法'"。② 王力之后，学术界对汉语意合问题的探讨从未停止过，特别是近几十年间，出现了一批关于汉语意合问题的成果，如张黎（1994）、潘文国（1997）、张文国（1998，2005）、徐通锵（2005）、郭富强（2006）、任永军（2010）等。这些成果的出现，都印证了一个事实，即汉语属于意合型语言。

受上述意合思想的启发，同时通过取舍句式间的横向比较，我们惊喜地发现，其实在汉语取舍范畴的表达当中就存在着一些意合的表达形式。

大家知道，在取舍范畴的表达当中，作为对立双方的选定项和舍弃项

---

① Trabant, Jürgen（Hrsg.）（1985）。

② 参见王力（1951，1957）。

只有同时被标记出来，人们才会对取舍关系的存在有较为直观的认识。如：

（1）这<u>与其说</u>是赋予元首的权利，<u>不如说</u>是要求他具有独立作出判断的能力。

（2）一个理论家<u>宁可</u>要一个美的方程，<u>也不</u>要一个丑的但结果与实验数据更相近的方程。

例（1）、（2），选定项为"要求他具有独立作出判断的能力"和"要一个美的方程"，而舍弃项为"赋予元首的权利"和"要一个丑的但结果与实验数据更相近的方程"。选定项和舍弃项通过配套的关联词语"与其……不如"和"宁可……也不"给以标记，因为有这样的形式标记，所以人们很容易认定其为取舍句。

不过，在汉语取舍范畴的表达当中有些句式只使用单个的标记词语来标记选定项，而舍弃项被包含到一定的语境当中，也没有专门的标记词语用来标记舍弃项。由于没有使用成套的标记词语对选定项和舍弃项进行标记，因此这类句式的取舍关系较为隐蔽，不易被人们所察觉。如：

（3）信纸上告诉亲爱的妈妈，你很感激她的关心，但是你<u>宁可</u>自己拆信，你会感激她的手下留情。

（4）升官发财，这都是可以想的呀，干吗<u>非得</u>去想宇宙和人生？

（5）另外在空间知觉受限时（如停电、失明），要想了解周围的环境，就<u>非得</u>靠听空间知觉不可。

（6）他执意要朝自己认定的一个方向走，他的母亲拽着他<u>死活</u>不让他走。

（7）可是，大家都是排着队按次序取领糖饼，蒋介石却<u>偏偏</u>要抢先。

（8）但是时人反对他，他以后全无机会做事，<u>只好</u>隐居湖南从事著作。

以上六例，单从字面上看，我们并不是很容易就能感觉到句子内部所蕴含的"取舍"意义，但只要仔细推敲，其中的"取舍"意义还是能够体会到的。如例（3），该例通过标记词"宁可"只引出了选定项"自己拆信"，而舍弃项呢？虽然没有明确通过相应的标记词语加以标记，但我们通过对后面语句"你会感激她的手下留情"的理解还是可以把舍弃项找出来的，这里的舍弃项其实就是"妈妈拆信"。例（3）的舍弃项由于已经蕴含在后面的语境中，所以，为了避免语义重复和语言表达的经济性，只用标记词"宁可"单独标出选定项，进而来表达取舍意义。依例（3）类推，其他五例分别由标记词"非得1""非得2""死活""偏偏"和"只好"标出选定项，而舍弃项已被包含在上下文语境中了，一般包含在前文语境中。

从前面章节的论述中，我们知道，"宁可""非得""死活""偏偏"和"只好"等标记的取舍句式只标出选定项，而舍弃项则通过"明示""蕴含"和"隐含"的方式包含在一定的语境之中。下面分别从三种情况入手来分析以上几类取舍句式表达的"意合性"。

一　舍弃项的"明示"

此类取舍句式的特点是，选定项由单个的取舍标记词标出，舍弃项已经明示于一定的语境中，但选定项和舍弃项的显现不是由"成套配对"的取舍标记词语给标记出来的。如：

（9）你爱喝干醋，我怕和你说了你唠叨啰唆，<u>宁可</u>不跟你说。

（10）老觉得别人做事不靠谱，不让别人做，<u>非得</u>自己做，表面上看是一种追求完美的正向人格。

（11）接受10万台的订单不能靠现有的老设备来完成，因此<u>非得</u>新建厂房不可。

（12）有些父母不让儿子去伊拉克打仗，<u>死活</u>要求孩子回来，军方对这种要求当然不予理睬。

（13）他实在不愿到某城市的机关任职，<u>偏偏</u>守在日夜梦魂萦绕的导弹竖井。

（14）孙承宗觉得实在是躲不开了，他<u>只好</u>一横宝刀遮住脸，只听"嗖！嗖！"两声响，两颗珠子打在刀片儿上。

例（9），选定项为"不跟你说"，且由取舍标记词"宁可"标出，而舍弃项已经明示于前文语境中，即前文中的"和你说"。其他几例可依据例（9）类推分析。因此，例（9）—（14）所展示的取舍关系是一种显性的关系，分析此类句式所表达的取舍意义只需分析句子的表层形式即可。

二　舍弃项的"蕴含"

此类取舍句式的特点是，选定项由单个的取舍标记词标出，舍弃项在相关语境中可以被推导出来，由于选定项和舍弃项也不是由"成套配对"的取舍标记词语给标记出来的，因此此类句式的取舍关系较为隐蔽。如：

（15）我们不愿使你为难，<u>宁可</u>不用这只船。

（16）黑格尔在某个教室讲，年轻讲师<u>非得</u>弄到这教室的隔壁讲，就是要和黑格尔对着干。

（17）平城是个用武的地方，不适宜改革政治，现在我要移风易俗，<u>非得</u>迁都不行。

（18）十岁时祖父请来一个教书先生教她读书，念了两年她<u>死活</u>不读了。

（19）他不吸烟，也不允许别人在他面前抽烟。我当时就<u>偏偏</u>要叫副官给我拿过香烟来，我<u>偏</u>要当着他少帅的面，抽烟。

（20）中央政府没有办海军的经费，<u>只好</u>靠各省协济，各省都成见很深，不愿合作。

例（15），取舍标记"宁可"引出选定项"不用这只船"，而舍弃项虽然没有明示出来，但很容易被推导出来，即"用这只船"。其他几例可依据例（15）类推分析。可见，例（15）—（20）所展示的取舍关系是一种隐性的关系，分析此类句式的语义关系必须透过形式深入句子的意义层面。

三　舍弃项的"隐含"

此类取舍句式的特点是，选定项由单个的取舍标记词标出，而舍弃项既不明示于相关的语境中，也无法从相关的语境中推导出来，它的存在只能通过对整个语境的把握进行"意会"。如：

（21）矿工们怕丢失东西，<u>宁可</u>在矿车上睡一个晚上。

（22）老王是个爱要面子的人，他<u>非得</u>让你赔礼<u>不可</u>。

（23）我看这是有些群众在起哄！我让你们好好在下边起哄，到时查出来<u>非得</u>治你<u>不可</u>！

（24）附近萨尔浒城部长苏舍拉夫的小女儿，名叫哈利喜。哈利喜被救后，<u>死活</u>要乌稀里到萨尔浒城去，说要好好报答他。

（25）白雪洁是一位文静的很有才华的女大学生，却<u>偏偏</u>爱上了一个兄弟姐妹一大堆、工作苦脏累险的普通瓦工。

（26）有什么办法呢？有什么退路呢？……他<u>只好</u>这样了。

例（21）—（26），选定项分别为"在矿车上睡一个晚上""让你赔礼不可""治你不可""要乌稀里到萨尔浒城去""爱上了一个兄弟姐妹一大堆、工作苦脏累险的普通瓦工"和"这样了"，同时选定项分别由标记词"宁可""非得1""非得2""死活""偏偏"和"只好"标出；而舍弃项呢？我们只能在把握语境整体意义的基础上进行"意会"。

从以上几类取舍句式的分析可以看出，汉语取舍范畴的表达形式不一定非要使用成套配对的标记词语将选定项和舍弃项一并标记出来，只要在深层语义上能够把取舍的意义表达出来，即使单用某个标记词只标记出选定项也同样能表达取舍的关系意义。

上述分析还留给我们更进一步的启示，汉语是一种意合型的语言，研究汉语取舍句系统，只停留在研究其形式构件的层面是远远不够的，有些表达取舍范畴的形式较为隐蔽，这就需要我们在研究中一定要将表层形式和深层语义有机结合起来。

本章小结

本章的主要观点有以下几条：

第一，在结构演变方面，"与其"句式和"宁可"句式的发展演变呈现出简化的态势。对于"与其"句式来说，"与其"在历史上曾有"宁""不如""不若""孰若""曷若""何如""莫若""何不"和"宁可"等众多组配对象，但到现当代阶段，"与其"主要与"不如"组配，而且"与其"与"不如"组配时后面常带"说"字。对于"宁可"句式来说，

"宁""宁可（愿、肯）"在历史上曾有"非""无""不""蔑""毋""未""休""勿""莫""别""不可""不要""安""岂""何"和"孰"等众多组配对象，但到现当代阶段，"宁可（愿、肯）"与"（也）不"的组配形式成为"宁可"句式的主要代表。① 因此，从组配的情况来看，"与其"句式和"宁可"句式都有逐渐简化的趋势。

第二，在语义表达方面，当取舍主体为第一人称时，各取舍句式在主观性和"行、知、言"三域的表达上差异明显，具体来说，"宁可"句式与"只好"句式的情况相同；"死活"句式与"偏偏"句式的情况一致；"与其"句式与"宁可"句式（"只好"句式）的情况正好相反；"非得"句式分为"非得1"和"非得2"两种，情况比较独特。当取舍主体为第二、三人称时，各取舍句式在主观性和"行、知、言"三域的表达上有较强的一致性。

第三，在语用环境方面，当一种取舍句的取舍合理度高时，该类取舍句式较多地使用于表"因果"的语境之中，当一种取舍句的取舍合理度低时，该类取舍句式较多地使用于表"转折"的语境之中。本书几类取舍句式的合理度由高到低可排序为：

"与其"句式/"非得2"句式/"只好"句式 > "宁可"句式 > "非得1"句式/"死活"句式/"偏偏"句式

以上序列说明，越靠近左端的句式越容易进入表"因果"的语境之中，而越靠近右端的句式则越容易进入表"转折"的语境之中。

第四，在句式构造方面，像"宁可q"句式以及副词"非得""死活""偏偏"和"只好"等标记的取舍句式，在句子表层构造上只带有"选定项"，但从深层语义的表达上看，这些句式仍然能表达"取舍"的意义，同时它们的"舍弃项"以"明示""蕴含"和"隐含"的方式均包含在一定的语境之中。因此，这类取舍句式具有"意合"的特点，是汉语"意合性"的一个个案。

---

① 本书所说的"宁可"句式不包括"宁可q，也要a"句式。

结　论

本书在以往研究的基础上，对汉语当中的几大类取舍句式进行了考察，对汉语取舍范畴及汉语取舍句式系统作了一次简单而初步的勾勒，在研究中主要得到以下几点认识：

第一，关于汉语取舍范畴的确立。汉语取舍范畴是汉民族经过长期的认知实践在大脑中抽象概括出来的一种表达取舍的认知范畴投射到语言后的结果。汉语取舍范畴有其深层的语义结构，同时语义结构投射到句法表层又形成了相应的表达形式，可见汉语取舍范畴是一种"语义—句法"范畴。汉语取舍范畴是一种原型范畴，在其内部有典型成员和非典型成员，在其外部它与邻近范畴界限不明。

第二，关于取舍标记词的词汇化。我们认为"与其"原本是一个跨层结构，即"与"同"其"不在同一层次上。后来，随着句法位置的变化，"与"的意义逐渐虚化，由最初的动词虚化为介词最后又虚化为连词，而代词"其"的指代功能也随之发生弱化，最后在韵律构词规则的直接促发下，"与"同"其"组合在了一起，成为标记取舍句式的一个连词。而对于"宁可"来说，"宁"与"可"都为表意愿的词语，共同的意义基础为二者结合成词奠定了重要的基础，随着"宁"与"可"句法位置的固定化（二者常用于状语位置），在韵律构词规则、语用频率等因素的直接促发下，"宁"与"可"逐渐融合成为一个标记取舍句式的词语。当然在"宁可"的成词过程中，由于"宁"的作用比"可"更为重要，因此"可"原有的语义受到很大磨损（不过仍有残留），而"宁"的语义则受损较小。

第三，关于取舍句式的主观化。本书主要讨论了"与其 p，不如 q"句式的主观化问题。从古代汉语到现代汉语，"与其 p，不如 q"句式经历了一次较长期的主观化过程。说话人视角的调整对该句式主观化的贡献最大，其次是说话人的情感和认识。说话人的视角由"当事人视角"向"说话人视角"转换，说话人的情感主要通过"不如"前加评注性副词和"p""q"后加评说成分来实现，而说话人的认识是指该句式的表达由客观描述向主观认识转变。

第四，关于取舍句式系统的结构演变。取舍句式系统呈现出趋于简化的态势，主要体现在"与其"句式和"宁可"句式之上。"与其"句式在历史上曾有众多组配方式，但到现当代阶段，"与其"主要与"不如"组配，而且"与其"与"不如"组配时后面常带"说"。"宁可"句式在历史上也曾有众多组配方式，但到现当代阶段，"宁可（愿、肯）"主要与"（也）不"组配。①

第五，关于"宁可 q，也要 a"句式。本书认为，该句式并非取舍句式，它实际上是由表"择取义"的分句"宁可 q"嵌套于表"目的义"的语义框架之后形成的一种句式，"宁可 q"与"也要 a"之间为"目的"关系，而不是"取舍"关系。该句式是一种新兴句式，最早出现于明清之际，大量使用则是现代以后的事了。

第六，关于其他取舍句式。"不 p，而 q"句式、"不在于 p，而在于 q"句式、"p，还不如 q"句式和"p，倒不如 q"句式均为表达取舍关系的句式。在表达取舍关系时，前两种句式均通过"肯否定"方式加以实现。而后两种句式则是通过"比较"的手段来加以实现的。以上四种句式在语义的表达上大多基于"说话人视角"，体现出较强的主观性；少数基于"当事人视角"，体现出客观性的特点。另外，上述四种句式的语用环境大致相当，即一般均主要用于表"因果"关系的语言环境中。

第七，关于"准取舍句式"。副词"非得""死活""偏偏""只好""非""非要""执意""偏""只能"和"只得"等一般可用来标记取舍句式，它们可视作"准取舍标记词"，它们所标记的句式可称作"准取舍句式"。按照原型范畴理论，"与其"句式和"宁可"句式可看作取舍范畴的典型成员，而"非得""死活""偏偏"和"只好"等标记的准取舍句式则可视为取舍范畴的非典型成员。

第八，关于取舍句式的语义表达。几类取舍句式的取舍主体都有三种人称的变化，一般来说，第一、三人称充当取舍主体的情况较为常见，而

---

① 这里剔除了"宁可 q，也要 a"句式，因为该句式不属于取舍句式。

第二人称则比较少见。对于本书所涉及的几大类取舍句式来说，取舍主体人称的不同选择会对这些句式的语义表达造成影响，具体表现在"主观性"和"行、知、言"三域两个方面。

第九，关于取舍句式的语用环境。研究发现，"因果"关系和"转折"关系分别代表取舍句式语用环境的两极。当一种取舍句的取舍合理度高时，该类取舍句式更容易在表"因果"关系的语境中出现，当一种取舍句的取舍合理度低时，该类取舍句式更容易在表"转折"关系的语境中出现。按照出现于表"因果"关系语境中的几率高低（由高到低），本书所涉及的几大类取舍句式可排序为[①]：

"与其"句式／"非得2"句式／"只好"句式 > "宁可"句式 > "非得1"句式／"死活"句式／"偏偏"句式

第十，关于几类取舍句式构造的意合性。与"与其p，不如q"句式、"宁可q，也不p"句式横向比较，"宁可q"句式以及副词"非得""死活""偏偏"和"只好"等标记的取舍句式属于"意合型"的取舍句式。

第十一，关于理论的借鉴问题。本书借鉴了当代构式语法理论的某些思想。按照构式语法专家Goldberg的说法，构式包括了从复句到语素的不同单位。按照此说，汉语取舍句作为一种句子，不论其内部成员是复句还是单句都应属于构式。但必须指出，虽然Goldberg对构式的定义可以囊括语言中的各级单位，但她在自己的著作和论文中只讨论了语言中的几类特殊格式，如双及物构式、致使—移动构式、动结构式、way构式等。学术界在运用构式语法理论解决汉语问题时，也往往局限于一些特殊的格式。至于汉语中是不是各级语言单位都属于构式、汉语复句是不是也属于构式等问题至今仍未弄清。[②] 不过，本书还是将取舍句式看成构式，特别是将一些本身属于复句的取舍句式（如"与其p，不如q"句式、"宁可q，也不p"句式）也视为构式，因此，应该说具有一定的探索性。

① 表"转折"的情况正好相反，具体可参考第六章第三节。
② 参见陆俭明（2010）。

　　以上研究虽对汉语当中几大类取舍句式作了多维探讨，但仍有很多问题尚未触及。此外，汉语取舍句式作为一种系统其内部成员究竟有多少？它们之间的关系又如何？诸如此类的问题，都有待我们从范畴的角度去深入挖掘和探究。

参 考 文 献

北京大学中文系现代汉语教研室：《现代汉语》，商务印书馆 1993年版。

北京大学中文系 1955、1957 级：《现代汉语虚词例释》，商务印书馆 1996 年版。

曹秀玲：《现代汉语量限研究》，延边大学出版社 2005 年版。

曹秀玲：《"相当"的虚化及相关问题》，《中国语文》2008 年第 4 期。

陈薄一：《现代汉语意愿类语气副词研究》，硕士学位论文，福建师范大学，2008 年。

陈霞村：《古代汉语虚词类解》，山西教育出版社 1992 年版。

楚永安：《文言复式虚词》，中国人民大学出版社 1986 年版。

崔岑岑：《面向对外汉语教学的选择复句研究》，硕士学位论文，南京师范大学，2008 年。

丁雪欢：《"只能""只好"比较》，《云南师范大学学报》2005 年第 1 期。

丁雪妮：《"偏偏"句中的施动性考察》，《山东社会科学》2005 年第 6 期。

董秀芳：《词汇化：汉语双音词的衍生和发展》，四川民族出版社 2002 年版。

董秀芳：《"X 说"的词汇化》，《语言科学》2003 年第 2 期。

范伟：《"偏"和"偏偏"的情态类型及主观性差异》，《南京师范大学学报》2009 年第 5 期。

房玉清：《实用汉语语法》，北京语言学院出版社 1992 年版。

冯胜利：《汉语的韵律、词法与句法》，北京大学出版社 1997 年版。

冯胜利:《汉语韵律句法学》,上海教育出版社 2000 年版。

高名凯:《汉语语法论》,商务印书馆 1986 年版。

[日] 高桥弥守彦:《关于"只好/只有"之我见》,《海南师范学院学报》1991 年第 2 期。

高书贵:《"宁可……也不"句式探析》,《天津师范大学学报》1989 年第 5 期。

高书贵:《"宁可"类句式对取舍项语义结构形态的变异要求》,《南开语言学刊》2005 年第 1 期。

高顺全:《"与其 p,不如 q"格式试析》,《南开语言学刊》2004 年第 1 期。

郭爱平:《先秦汉语"其"字研究》,硕士学位论文,西南大学,2007 年。

郭富强:《意合形合的汉英对比研究》,博士学位论文,华东师范大学,2006 年。

郭志良:《现代汉语转折词语研究》,北京语言文化大学出版社 1999 年版。

何乐士等:《古代汉语虚词通释》,北京出版社 1985 年版。

何乐士:《左传虚词研究》,商务印书馆 2004 年版。

何乐士:《古代汉语虚词词典》,语文出版社 2006 年版。

何宛屏:《说"宁可"》,《中国语文》2001 年第 1 期。

洪波、董正存:《"非不可"格式的历史演化和语法化》,《中国语文》2004 年第 3 期。

侯学超:《现代汉语虚词词典》,北京大学出版社 1998 年版。

胡裕树:《现代汉语·重订本》,上海教育出版社 1995 年版。

胡玉智:《语气副词"偏"与"偏偏"的多角度考察》,硕士学位论文,华中师范大学,2009 年。

华宏仪:《实用汉语语法》,山东人民出版社 1980 年版。

华南师范学院中文系:《古代汉语虚词》,广东人民出版社 1982 年版。

黄伯荣、廖序东:《现代汉语》,高等教育出版社 2007 年版。

黄喜宏、方绪军:《"只好"和"不得不"辨异》,《汉语学习》2009 年第 6 期。

景士俊：《现代汉语虚词》，内蒙古人民出版社 1980 年版。

黎锦熙、刘世儒：《汉语语法教材·第三篇》，商务印书馆 1962 年版。

黎锦熙：《新著国语文法》，商务印书馆 1992 年版。

李会荣：《"与其 p，不如 q"格式的语义关系新探》，《语文研究》2008 年第 4 期。

李会荣、陈昌来：《"与其 p，宁可 q"格式的逻辑基础及语义内涵》，《华文教学与研究》2009 年第 3 期。

李新魁：《汉语文言语法》，广东人民出版社 1983 年版。

李秀明：《汉语元话语标记语研究》，中国社会科学出版社 2011 年版。

李宇明：《汉语量范畴研究》，华中师范大学出版社 2000 年版。

李佐丰：《古代汉语语法学》，商务印书馆 2004 年版。

刘淇：《助字辨略》，中华书局 1983 年版。

刘欣：《"我说"的语义演变及其主观化》，《语文研究》2008 年第 3 期。

刘英林：《汉语水平考试研究》，现代出版社 1989 年版。

刘月华：《实用现代汉语语法》，外语教学与研究出版社 1983 年版。

陆俭明：《汉语语法语义研究新探索（演讲集）》，商务印书馆 2010 年版。

卢以纬等：《助语辞》，黄山书社 1985 年版。

罗竹风：《汉语大词典》（五卷），汉语大辞典出版社 1990 年版。

吕叔湘：《中国文法要略》，商务印书馆 !982 年版。

吕叔湘：《现代汉语八百词》，商务印书馆 1980 年版。

马建忠：《马氏文通》，商务印书馆 1983 年版。

马忠：《古代汉语语法》，山东教育出版社 1983 年版。

潘文国：《汉英语对比纲要》，北京语言文化大学出版社 1997 年版。

钱乃荣：《现代汉语》，高等教育出版社 1990 年版。

任永军：《先秦汉语的意合语法及其发展》，博士学位论文，山东师范大学，2010 年。

邵敬敏：《现代汉语通论》，上海教育出版社 2001 年版。

邵敬敏、周有斌：《"宁可"格式研究及其方法论意义》，《语言教学与研究》2003 年第 5 期。

　　沈家煊:《"语法化"研究综观》,《外语教学与研究》1994 年第 4 期。

　　沈家煊:《语言的"主观性"和"主观化"》,《外语教学与研究》2001 年第 4 期。

　　沈家煊:《复句三域"行、知、言"》,《中国语文》2003 年第 3 期。

　　史存直:《文言语法》,中华书局 2005 年版。

　　石毓智:《时间的一维性对介词衍生的影响》,《中国语文》1995 年第 1 期。

　　石毓智:《语法的形式和理据》,江西教育出版社 2001 年版。

　　宋晖:《P 式句的语法验查——兼与"与其 A,不如 B"句式比较》,《长春教育学院学报》2006 年第 2 期。

　　宋晖:《现代汉语中的"与其 p,宁可 q"格式刍议》,《语言与翻译(汉文)》2009 年第 1 期。

　　宋晖:《"宁"标复句的表值解析》,《语文研究》2009 年第 4 期。

　　孙云:《谈谈即使句、宁可句、无论句》,《内蒙古师大学报》1983 年第 2 期。

　　[日] 太田辰夫:《中国语历史文法》,北京大学出版社 2003 年版。

　　王灿龙:《"宁可"的语用分析及其他》,《中国语文》2003 年第 3 期。

　　王灿龙:《"非 VP 不可"句式中"不可"的隐现——兼谈"非"的虚化》,《中国语文》2008 年第 2 期。

　　王力:《中国语法理论》,中华书局 1951 年版。

　　王力:《汉语语法纲要》,新知识出版社 1957 年版。

　　王天佑:《连词"与其"词汇化的过程及动因》,《语文研究》2011 年第 2 期。

　　王天佑:《"与其 p,不如 q"句式的主观化》,《语文研究》2015 年第 1 期。

　　王天佑:《汉语取舍范畴研究》,博士学位论文,山东师范大学,2012 年。

　　王维贤等:《现代汉语复句新解》,华东师范大学出版社 1994 年版。

　　王小彬:《从预设的角度看"与其"句和"宁可"句的区别和归

类》,《零陵学院学报》2005 年第 3 期。

王彦杰:《"宁可"句式的语义选择原则及其语篇否定功能》,硕士学位论文,北京语言文化大学,2002 年。

王寅:《认知语言学》,上海外语教育出版社 2007 年版。

王引之:《经传释词》,岳麓书社 1985 年版。

王忠良:《试论取舍复句的逻辑意义》,《延边大学学报》1991 年第 3 期。

王自强:《现代汉语虚词词典》,上海辞书出版社 1998 年版。

吴福祥:《近年来语法化研究的进展》,《外语教学与研究》2004 年第 1 期。

解惠全:《谈实词虚化》,见南开大学中文系编《语言研究论丛(四)》,商务印书馆 1987 年版。

邢福义:《复句与关系词语》,黑龙江人民出版社 1985 年版。

邢福义:《现代汉语》,高等教育出版社 1991 年版。

邢福义:《汉语复句研究》,商务印书馆 2001 年版。

徐烈炯、刘丹青:《话题的结构与功能》,上海教育出版社 1998 年版。

徐通锵:《汉语结构的基本原理——字本位和语言研究》,中国海洋大学出版社 2005 年版。

徐阳春:《现代汉语复句句式研究》,中国社会科学出版社 2002 年版。

许余龙:《语篇回指的认知语言学探索》,《外国语》2002 年第 1 期。

杨伯峻、何乐士:《古汉语语法及其发展》,语文出版社 2001 年版。

杨霁楚:《语气副词"偏偏"的主观语义及相关句式考察》,见中国语文杂志社编《语法研究和探索(十四)》,商务印书馆 2008 年版。

杨江:《"与其"句式及相关问题研究》,硕士学位论文,暨南大学,2006 年。

杨树达:《词诠》,上海古籍出版社 2006 年版。

杨玉玲:《谈"宁可……也"的语用条件和教学》,《首都师范大学学报》2000 年增刊。

姚双云:《复句关系标记的搭配研究》,华中师范大学出版社 2008 年版。

姚占龙：《"说、想、看"的主观化及其诱因》，《语言教学与研究》2008 年第 5 期。

叶火明：《谈"宁可"》，《高等函授学报》1996 年第 4 期。

尹蔚：《多维视域下的有标选择复句研究》，博士学位论文，华中师范大学，2008 年。

袁仁林（著）、解惠全（注）：《虚字说》，中华书局 1989 年版。

袁毓林：《词类范畴的家族相似性》，《中国社会科学》1995 年第 1 期。

臧克和、王平（校订）：《说文解字新订》，中华书局 2002 年版。

张宝胜：《"宁可"复句的语义特征》，《语言研究》2007 年第 1 期。

张斌：《新编现代汉语》，复旦大学出版社 2002 年版。

张斌：《现代汉语虚词词典》，商务印书馆 2005 年版。

张剑：《取舍复句类别及其修辞作用新探》，《鞍山师范学院学报》1994 年第 1 期。

张黎：《文化的深层选择——汉语意合语法论》，吉林教育出版社 1994 年版。

张旺熹、姚晶晶：《汉语人称代词类话语标记系统的主观性差异》，《汉语学习》2009 年第 3 期。

张文国：《〈左传〉名词研究》，中国社会科学出版社 1998 年版。

张文国：《古汉语的名动词类转变及其发展》，中华书局 2005 年版。

张谊生：《现代汉语副词研究》，学林出版社 2000 年版。

张谊生：《现代汉语副词分析》，学林出版社 2010 年版。

张志公：《汉语知识》，人民教育出版社 1980 年版。

赵元任：《汉语口语语法》，商务印书馆 1979 年版。

中国社科院语言研究所：《现代汉语词典》（第五版），商务印书馆 2005 年版。

中国社科院古汉语研究室：《古代汉语虚词词典》，商务印书馆 2002 年版。

周法高：《中国古代语法（造句编)》，台湾"中央研究院"历史语言研究所 1961 年版。

周刚：《连词与相关问题》，安徽教育出版社 2002 年版。

周有斌：《现代汉语选择范畴研究》，博士学位论文，华东师范大学，

2002 年。

朱景松:《现代汉语虚词词典》,语文出版社 2007 年版。

邹韶华:《语用频率效应研究》,商务印书馆 2001 年版。

Ariel, Mira, *Accessing Noun – phrase Antecedents*, London: Routledge, 1990.

Goldberg, A. E. , *Construction*: *A Construction Grammar Approach to Argument Structure*, Chicago: The University Chicago Press, 1995.

Hopper & Traugott, *Grammaticalization*, London: Cambridge University Press, 1993.

Horn, L. , *On the semantic Properties of the Logical operators in English*, Indiana University Linguistics Club, 1972.

Kuno, Susumo, *Subject, Theme and the Speaker' empathy – a Reexamination of Relativization Phenomena in Subject and Topic*, New York: Academic Press, 1976.

Lakoff, G. , *Women, Fire, and Dangerous Things*: *What Categories Reveal about the Mind*, Chicago: the University of Chicago Press, 1987.

Traugott, E. C. , "Subjectification in Grammaticalization", In Stein & Wright, *Subjectivity and Subjectivisation*: *Linguistic Perspective*, Cambridge: Cambridge University Press, 1995.

后　记

　　本书是在我博士论文的基础上修改而成的，其中一些章节已在《语文研究》《汉语学习》《汉字文化》《山西大学学报》等刊物上发表。此书也是 2013 度山东省社科基金项目（13CWXJ24）的最终成果。

　　我对汉语取舍句的研究已有十年的时间，记得十年前与同学的一次谈话以后，我就将这个选题定了下来，并作为今后的研究对象。由于"语言范畴"是一个研究热点，因此我打算从范畴的角度去把握和研究汉语取舍句。在这种思路指引下，我用了三年左右的时间，对汉语取舍范畴作了一次宏观的考察，并于 2007 年在山西人民出版社出版了专著——《汉语取舍范畴的认知研究》。

　　2009 年我师从张文国先生攻读汉语语法学博士学位，在张先生的鼓励下，我仍将汉语取舍范畴作为博士论文的选题。在借鉴构式语法、词汇化、语法化、主观化等理论的前提下，我从多个角度对汉语取舍范畴系统进行了研究，于 2012 年完成了博士论文——《汉语取舍范畴研究》。虽然博士论文得以完成，但我仍不敢停止对汉语取舍范畴问题的思考。

　　2013 年我申报成功了山东省社科基金项目——《现代汉语取舍句式的多维研究》。在该课题的驱动下，近两年我对汉语取舍范畴做了更深入的思考，对自己的博士论文进行了全面的检讨、修正和补充，这一工作集中体现在本书之中。经过十年的研究，我不敢说自己在该领域取得了多大成绩，只是深刻体会到了什么叫"学无止境"。在汉语取舍范畴、汉语取舍句式等方面今后仍有很多问题有待进一步深入和拓展，我的研究实际上还是很初步的，或者只能起一点抛砖引玉的作用。

　　在这本书的写作过程中，导师张文国先生给予了我关键性的指导，在此向导师表达我最真挚的谢意。

　　这些年来，我先后得到不少前辈学者、同行专家、老师和同学们的热心鼓励和帮助，这些对我来说是十分宝贵的，对本书的顺利完成也同样弥足珍贵。再多的言语也无法表达我对大家的感激，在此只能以这几句颇显笨拙的文字来表达我深深的敬意。

我还要感谢我的家人，感谢父母的养育之恩、感谢兄弟姊妹的手足之情；感谢岳父母全家，感谢他们一直对我的关心和帮助；感谢太太和宝贝女儿对我教学和科研的大力支持。

最后，对本书编辑们的辛勤工作也表示感谢，如果没有他们的热心支持和帮助，本书也不可能这么顺利出版。

当然，限于本人的学识和水平，书中难免有所缺陷甚至错谬，恳请专家和同行不吝赐教。

王天佑
2015 年 11 月于泉城